Wandern
in der Eifel

Aus Gründen der besseren Lesbarkeit haben wir uns entschlossen, durchgängig die männliche (neutrale) Anredeform zu nutzen, die selbstverständlich die weibliche und die diverse Form mit einschließt.

Das vorliegende Buch wurde sorgfältig erarbeitet. Dennoch erfolgen alle Angaben ohne Gewähr. Weder die Autoren noch der Verlag können für eventuelle Nachteile oder Schäden, die aus den im Buch vorgestellten Informationen resultieren, Haftung übernehmen.

Sollte diese Publikation Links auf Websiten Dritter enthalten, so übernehmen wir für deren Inhalte keine Haftung, da wir uns diese nicht zu eigen machen, sondern lediglich auf deren Stand zum Zeitpunkt der Erstveröffentlichung verweisen.

WALTER | VON HOEGEN

Wandern in der Eifel

Die schönsten Wanderungen zwischen dem Hohen Venn und der Vulkaneifel

Taschenwanderführer

Meyer & Meyer Verlag

Wandern in der Eifel

Bibliografische Information der Deutschen Nationalbibliothek
Die Deutsche Nationalbibliothek verzeichnet diese Publikation in der Deutschen Nationalbibliografie; detaillierte bibliografische Details sind im Internet über <https://www.dnb.de> abrufbar.

Auckland, Beirut, Dubai, Hägendorf, Hongkong, Indianapolis, Kairo, Kapstadt, Manila, Maidenhead, Neu-Delhi, Singapur, Sydney, Teheran, Wien

Member of the World Sport Publishers' Association (WSPA)

Gesamtherstellung: Print Consult GmbH, München

MIX
Paper from responsible sources
FSC® C084279
www.fsc.org

ISBN: 978-3-8403-7900-0
E-Mail: verlag@m-m-sports.com
www.dersportverlag.de

INHALT

1

EINE KLEINE GESCHICHTE DER EIFEL

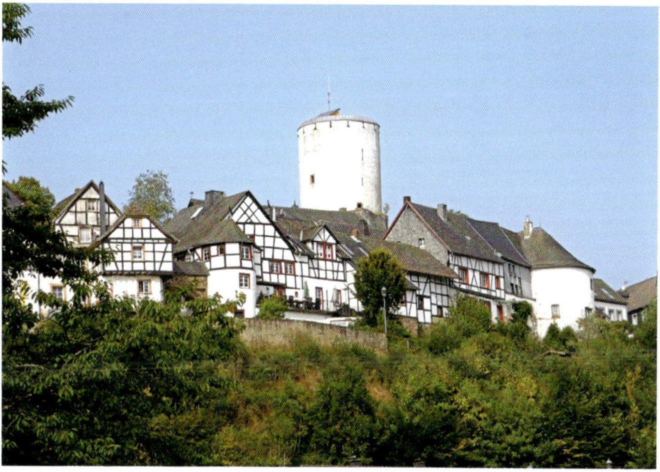

Die Eifel ist Teil des Rheinischen Mittelgebirges. Nach Osten wird sie vom nördlichen Mittelrheintal, im Süden vom Moseltal und im Norden von der Niederrheinischen Bucht begrenzt. Nach Westen reicht die Eifel bis zur belgischen und luxemburgischen Grenze. Viele hundert Kilometer Wanderwege erschließen den Besuchern der Eifel außergewöhnlich abwechslungsreiche Landschaften: großflächige Moore im Hohen Venn, Buchenheckenlandschaften und Stauseen in der Rureifel, südländisch anmutende Kalktriften in der Kalkeifel und Vulkankegel und Maarseen in der Vulkaneifel.

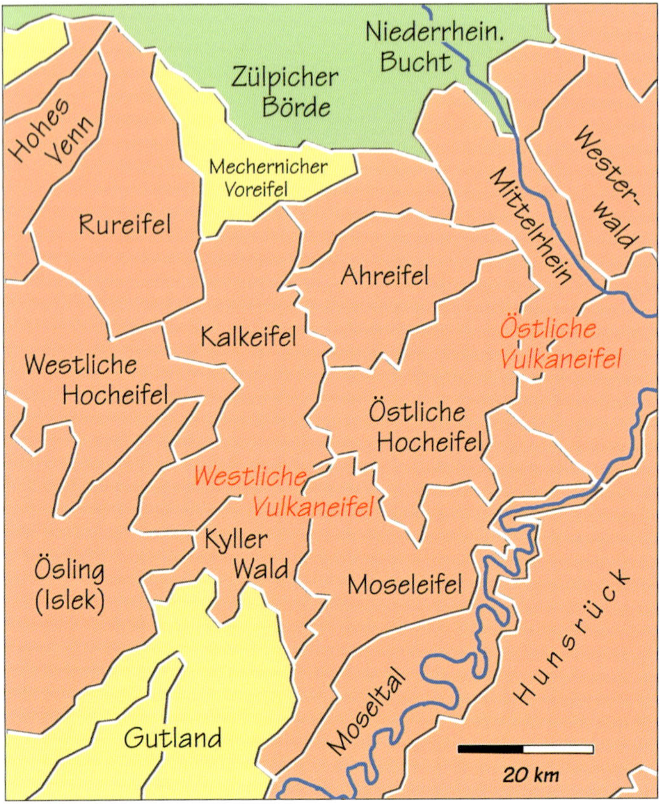

Die Naturlandschaften der Eifel

Für alle diese Landschaften gilt, dass sie in langen Zeiträumen entstanden sind. Ihre historische Gestaltung zur heutigen Kulturlandschaft vollzog sich in Jahrhunderten. Die Formung der heutigen Hochflächen, Hügel und Täler dauerte viele hunderttausend Jahre. Die Entstehungszeit der meisten Gesteine ihres Untergrundes liegt Millionen Jahre zurück. Die heutige Gestalt der Eifel ist untrennbar mit der Zeit ihrer Gesteinsbildung, der Zeit der Entstehung ihres Reliefs und der Zeit ihrer Menschen verbunden. (Siehe Zeittafel im Innenteil der hinteren Umschlagseite.)

DIE ZEIT DER STEINE

Der größte Teil der Eifel ist heute aus Tonschiefern und Sandsteinen aufgebaut, die sich während der Unterdevon-Zeit zwischen 417 und 392 Millionen Jahre vor heute gebildet haben. Sie sind besonders in der Rureifel, in der Hocheifel, im Rheintal und in der Moseleifel weit verbreitet.

Die Tonschiefer und Sandsteine zeigen charakteristische Schichtungsmerkmale und Fossileinschlüsse von Sedimenten, die in einer sehr flachen Meeresumgebung zur Ablagerung kamen. Ihre rekonstruierte große Mächtigkeit von vielen tausend Metern lässt darauf schließen, dass sich der Meeresboden während der Zeit der Sedimentation laufend gesenkt haben muss.

Als Liefergebiet für die riesigen Ton- und Sandmengen gilt ein im Norden, im Bereich der heutigen Britischen Inseln gelegener Kontinent („Old Red-Kontinent"). Das Unterlager dieser mächtigen Unterdevon-Schichten tritt heute im Norden in der breiten Aufwölbung des Hohen Venns in Form von Quarziten und Schiefern der Kambrium-Zeit (542 bis 488 Millionen Jahre vor heute) und Schiefern und Sandsteinen der Ordovizium-Zeit (488 bis 444 Millionen Jahre vor heute) an die Tagesoberfläche.

In der Mitteldevon-Zeit (zwischen 392 bis 381 Millionen Jahre vor heute) bestanden wegen des Ausbleibens von weiteren Ton- und Sandschüttungen aus dem nördlichen Festland günstige Lebensbedingungen für am Meeresboden lebende Organismen wie Korallen, Crioniden (Seelilien), Brachiopoden (Armfüßer) und Stromatoporen (Schwammtiere). Infolgedessen bildeten sich über den sehr mächtigen tonig-sandigen Unterdevon-Sedimenten nun Mergelsteine, Kalksteine und Riffkalksteine.

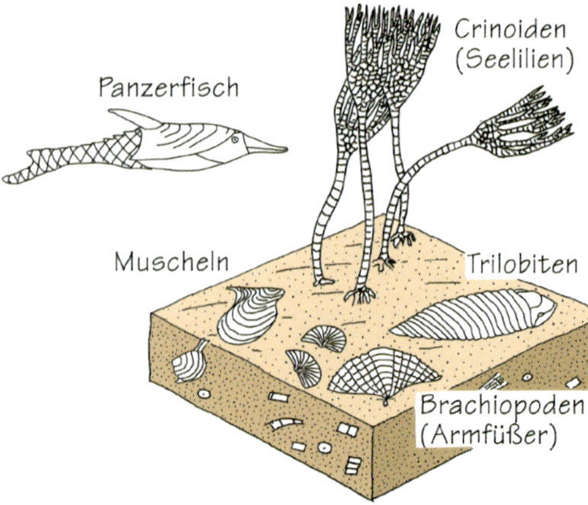

Lebensbild der Unterdevon-Zeit

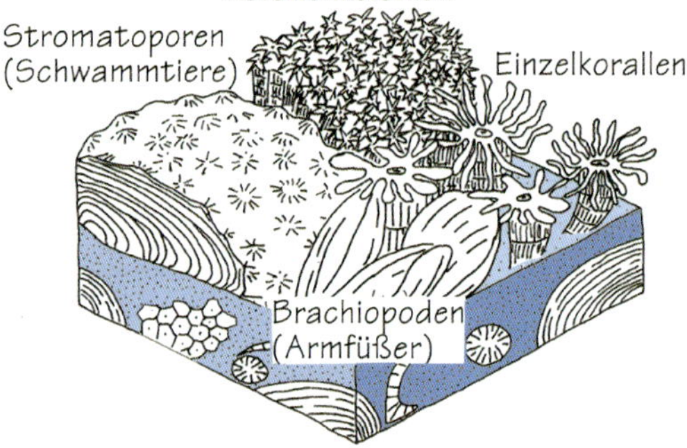

Lebensbild der Mitteldevon-Zeit

Heute sind diese Mergel-, Kalkstein- und Riffkalkstein-Folgen in neun Kalksteinmulden der Kalkeifel in die älteren Schiefer und Sandsteine der Unterdevon-Zeit eingefaltet. Wegen ihres Fossilreichtums sind diese Kalkgebiete heute weltberühmt.

Spätestens seit der mittleren Karbon-Zeit (ab 325 Millionen Jahre vor heute) unterlagen die devonzeitlichen Sedimentfolgen der Eifel und ihr Unterlager einem tektonischen Zusammenschub von Südosten her („Variszische Faltung"). Dieser Zusammenschub führte zur Bildung von Südwesten nach Nordosten verlaufenden Sattel- und Muldenstrukturen, zur Schieferung der Tonsteine und zur Heraushebung des ganzen Faltenbündels zu einem Gebirge.

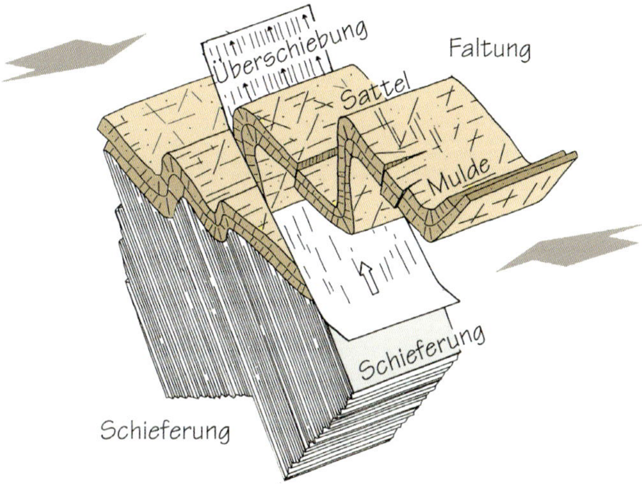

Variszische Faltung und Schieferung

Dieses „Variszische Gebirge" hatte zunächst Hochgebirgscharakter. Es wurde aber in der Folgezeit (Oberkarbon-Zeit und Perm-Zeit, 320 bis 251 Millionen Jahre vor heute) bis auf sein unterdevonisches Gesteinsstockwerk wieder abgetragen. Nur in der Kalkeifel blieben in einer von Norden nach Süden verlaufenden tektonischen Depression („Eifeler Nord-Süd-Zone") die neun tief eingefalteten mitteldevonischen Kalkstein-Muldenkerne erhalten.

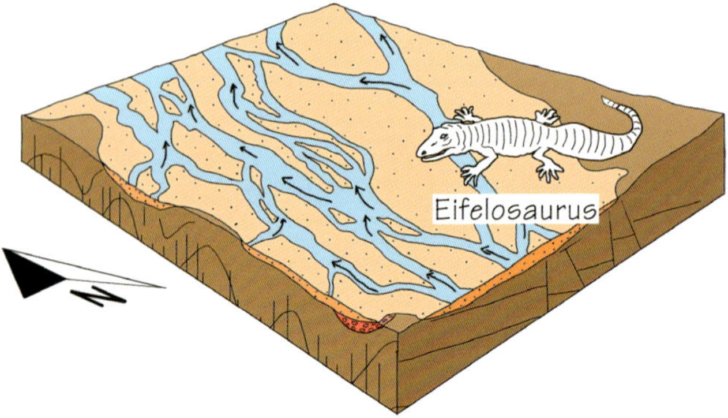

Sedimentation Buntsandstein-Zeit

Später, in der frühen Trias-Zeit (um 249 Millionen Jahre vor heute), sammelten sich in der Eifeler Nord-Süd-Zone Sand und Gerölle zu einer breiten Flusslandschaft. Der Sand und die Geröllagen verfestigten sich zu auffällig roten Buntsandsteinablagerungen. Diese wurden allerdings beim späteren Aufstieg des Rheinischen Schiefergebirges zum größten Teil auch wieder abgetragen.

Nur im Norden, im „Mechernicher Triasdreieck" und im Süden, in der großen „Trierer Bucht", sind der Buntsandstein und darüber folgende Schichten der Mittleren und Oberen Trias (Muschelkalk und Keuper) und des Unteren Jura in größeren Flächen erhalten geblieben.

DIE ZEIT DES RELIEFS

Bis in die späte Kreide-Zeit und in die folgende Tertiär-Zeit hinein (zwischen 70 und 2,6 Millionen Jahre vor heute) entwickelte sich das Schiefergebirge der Eifel zu einer Rumpfflächenlandschaft mit einem Flachrelief. Zwar lassen einzelne Feuersteinreste aus der späten Oberkreide-Zeit darauf schließen, dass es zwischenzeitlich auch noch einmal eine kurzzeitige Meeresüberflutung gegeben haben muss. In der längsten Zeit blieb das Gebiet aber doch Festland und unterlag lang andauernden Verwitterungs- und Abtragungsprozessen.

In der Tertiär-Zeit (65 bis 2,6 Millionen Jahre vor heute) begann sich die Rumpffläche der Eifel wie auch die des Rechtsrheinischen Schiefergebirges im Osten und der Ardennen im Westen leicht zu heben. Mit dieser Hebungsbewegung war eine starke vulkanische Aktivität in der östlichen Hocheifel verbunden. Die meisten Vulkanausbrüche erfolgten zwischen Adenau und Kehlberg. Ihre Laven und Aschen hatten basaltische Zusammensetzung. Zeitlich lag der Schwerpunkt dieser Ausbrüche zwischen 45 und 35 Millionen Jahren vor heute (Eozän-Zeit). In dieser Zeit entstand auch das Neuwieder Becken.

Insgesamt blieb die Eifelrumpffläche aber zunächst noch eine flache, wenig gegliederte Landschaft. In den Einzugsgebieten der größeren Eifelflüsse entwickelten sich breite Muldentäler. Das änderte sich erst in der jüngsten Quartär-Zeit vor circa 800.000 Jahren.

Die Hebung der Eifel intensivierte sich und die Flüsse schnitten tiefe, enge Talschluchten in ihre nun zum Mittelgebirge aufsteigende Hochfläche ein. Erst in dieser jüngsten Hebungsphase entstand das heutige Bild der Mittelgebirgslandschaft „Eifel". Gleichzeitig beeinflussten die Klimawechsel der Elster-, Saale- und Weichsel-Kaltzeiten die Ausgestaltung der Hochflächen und Taleinschnitte im Detail.

In diese Zeit des jüngsten Aufstiegs der Eifel fällt in der südlichen Kalkeifel und in der angrenzenden Moseleifel die Entstehung einer Vielzahl junger Vulkankegel und Maare („westliche Vulkaneifel"). Die Vulkanausbrüche und Maarexplosionen hielten sich an eine von Bad Bertrich nahe der Mosel bis Ormont in der westlichen Hocheifel verlaufende tektonische Bruchzone.

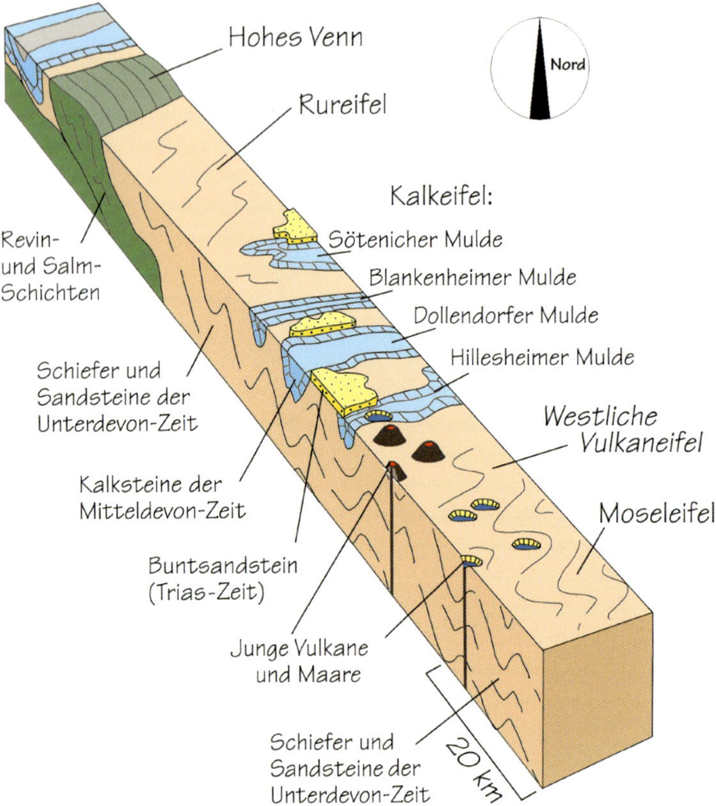

Geologischer Querschnitt der Eifel (schematisch)

Auch im Gebiet um den heutigen Laacher See ereignete sich hochexplosiver Vulkanismus („östliche Vulkaneifel"). Der Riedener und Wehrer Kessel und das Laacher-See-Becken waren die Zentren besonders gasreicher Eruptionen.

Die vulkanische Aktivität in der westlichen Vulkaneifel begann vor etwa 600.000 bis 700.000 Jahren und hielt bis in die letzte Nachkaltzeit (vor 10.000 Jahren) an. In der östlichen Vulkaneifel sind der Riedener Komplex und der Wehrer Komplex 400.000 Jahre bzw. 200.000 Jahre alt. Die letzte große Eruption des Laacher-See-Vulkans ereignete sich vor 13.000 Jahren. Zu den Spätfolgen dieser vulkanischen Ereignisse zählen heute weit verbreitete Mineralquellen sowohl in der westlichen als auch in der östlichen Vulkaneifel.

DIE ZEIT DER MENSCHEN

Während und unmittelbar nach der letzten Kaltzeit (Weichsel-Kaltzeit) waren die Eifellandschaften weitgehend waldfreie Tundren, die den Menschen ein weites Umherstreifen ermöglichten. Die Kartsteinhöhle bei Eiserfey und die Buchenlochhöhle und die Magdalenenhöhle bei Gerolstein sind bekannte steinzeitliche Fundplätze.

Kontinuierliche Siedlungsspuren gibt es erst seit der Besetzung des Gebiets durch die Römer nach 54 vor Christus. Im Kylltal und in der klimatisch und landschaftlich durch ein abwechslungsreicheres Relief und fruchtbare Böden begünstigten Kalkeifel entstand eine wichtige Verkehrsverbindung zwischen Trier und Köln, die Via Agrippa.

Sie umfasste sowohl strategisch wichtige Militärposten an Kreuzungen und Flussüberquerungen als auch offene Siedlungen und Einzelhöfe für den Getreideanbau und die Viehhaltung. Eine fast 100 Kilometer lange Trinkwasserleitung aus der nördlichen Kalkeifel nach Köln gehört heute zu den spektakulärsten technischen Baudenkmälern aus dieser Zeit.

Ein zweiter römischer Verkehrsweg führte nördlich der Mosel von Trier nach Andernach. Dieser römische Rheinhafen war ein wichtiger Umschlagplatz für landwirtschaftliche Produkte, für Töpfereiwaren und vor allem für Mühlsteine und für Basalt- und Tuffsteine zum Bau von Straßen und Brücken.

Nach der Zeit der Völkerwanderungen konzentrierten sich neue fränkische Siedlungen zunächst auf die leichter zu erschließenden Gebiete der Moseleifel und die Kalkmulden der Kalkeifel. Erst unter den Karolingern und im Hochmittelalter verstärkte sich die Rodungstätigkeit auch im bis dahin dicht bewaldeten Schiefergebirge im Norden.

Vor allem von der Abtei Prüm und den Klöstern Steinfeld, Maria Laach und Himmerod ging damals eine systematische Kolonisierung der Eifel aus. Die Landwirtschaft wurde bis in das 19. Jahrhundert hinein als Feld-Wildland-Wechselwirtschaft („Schiffelwirtschaft“) betrieben.

Seit der frühen Neuzeit erlebte die Tuchindustrie in der Rureifel eine Blütezeit, und in der Kalkeifel wurde verstärkt Eisenerzbergbau betrieben. Das zur Energiegewinnung und für die Eisenverhüttung benötigte Holz wurde in den Wäldern geschlagen und zu Holzkohle verschwelt, sodass mit der Zeit zunehmend große Ödlandflächen entstanden. In der Vulkaneifel nahm in dieser Zeit die Steingewinnung kontinuierlich zu.

Politisch war die Eifel inzwischen in viele kleine weltliche und kirchliche Herrschaftsgebiete zersplittert, die alle trotz ihrer peripheren Lage vom europäischen Kriegsgeschehen (Dreißigjähriger Krieg, Erbfolgekriege und andere) nicht verschont blieben.

Die Besetzung durch napoleonische Truppen nach 1794 bezog dann die ganze Eifel in einen allgemeinen Modernisierungsschub ein. Das gilt auch für ihre nur wenig später (1816) beginnende preußische Zeit. Die Verwaltung wurde neu geordnet, die Landwirtschaft gefördert, große Ödlandflächen aufgeforstet und das Straßennetz ausgebaut. Später wurde das Land durch Eisenbahnstrecken für den Durchgangsverkehr erschlossen und in den Engtälern der Rureifel entstanden die ersten Talsperren.

Trotzdem blieb die Textilindustrie im Norden und die eisenverarbeitende Industrie im Gebiet der Kalkeifel auf die Dauer nicht wettbewerbsfähig. Ihre Betriebe wanderten in benachbarte Industriegebiete aus, was in der rasch anwachsenden Landbevölkerung zu hoher Arbeitslosigkeit führte. Nur die Naturstein- und Bausteinindustrie in der östlichen Vulkaneifel erlebte, nicht zuletzt wegen ihrer günstigen Verkehrsanbindung, einen dauerhaften Aufschwung.

Im Ersten und Zweiten Weltkrieg wurde die Eifel zum Aufmarschgebiet für die Kämpfe an der Westfront und gegen Ende des Zweiten Weltkriegs auch selbst zum Kampfgebiet.

Erst als sich danach die Grenzen zu den westlichen Nachbarn öffneten und durch eine verbesserte Verkehrsinfrastruktur eine immer engere Verflechtung mit den umliegenden größeren Städten und Industriezentren gelang, löste das den deutlichen wirtschaftlichen Aufschwung in der Eifel aus, der vor allem in ihren Randgebieten bis heute anhält.

Als besonders zukunftsträchtige Wachstumsbranche für die ganze Eifel gilt heute der natur- und landschaftsverträgliche Tourismus. Seit 1971 gibt es den grenzüberschreitenden, deutsch-belgischen „Naturpark Hohes Venn-Eifel". Seit 2004 haben sich drei verschiedene Geoparks der westlichen und östlichen Vulkaneifel zu einem „Nationalen Geopark Vulkanland Eifel" zusammengeschlossen.

2006 wurde auf dem Gelände des ehemaligen Truppenübungsplatzes Vogelsang in der Rureifel der „Nationalpark Eifel" eingerichtet. Zusätzlich gibt es heute auf örtlicher Ebene eine Vielzahl von weiteren Initiativen, die vielen und vielfältigen Naturschönheiten und Sehenswürdigkeiten, die die Eifel auszeichnen, zu nutzen und anzubieten.

2 DIE ROUTEN

(Lage der Routen im Innenteil der vorderen Umschlagseite)

Die hier vorgeschlagenen 16 Wanderungen verteilen sich von Norden nach Süden über fünf ganz unterschiedliche Eifellandschaften.

Am Anfang steht eine Wanderung im Hohen Venn (Route 1). Die südwestlich an das Hohe Venn anschließenden Rureifel-Hochflächen und die tief eingeschnittenen Täler der Rur und ihrer Nebenflüsse sind Thema der Routen 2 bis 7. Dabei bietet Route 4 einen spektakulären Exkurs auch in die dem Rureifel-Schiefergebirge aufliegende Buntsandstein-Felsenlandschaft. Route 6 im Nationalpark Eifel erinnert unter anderem an die großspurigen Hinterlassenschaften des Nationalsozialismus in der Eifel.

Die nächsten drei Routen (Route 8, 9 und 10) verlaufen in der nördlichsten Kalkmulde der Kalkeifel, der Sötenicher Mulde. Neben Attraktionen wie der Kakushöhle bei Weyer und der Karstquelle des Grünen Pütz sind entlang dieser Routen auch besonders viele gut erhaltene bzw. restaurierte Hinterlassenschaften der Römerzeit anzutreffen, unter anderem die römische Wasserleitung nach Köln.

Weiter im Süden verlaufen die Wanderrouten 11 bis 13 in der Dollendorfer und der Hillesheimer Kalkmulde. Route 11 quert das bekannte Naturschutzgebiet Lampertsbachtal und Alendorfer Kalktriften. Route 12 endet im Ahbachtal in der östlichen Hillesheimer Mulde bei der touristischen Attraktion des Nohner Wasserfalls.

Route 13 führt zur Burgenstadt Kronenburg und zum Kronenburger See im oberen Kylltal.

Die Gebiete um Steffeln (Route 14) und Gerolstein (Route 15) gehören schon zur Westlichen Vulkaneifel. Die Route Steffeln bietet mit dem Vulkankegel des Steffelnkopfs und mit ihren Maaren und Mineralquellen eine gute Anschauung der jüngsten vulkanischen Aktivitäten in diesem Gebiet. In den „Gerolsteiner Dolomiten" ist eine spektakuläre Kombination aus devonzeitlichen Kalkfelsen, jungem Vulkanismus und steinzeitlichen Wohnplätzen in der Buchenlochhöhle zu besichtigen.

Die Dauner Maare werden auch „Augen der Eifel" genannt. Die Wanderung auf der Route 16 umrundet in der Nähe des Kurorts Daun die drei Maarseen Gemündener Maar, Weinfelder Maar und Schalkenmehrener Maar.

Alle vorgeschlagenen Wanderungen sind Rundwanderungen. Die Routenbeschreibungen umfassen eine Routenkarte mit Wegweisern und Markern, die auf historisch und erdgeschichtlich besonders interessante Orte hinweisen. Auf die Besonderheit dieser Orte wird mit jeweils einem Bild und einer Erläuterung eingegangen.

Die Streckenverläufe der Wanderungen können einzeln mithilfe eines QR-Codes als gpx-Datei heruntergeladen werden.

Für die meisten Wanderstrecken ist auch eine ausführlichere digitale Version unter **www.aufmerksam-wandern.de** verfügbar.

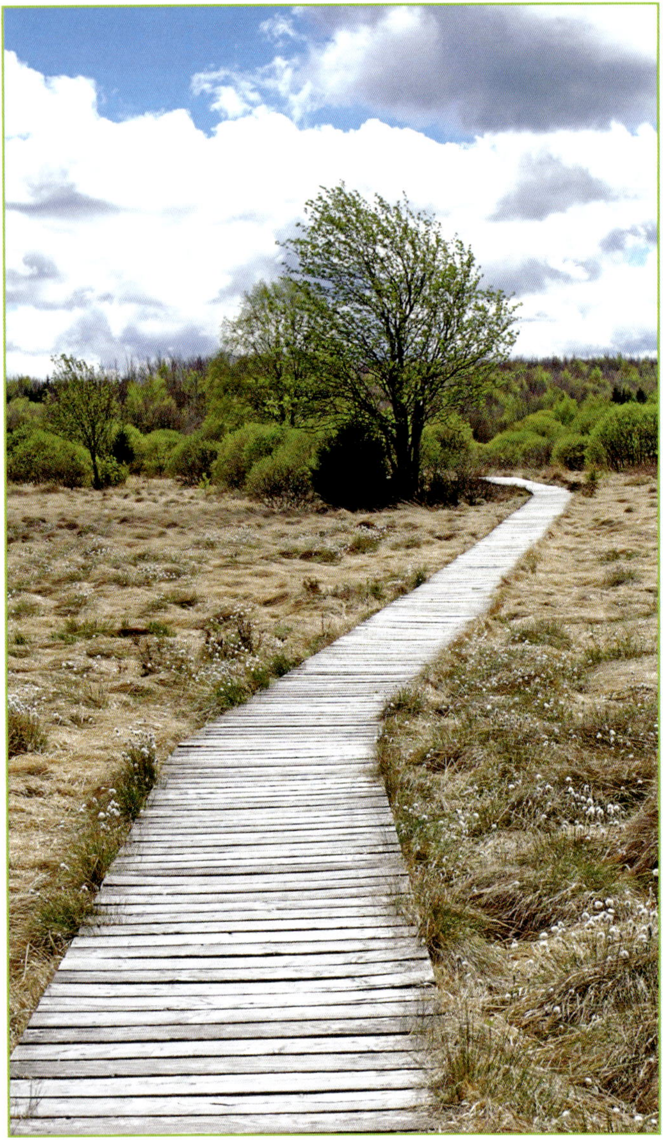

Route 1: Rundwanderung durch das Brackvenn bei Mützenich

Start und Ziel: Wanderparkplatz „Grenzweg" auf der linken Seite der L 214 von Mützenich nach Eupen, circa 250 Meter westlich der deutsch-belgischen Grenze.

Dauer: 3 Stunden

Länge der Wanderung: 8,5 Kilometer

Höhenunterschiede: 57 Meter

Anfahrt mit öffentlichen Verkehrsmitteln (www.aseag.de):
Haltestelle Mützenich, Zoll; von dort circa 600 Meter Fußweg auf einem Weg direkt neben der Eupener Straße zum Wanderparkplatz.

Parkmöglichkeit: Wanderparkplatz „Grenzweg"

Streckenführung:
Ein breiter Wirtschaftsweg führt in südwestlicher Richtung zum südlichen Einstieg in das Brackvenn. Dann geht es auf Holzstegen durch eine Moor- und Seenlandschaft zurück zur Landstraße Mützenich-Eupen und weiter auf ebenso schmalen Pfaden und Stegen nach Norden in das Quellgebiet des Getzbachs. Der Weg führt weiter in Richtung Kaiser Karls Bettstatt und von dort zurück durch das Mützenicher Venn zur ehemaligen Zollstation und zum Parkplatz „Grenzweg".

GPX-Daten zur Route 1

Bild links: Im Brackvenn

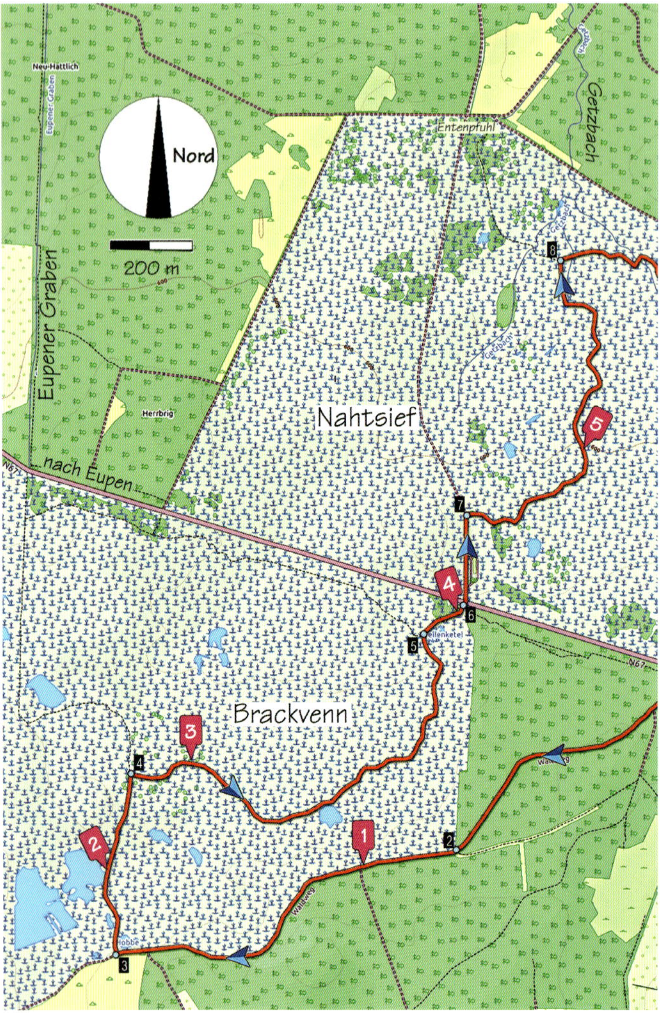
Neu-Hattlich
Nord
200 m
Eupener Graben
Herrbrig
nach Eupen
N67
Entenpfuhl
Getzbach
Nahtsief
Brackvenn
Waldweg

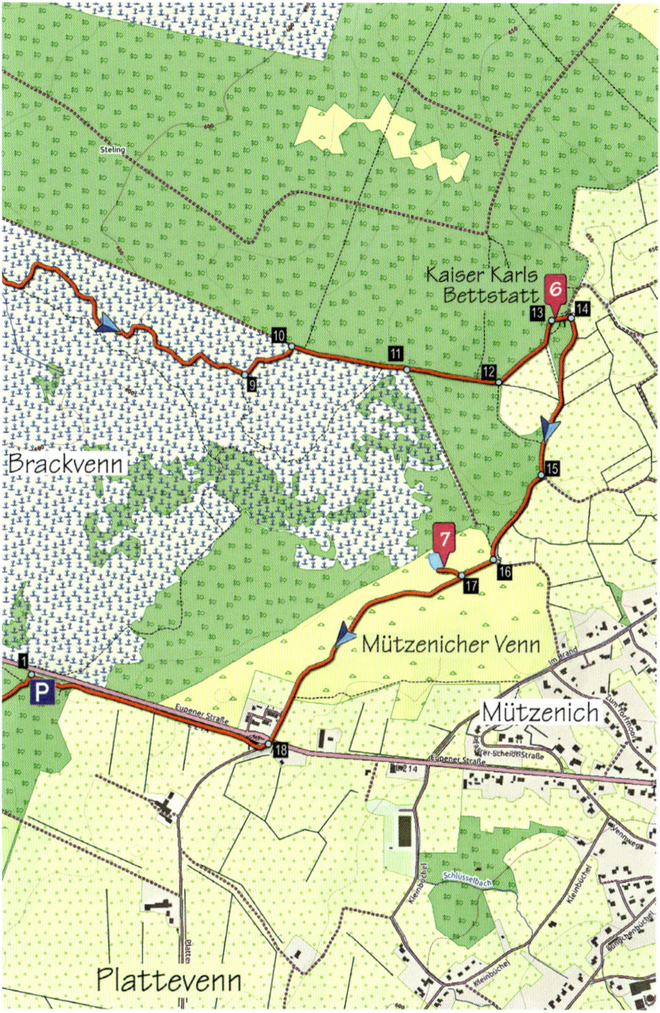

Steling
Kaiser Karls Bettstatt
6
13
14
10
11
12
9
Brackvenn
15
7
16
17
Mützenicher Venn
1
P
Im Brand
Eupener Straße
Mützenich
Zum Torfmoor
18
Eupener Straße
L 214
Schlüsselbach
Kleinbüchel
Vennweg
Plattevenn

Wegweiser

1 Vom Parkplatz aus einem breiten Forstweg nach links durch den Wald folgen.

2 Wo der Weg den Wald verlässt, entlang dem Südrand des Brackvenns weiter geradeaus gehen.

3 Hinter einer großen Wegkreuzung nach rechts aufwärts in das Naturschutzgebiet Brackvenn eintreten und einem Holzsteg folgen. (Wenn eine rote Fahne aufgezogen ist, ist der Eintritt und Durchgang durch das Venn verboten!)

4 Auf der Hochfläche auf einen noch schmaleren Holzsteg nach rechts abbiegen und diesem bis zur Straße von Mützenich nach Eupen folgen.

5 Geradeaus zur Straße gehen.

6 Die Landstraße von Mützenich nach Eupen queren und auf dem breiten Fahrweg am Parkplatz vorbei 200 Meter geradeaus gehen.

7 Rechts durch ein kleines Tor in das nördliche Brackvenn eintreten und einem Fußpfad, teilweise mit Holzsteg, circa einen Kilometer bis zur Abzweigung eines Holzstegs in Richtung Kaiser Karls Bettstatt folgen.

8 Dem Holzsteg und später schmalen Pfad nach rechts in Richtung Kaiser Karls Bettstatt folgen; sich immer an den Hauptpfad halten.

9 An einem Wegweiserpfosten vor drei großen Fichten links abbiegen und einem schmalen Pfad bis zum Ausgangstor des Naturschutzgebiets folgen.

10 Auf einer breiten Schneise nach rechts aufwärts bis zu einem weiteren Ausgangstor des Naturschutzgebiets gehen.

11 Nach weiteren 280 Metern an einer Bank dem Wegweiser zu Kaiser Karls Bettstatt geradeaus durch den Wald folgen.

12 Sich am Ende des Waldwegs und dann noch einmal vor einem Grenzstein sich links halten.

13 An Kaiser Karls Bettstatt zur Grillhütte am Hauptweg gehen und diesem nach rechts folgen.

14 Sich rechts halten.

15 Sich weiterhin rechts halten.

16 Am Holzturm nach rechts abbiegen.

17 Einen Abstecher zu einer verlandenden Lithalse machen; dann auf dem Schotterweg weiter geradeaus bis zu den Zollhäusern gehen.

18 Die Straße queren und rechts auf einem schmalen Fußweg parallel zur Straße zum Parkplatz „Grenzweg" zurückkehren.

1. Das südliche Brackvenn

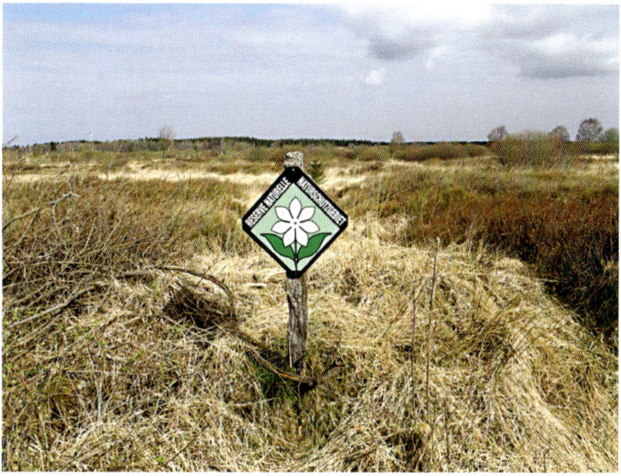

Der Europäische Siebenstern *(Trientalis europaea)* ist das Emblem für alle Naturschutzgebiete des Hohen Venns. Er ist allerdings nur selten zu finden. Sein Name leitet sich ab von seinen kleinen weißen Blüten mit meist sieben Blütenblättern.

Das Brackvenn wurde 1957 zusammen mit anderen Moorgebieten des Hohen Venns unter Naturschutz gestellt. Seit 1992 ist es als Schutzzone B ausgewiesen. Das bedeutet, dass es nur auf ausgewiesenen Wegen betreten werden darf. Schutzgebiete der Zone C dieser Gliederung dürfen nur in Begleitung eines anerkannten Naturführers begangen werden. Zone D ist als besonders schützenswerter Bereich für Besucher ganz gesperrt.

Dieser südliche Teil des Brackvenns ist keine originale Moorlandschaft mehr. Er wird heute von Pfeifengras und Heidekraut beherrscht. Auch ist seine Verbuschung mit Weiden und Birken schon weit fortgeschritten. Der Grund dafür ist eine weitgehende Entwässerung des Gebiets bei früheren Abtorfungen.

2. Zurück zum natürlichen Hochmoor

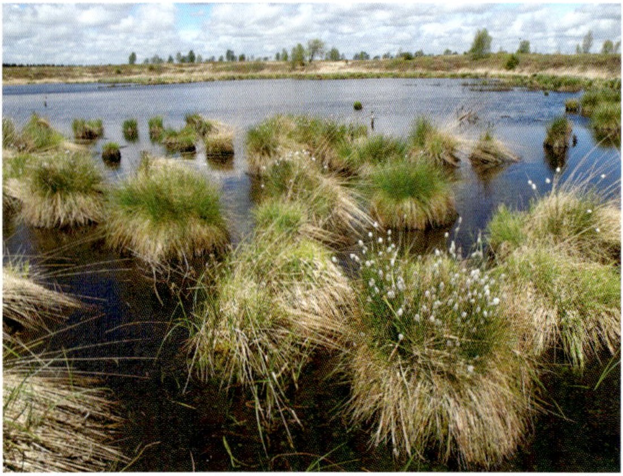

Durch mehrere Jahrhunderte wurde im Brackvenn Torf abgebaut. Dazu wurden die Abbaufelder durch Drainagegräben entwässert, mit der Folge, dass heute der größere Teil dieser Gebiete von Pfeifengras und Heidekraut beherrscht wird. Auch ist seine Verbuschung mit Weiden und Birken bereits weit fortgeschritten.

Im Rahmen eines Renaturierungsprojekts versucht man hier heute, durch das Aufstauen von Niederschlagwasser den Grundwasserspiegel so weit anzuheben, dass die Ausbreitung des alles überwuchernden Pfeifengrases gebremst und stattdessen das Wachstum von Torfmoos *(Sphagnum)* und Wollgras begünstigt wird.

Torfmoose wie *Sphagnum* bilden auch im tieferen Wasser runde, mehr als 50 Zentimeter hohe Polster („Bulten"), die schneller wachsen als andere. Wenn es deutlich über den Wasserspiegel hinauswächst, siedeln sich wegen der zunehmenden Trockenheit auch andere Moorpflanzen wie Wollgras und Binsen auf den Bulten an. Erst bei deutlich unter der Erdoberfläche liegendem Grundwasserspiegel finden Pfeifengras und später Heidekraut und Moosbeeren günstige Lebensbedingungen.

3. Historische Torflagerstätte

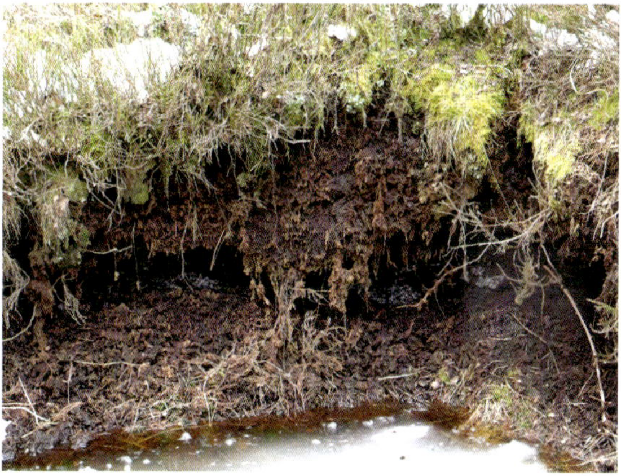

Seit dem 17. Jahrhundert diente Torf in den Dörfern und Städten rund um das Hohe Venn als Hausbrand. Bis in das 19. Jahrhundert hinein stellte er auch eine wertvolle Energiequelle für die Tucherwerkstätten, z. B. in Monschau, dar. Die Torfstiche galten jeweils als Gemeindeeigentum. Die bevorzugte Jahreszeit für den Torfabbau war das Frühjahr. Der Torf wurde mit einem speziellen Torfspaten in ziegelförmigen, großen Stücken abgestochen. Die Torfstücke wurden zum Trocknen zu Pyramiden aufgeschichtet. Erst zum Winter hin wurde der getrocknete Torf in die Dörfer gebracht. Heute sind die ehemaligen Torfstiche nur noch an ihren tief liegenden Sohlen und überwachsenen Steilkanten zu erkennen.

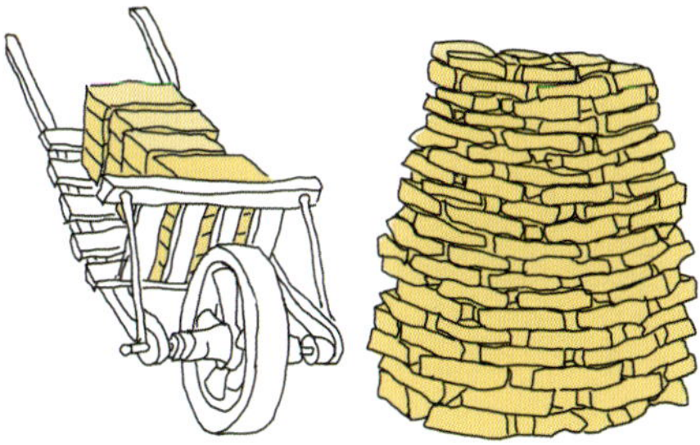

4. Ein neues Niedermoor

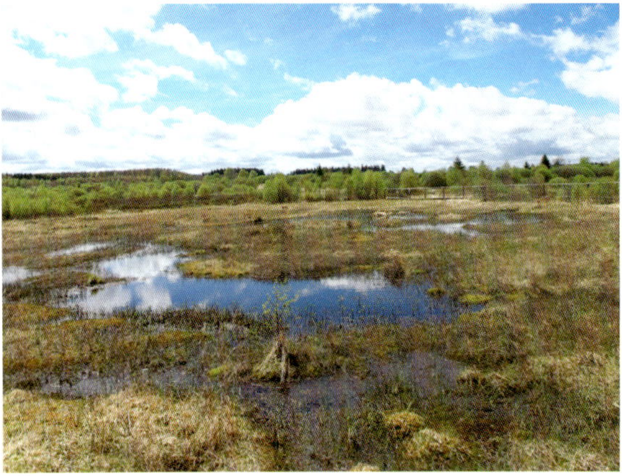

In einer mit Wasser gefüllten, flachen Senke („Palse" oder „Lithalse") entsteht hier gerade ein neues Niedermoor. Am Rand der noch offenen Wasserflächen wurzeln Schilf und andere Wasserpflanzen. Aus ihnen wird sich Niedermoortorf bilden.

Die flache Senke und ihr Ringwall entstanden vor 12.000 bis 10.000 Jahren im periglazialen Dauerfrostklima der ausgehenden Weichsel-Kaltzeit. Im Winter beulte sich der Boden durch die Bildung von Eiskissen auf. Im Sommer rutschte der oberflächlich aufgetaute Boden zur Seite ab. Im wärmeren Klima fiel der Boden im Zentrum weiter zurück als die Ränder. Es entstanden abflusslose Senken, die eine Moorbildung begünstigten.

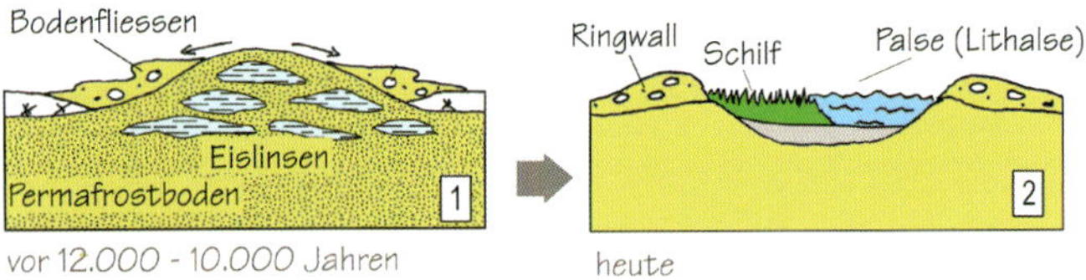

5. Seltene Moorpflanzen

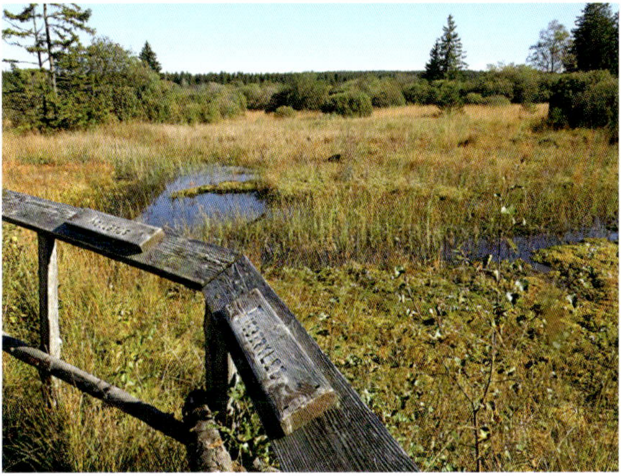

In der blühenden Flora des Hohen Venns spiegeln sich dessen besondere ökologische Verhältnisse deutlich wider. Vor allem solche Arten sind vertreten, die feuchtigkeitsliebend und unempfindlich gegen das raue, kühle und schneereiche Klima sind, und die auf sauren und nährstoffarmen Böden gedeihen können.

Fieberklee *(Menyanthes trifoliata)*, Beinbrech *(Narthecium ossifragum)* und Sonnentau *(Drosera rotundifolia)* gehören zu der von Kennern besonders geschätzten Kleinflora der Moorgebiete des Hohen Venns. Der Sonnentau blüht von Juli bis August, der Fieberklee von Ende April bis Juni, der Beinbrech von Juni bis Juli.

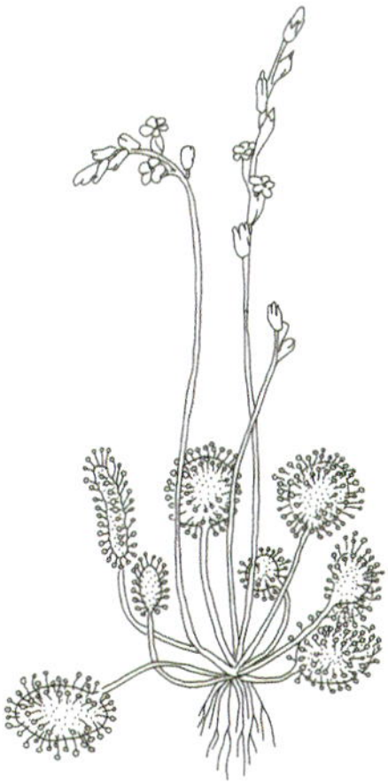

Rundblättriger Sonnentau

6. Kaiser Karls Bettstatt?

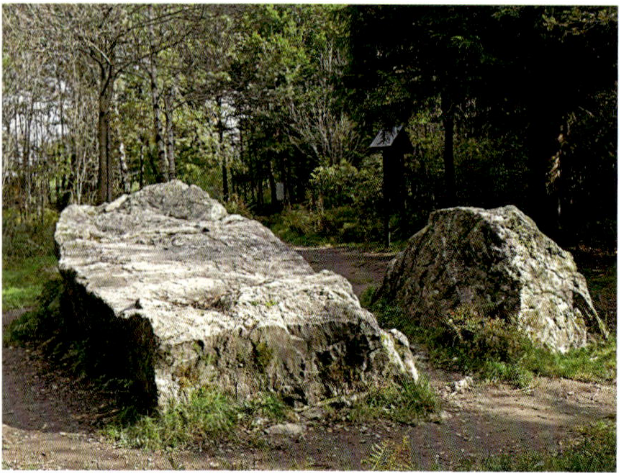

Einer von mehreren, auffällig großen Quarzitblöcken zeigt die Form einer breiten Liegefläche. Der Sage nach gilt er als Lagerplatz Karls des Großen, der hier im Hohen Venn oft gejagt haben soll. Geologen sehen in diesem Quarzitblock das Teilstück einer besonders dicken Quarzitbank der hier den Untergrund bildenden Revin-Schichten (Kambrium-Zeit).

Diese Quarzitbänke sind weitgehend unzersetzt geblieben, sodass sie heute dort, wo sie durch fließendes Wasser freigespült wurden, in ihrer ursprünglichen Form an der Erdoberfläche herumliegen („Vennwacken"). Bereits 1205 wurden die hier wegen ihrer Größe unverrückbaren Quarzitblöcke als Grenzsteine des Landbesitzes des Klosters Reichenstein erwähnt.

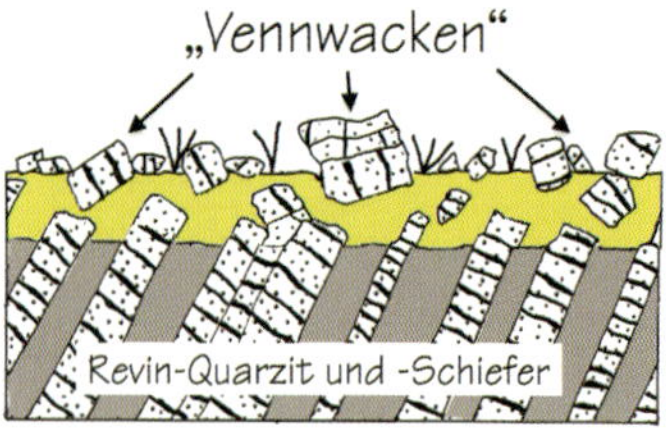

7. Neuer Moorsee

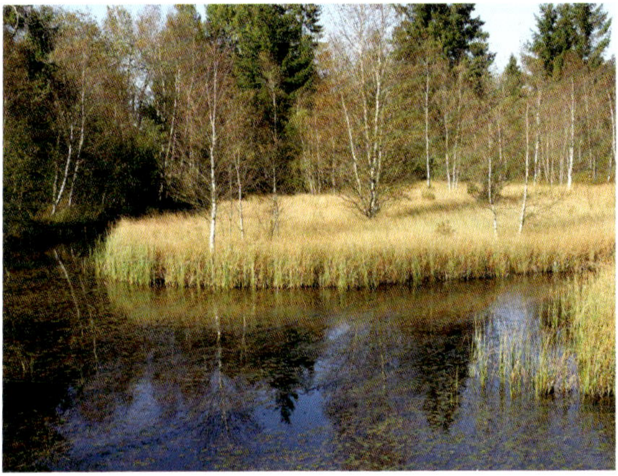

Jahrhundertelang haben die Mützenicher ihr Mützenicher Venn als Weide genutzt und Torf gestochen. Als nach dem Zweiten Weltkrieg der ganze Ort Mützenich und sein Umfeld durch die nun wieder zu Belgien gehörende Vennbahntrasse von Deutschland getrennt war, und die Mützenicher sich daraufhin dem belgischen Königreich anzuschließen drohten, bot das Land Nordrhein-Westfalen dem Dorf finanzielle Unterstützung zur Aufforstung seines noch nicht kultivierten Venns an.

Mützenich blieb bei Deutschland. Die Mützenicher entwässerten die noch bestehenden Palsen des Mützenicher Venns und bepflanzten das Gebiet mit Fichten. Später, um 1990, wurde das gerade erst aufgeforstete Gebiet unter Naturschutz gestellt. Man schloss die Entwässerungsgräben wieder und fällte die Fichten. Heute haben sich wieder Moorpflanzengesellschaften in feuchten Senken angesiedelt, und auf etwas trockeneren Standorten breitet sich eine moortypische Strauchvegetation aus.

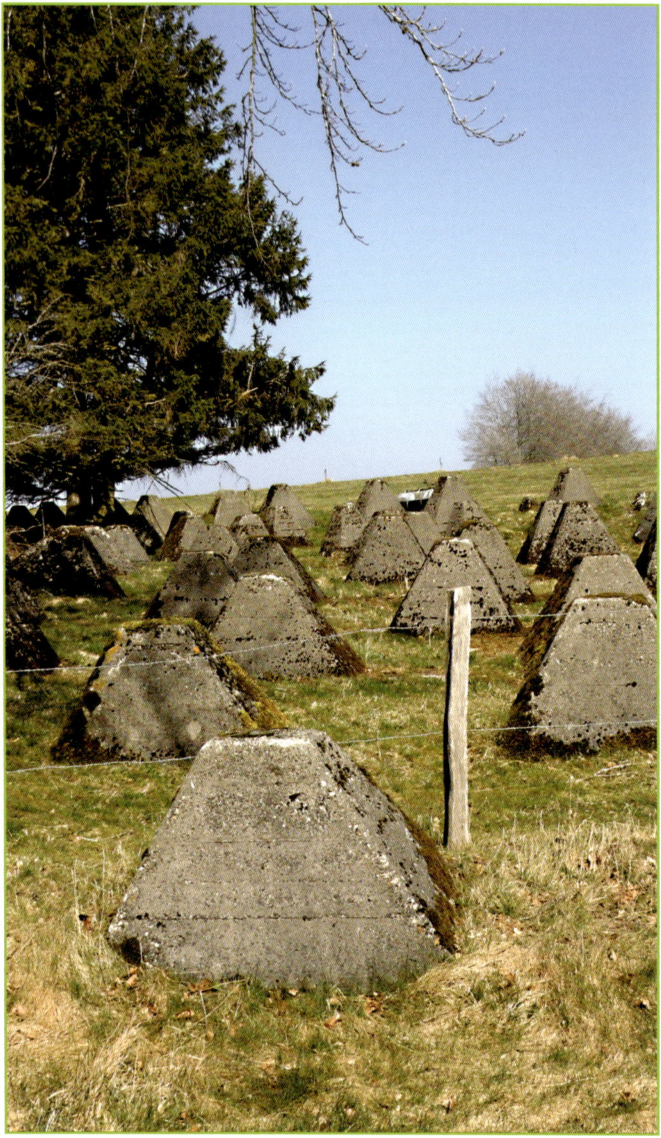

Route 2: Rundwanderung im oberen Kalltal bei Simmerath

Start und Ziel: Parkplatz Friedhof in Simmerath, Friedhofsweg

Dauer: 4 Stunden

Länge der Wanderung: 11,4 Kilometer

Höhenunterschiede: 57 Meter

Anfahrt mit öffentlichen Verkehrsmitteln (www.aseag.de):
Haltestelle Simmerath, Bushof; von dort circa 400 Meter Fußweg über den Kreisverkehr und die schmale Gasse Zum Eifelkreuz zum Parkplatz am Friedhof.

Parkmöglichkeit: Parkplatz Friedhof Simmerath, Friedhofsweg

Streckenführung:
Vom Parkplatz führt der Weg hinunter zur Simmerather Mühle im Kalltal. Von dort geht es flussaufwärts zur Bickerather Straße. Jenseits der Straße folgt der Weg über eine längere Strecke der Westwall-Höckerlinie zunächst noch im Kalltal und dann nach Süden in das Naturschutzgebiet Simmerather Kransvenn. In einem großen Bogen geht es dann durch eine naturbelassene Wald- und Moorlandschaft an Konzen vorbei wieder in das obere Kalltal zurück und aufwärts in Richtung Hoscheiter Venn und Paustenbacher Venn. Von Paustenbach aus verläuft der Rückweg über die Anhöhe des Paustenbacher Friedenskreuzes zurück zur Simmerather Mühle und zum Parkplatz.

GPX-Daten zur Route 2

Bild links: Höckerlinie bei Paustenbach

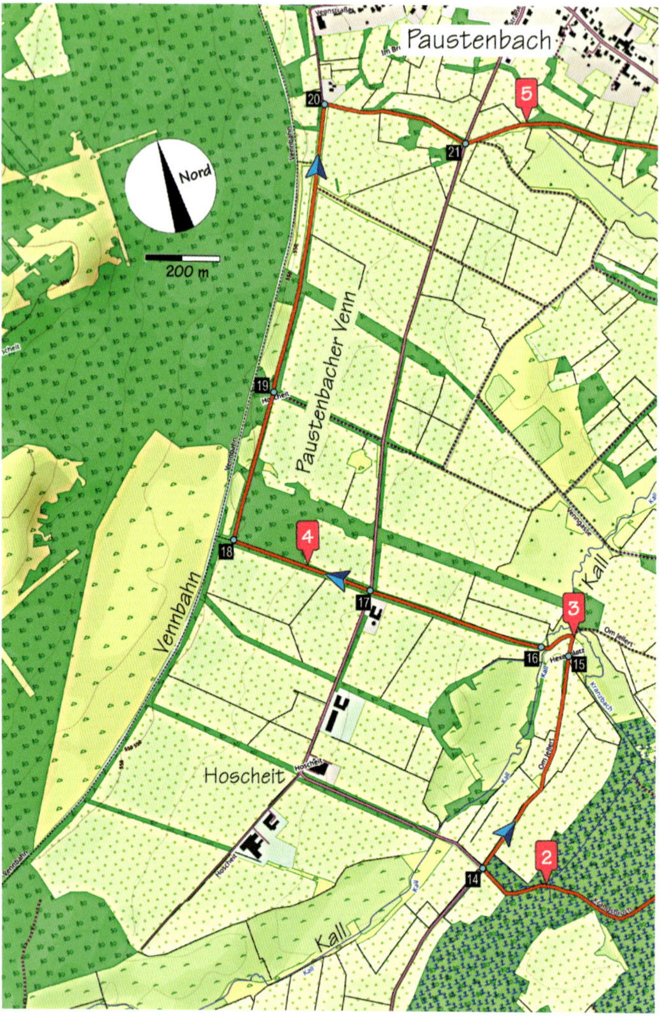
Paustenbach
Nord
200 m
Paustenbacher Venn
Vennbahn
Hoscheit
Kall
1
2
3
4
5
14
15
16
17
18
19
20
21

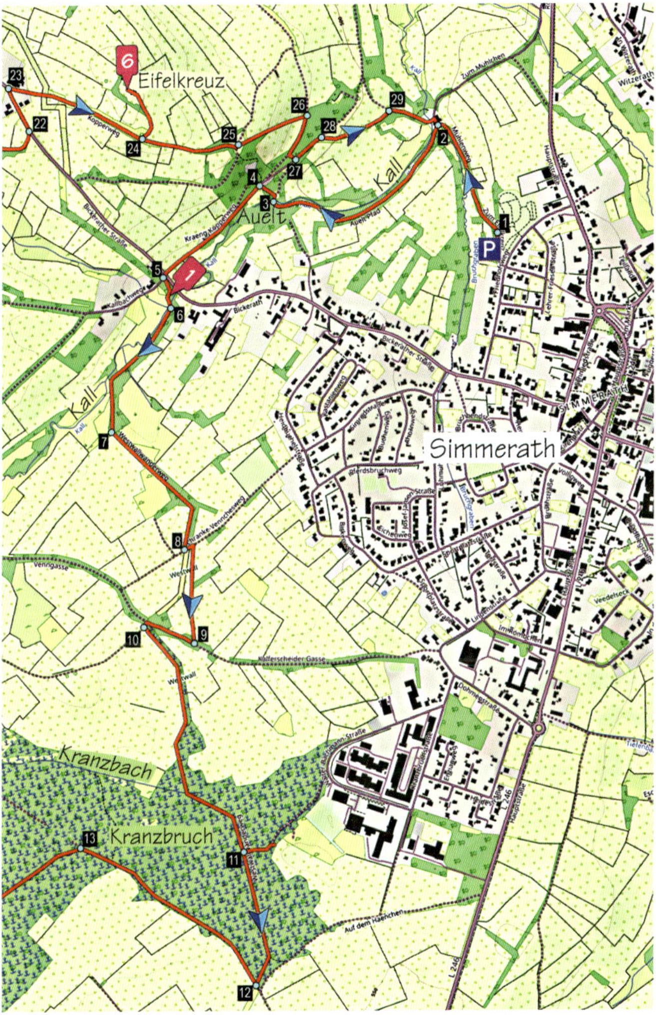
Eifelkreuz
Auelt
Kall
Simmerath
Kranzbach
Kranzbruch
Kopperweg
Zum Mühlchen
Mühlenweg
Bickerath
Bickerather Straße
Westwallwanderweg
Westwall
Kalfferscheider Gasse
Venngasse
Auf dem Haenchen
SIMMERATH

Wegweiser

1	Dem Weg zum Eifelkreuz abwärts in Richtung Simmerather Mühle folgen.
2	Unmittelbar vor der Mühle nach links in einen Fußweg abbiegen und diesem entlang des Südhangs des Kalltals in Richtung der Auelt folgen.
3	In der Auelt über eine Steinbrücke die Kall queren und geradeaus aufwärts zu einem Teerweg gehen.
4	Dem Teerweg nach links bis zur Bickerather Straße folgen.
5	Die Bickerather Straße queren und gleich links einem Fußweg zur Höckerlinie und weiter zur Fußgängerbrücke über die Kall folgen.
6	Auf der Mauer der Höckerlinie entlang der Kall weitergehen und dann links aufwärts gehen.
7	Von einer Drehtür für Fußgänger aus auf der Mauer der Höckerlinie weitergehen.
8	Auf dem Wirtschaftsweg nach links und nach 20 Metern gleich wieder rechts gehen.
9	Rechts abbiegen und bis zur Höckerlinie gehen.
10	Nach links auf die Mauer der Höckerlinie abbiegen und dieser wieder eine längere Strecke folgen.
11	Einen circa 200 Meter langen Abstecher nach links zu einem Wegkreuz machen; dann auf der Mauer der Höckerlinie weitergehen.
12	Nach rechts einem breiten Wirtschaftsweg abwärts folgen.
13	An einer Bank dem Wirtschaftsweg nach links in Richtung Konzen folgen.
14	Vor der Straße einem Wirtschaftsweg nach rechts folgen.
15	Von einem Rastplatz mit einer langen Bank (Hexenplatz) zuerst weiter geradeaus und dann nach links zur Kallbrücke gehen und diese queren.
16	Von der Kallbrücke aus einem Wiesenweg zwischen zwei Entwässerungsgräben immer geradeaus aufwärts folgen.
17	Die Straße queren und dem Wirtschaftsweg weiter geradeaus aufwärts folgen.
18	50 Meter vor der Vennbahntrasse nach rechts in einen Fußpfad abbiegen und diesem folgen.
19	Auf dem Wirtschaftsweg weiter geradeaus bis zu den ersten Häusern von Paustenbach gehen.

Wegweiser

20	Vor dem ersten Haus von Paustenbach auf eine schmale Teerstraße nach rechts abbiegen und ihr bis zur Landstraße folgen.
21	Die Landstraße queren und nach 20 Metern einem Wirtschaftsweg weiter geradeaus folgen.
22	An der Einmündung des Wirtschaftswegs in die nächste Landstraße abbiegen und auf dieser 120 Meter nach links gehen.
23	Scharf rechts in den Kopperweg abbiegen und ihr aufwärts folgen.
24	Einen Abstecher zum Friedenskreuz machen; auf dem Rückweg links abbiegen und geradeaus weiter abwärts gehen.
25	Wo der Wirtschaftsweg nach links abknickt, auf einem Wiesenweg weiter geradeaus gehen.
26	Scharf rechts abbiegen und bei der nächsten Gelegenheit wieder nach links abbiegen.
27	Auf einem Teerweg nach links gehen.
28	Sich rechts halten.
29	Nach rechts zur Simmerather Mühle abbiegen und von dort zum Parkplatz am Friedhof zurückkehren.

1. Die Westwall-Höckerlinie

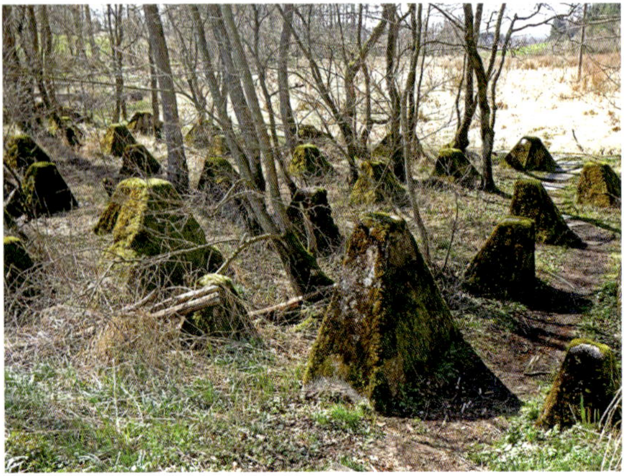

Um das Deutsche Reich zu sichern, entstand zwischen 1936 und 1940 entlang seiner Westgrenze der sogenannte Westwall. Zu seinen heute noch sichtbaren Zeugnissen zählen vor allem Panzersperren und Bunker. Hier quert eine als Panzersperre gedachte „Höckerlinie" das Kalltal. Ihre in mehreren Reihen hintereinander angeordneten Betonstelen sollten gepanzerte Fahrzeuge eines Angreifers an der Durchfahrt hindern.

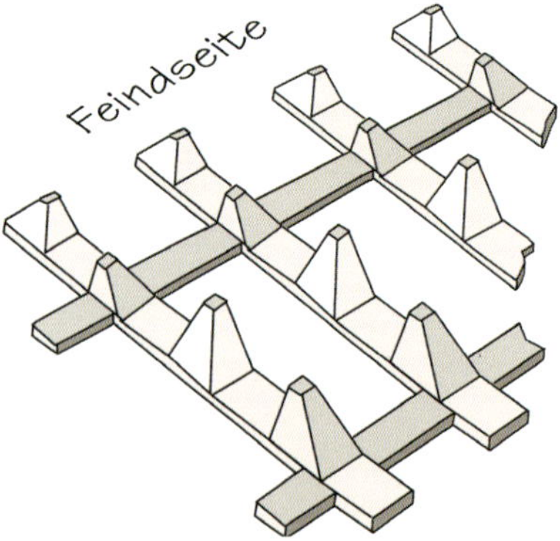

Die einzelnen Höcker, auch „Drachenzähne" genannt, stehen auf längs und quer verlaufenden Fundamentstreifen. Die Höcker wurden vor Ort in Beton gegossen.

Bauschema „Höckerlinie": Panzerspere aus Beton

2. Im Naturschutzgebiet Kransbach - Kransvenn

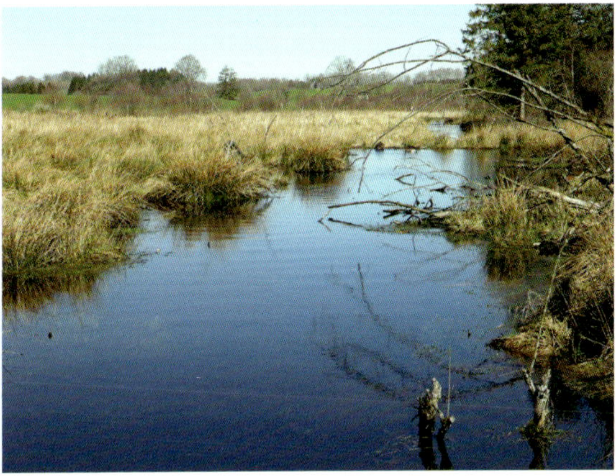

Die Höckerlinie des ehemaligen Westwalls quert in ihrem letzten Abschnitt die Quellbäche des Kranzbachs und führt dort zu besonders hohen Wasserständen. Deshalb bilden wuchernde Erlen und Weiden beiderseits der Mauer ein undurchdringliches Buschwerk. In den übrigen Senken des Kransbachs und seiner Nebenbäche (Kransvenn und Kransbruch) bestand früher eine natürliche Moor- und Heidelandschaft, die von Simmerath und Eicherscheid aus als Weide und zur Heuernte genutzt wurde. Seit dem 19. Jahrhundert wurden dann Drainagegräben gezogen und Fichten gepflanzt.

Heute legt man wieder Wert auf naturnahe und unverbaute Bachabschnitte und Bruch- und Sumpfwälder. In dieser wieder gewässerreichen Umgebung hat sich der Biber angesiedelt.

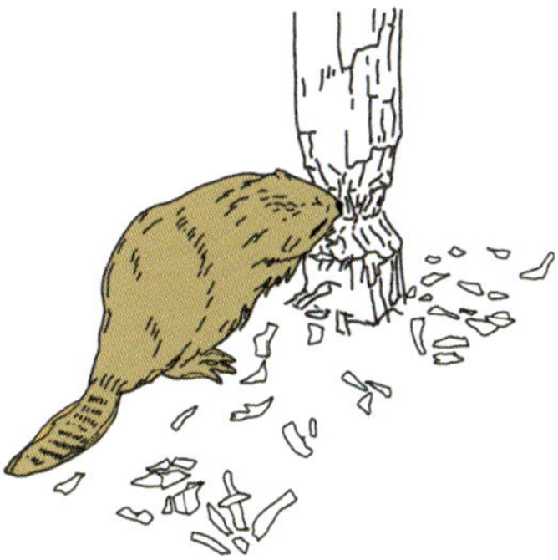

3. Die obere Kall am Hexenplatz

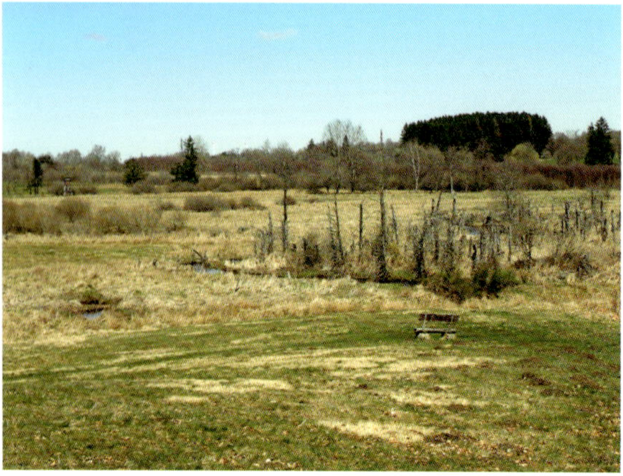

Am Aussichtspunkt „Hexenplatz" kreuzten sich früher verschiedene häufig begangene Wege, z. B. von Konzen nach Bickerath und von Bickerath ins Hohe Venn. Von hier aus hat man eine weite Aussicht über das Einzugsgebiet der oberen Kall. Die Kall und ihre Nebenbäche fließen hier noch in breiten, flachen Muldentälern, so wie sie hier schon in der frühen und mittleren Quartär-Zeit bestanden. Eine durch die starke Hebung der Eifel in der jüngsten Quartär-Zeit bedingte Talvertiefung wie in ihrem Mittel- und Unterlauf hat diesen Oberlauf der Kall noch nicht erreicht.

Wegen des hier tonreichen Untergrunds sind die Talsenken sumpfig. Heute gelten das obere Kalltal und die flachen Senken seiner Nebenbäche Fischbach und Lenzbach als Naturschutzgebiet. Entwässerungsgräben, die man vor circa 100 Jahren gezogen hatte, um Grünland oder Ackerland zu gewinnen, sind heute wieder verschlossen. Zwischenzeitlich angepflanzte Fichtenschonungen wurden beseitigt oder bleiben sich selbst überlassen.

4. Im Paustenbacher Venn

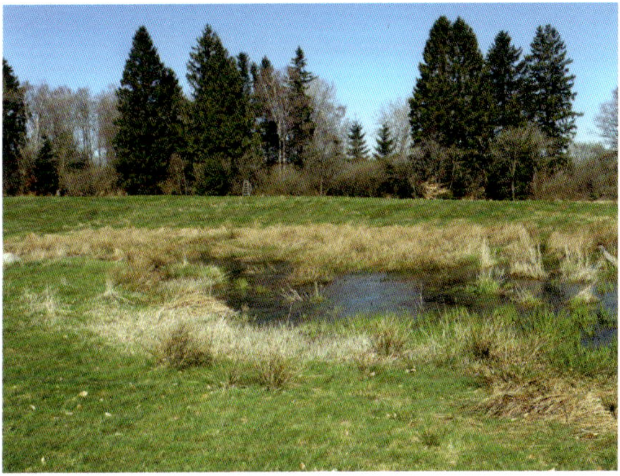

Mit Annäherung an das Hohe Venn begünstigte der wasserundurchlässige Untergrund aus Salm- und Revin-Schichten der Ordovizium- und Kambrium-Zeit eine ursprünglich flächendeckende Moor- und Heidebildung. Das Moor wurde bis in das 19. Jahrhundert hinein zur Torfgewinnung und die Heide für den Vieheintrieb und zur Heuernte genutzt.

Erst in den 1930er-Jahren begann man, das „Paustenbacher Venn" systematisch zu entwässern und zum größeren Teil als Grünland zu nutzen. Das unregelmäßig-buckelige Relief einiger Wiesen ist auf ein langsames Bodenkriechen während der letzten Spät- und Nachkaltzeit vor 12.000 bis 10.000 Jahren zurückzuführen.

Die heutige Ausweisung des Paustenbacher Venns als Naturschutzgebiet dient der Erhaltung des Lebensraums verschiedener gefährdeter Pflanzen- und Tierarten, die hier im Feuchtgrünland und im Bruchwald leben. Ein schmaler Streifen vor der Vennbahntrasse wurde inzwischen erfolgreich zu einer Heidemoorfläche renaturiert.

5. Eifeler Flurhecken

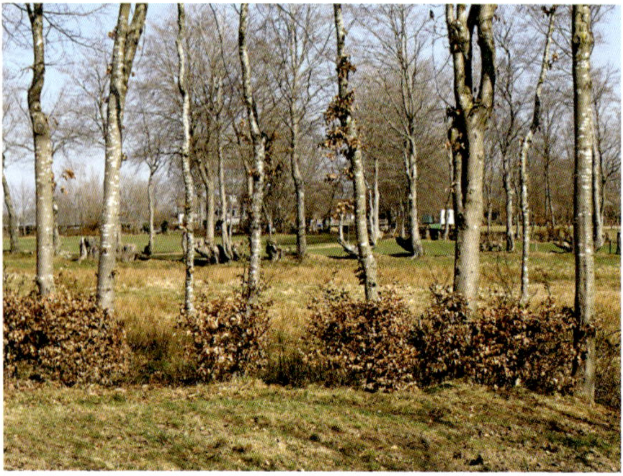

Rund um das Dorf Paustenbach ist das im Laufe von Jahrhunderten durch Rodung gewonnene, ehemalige Ackerland noch heute durch ein Netz alter Flurhecken unterteilt. Diese Hecken markierten Besitzgrenzen. Sie schützten die Felder vor Viehverbiss und schirmten das Vieh vor Regen und Wind ab. Die Hecken wurden ursprünglich ein bis zwei Meter hoch beschnitten. In regelmäßigen Abständen blieben aber Einzelstämme stehen, sogenannte Durchwachser, die von Zeit zu Zeit als Brennholz „geerntet" wurden. Wegen der robusten Schnittverträglichkeit der Rotbuchen nahmen die Stümpfe solcher Durchwachser im Laufe der Zeit oft skurrile Formen an.

In weiten Teilen der Rureifelhochfläche wurde in den 1970er-Jahren die durch jahrhundertelange Erbteilung entstandene, kleinteilige Parzellengliederung der Äcker und Wiesen durch Flurbereinigungsverfahren beseitigt. Größere Flächen sollten mit größeren Maschinen bearbeitet werden können. Wo die Hecken wie hier in Paustenbach erhalten blieben, bieten sie heute der Kleintierwelt Nahrung, Schutz, Überwinterungsmöglichkeiten und Nistplätze.

6. Friedenskreuz statt Westwallbunker

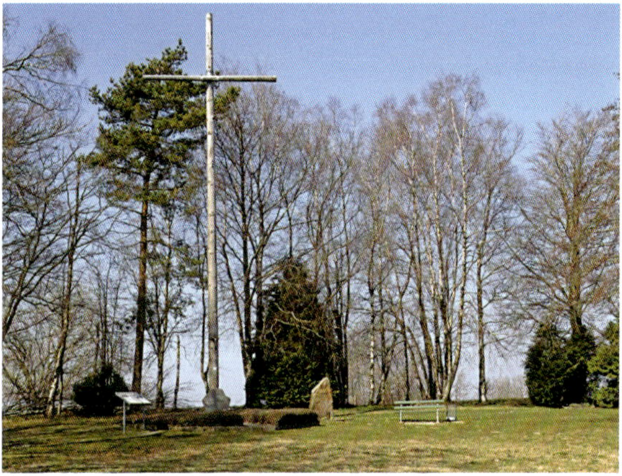

Das Eifeler Friedenskreuz auf der Paustenbacher Höhe erinnert an die vielen deutschen und amerikanischen Soldaten, die hier gegen Ende des Zweiten Weltkriegs ihr Leben verloren. Am 14. September 1944 hatten amerikanische Truppen, von Roetgen her kommend, Lammersdorf erreicht. Auf der Paustenbacher Höhe trafen sie auf den unerwartet erbitterten Widerstand einer deutschen Infanteriedivision, die sich hier in mehreren Westwall-Bunkern mit Sechs-Scharten-Kuppeln verschanzt hatte.

Erst nach zehn Tagen für beide Seiten außerordentlich verlustreicher Angriffe, am 29. September, fiel die Paustenbacher Höhe. Die Bunker wurden bald nach Kriegsende gesprengt, die Trümmer überdeckt und die Flächen als Weideland rekultiviert.

1947 errichteten Gemeindemitglieder der katholischen Pfarre Simmerath hier ein weithin sichtbares „Friedenskreuz“ als Mahnmal für den Frieden. Da das erste Kreuz aus Holz war, musste es – inzwischen mehrfach – erneuert werden. Seit 1948 führt auch ein Kreuzweg mit 14 Stationen vom Simmerather Friedhof bis auf die Paustenbacher Höhe.

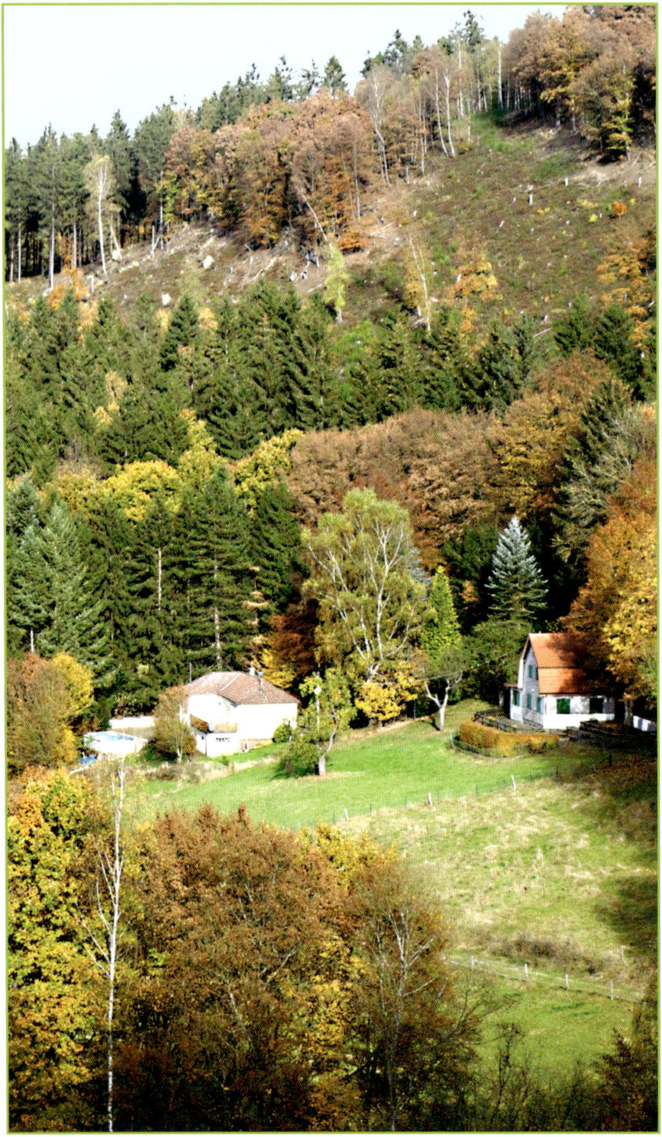

Route 3: Rundwanderung im mittleren Kalltal zwischen Vossenack und Kommerscheidt

Start und Ziel: Parkplatz neben der Kirche von Vossenack

Dauer: 3,5 Stunden

Länge der Wanderung: 9,6 Kilometer

Höhenunterschiede: 144 Meter

Anfahrt mit öffentlichen Verkehrsmitteln (www.aseag.de):
Haltestelle Vossenack, Kirche.

Parkmöglichkeit: Parkplatz neben der Kirche von Vossenack

Streckenführung:
Der erste Teil der Wanderstrecke folgt dem „Kall-Trail", einer am Ende des Zweiten Weltkriegs stark umkämpften Route quer durch das enge Kalltal zwischen Vossenack und Schmidt. Der Weg führt steil hinunter zur Kallbrücke unterhalb der Mestrenger Mühle und von dort auf der anderen Talseite hinauf auf die Hochfläche von Schmidt. Weiter geht es auf breiten Wirtschaftswegen nach Westen in das Huschelbachtal und von dort bis zur Kallbrücke vor der Einmündung des Richelbachs. Im Tal des Richelbachs führt dann ein weiterer Forstweg in einem weiten Bogen wieder auf die Hochfläche von Vossenack und zum Parkplatz zurück.

GPX-Daten zur Route 3

Bild links: Im Kalltal

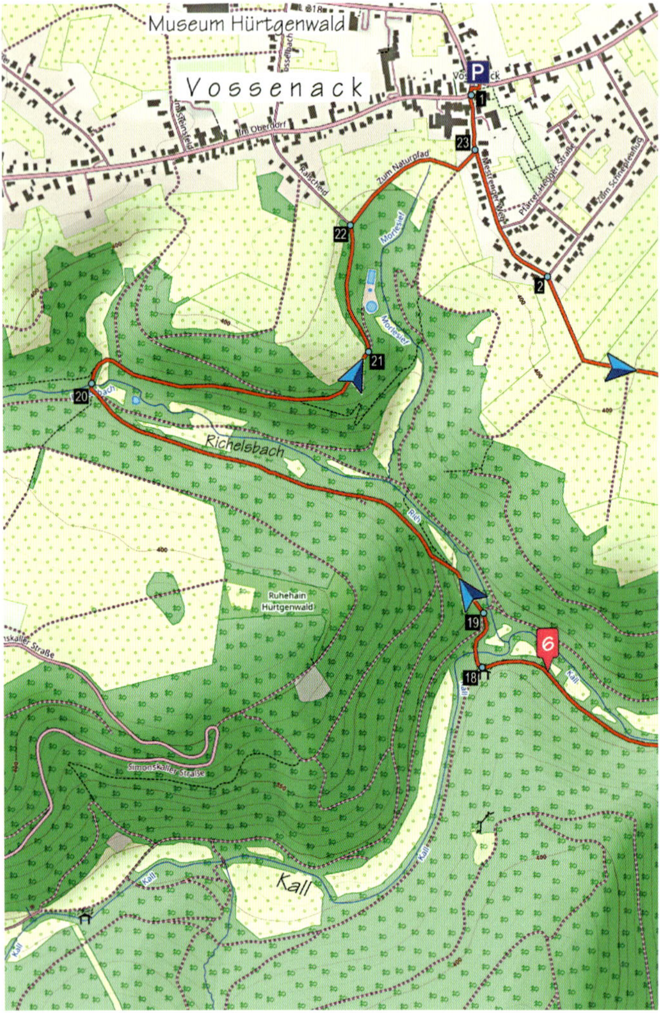
Museum Hürtgenwald
Vossenack
P
1
23
Im Oberdorf
Zum Naturpfad
22
Morlesief
21
20
2
Richelsbach
Ruhehain
Hürtgenwald
19
6
18
Kall
Simonskaller Straße

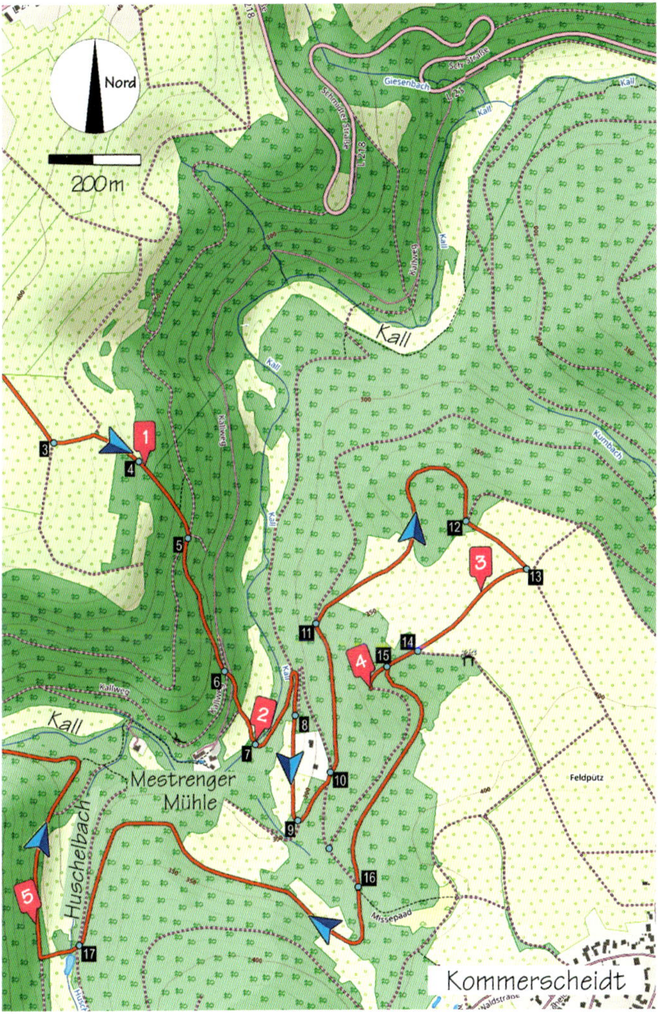
Nord
200m
Kall
Mestrenger Mühle
Huschelbach
Kommerscheidt
Feldpütz
Kallweg
Missepaad
Giesenbach
Kumbach

Wegweiser

1	Von der Turmseite der Vossenacker Kirche aus auf dem Mestrenger Weg in südliche Richtung gehen.
2	Von den letzten Häusern des Ortes aus einem geteerten Weg (später Schotterweg) geradeaus in Richtung Kalltal folgen.
3	Nach links in einen Wiesenweg in Richtung Mestrenger Mühle abbiegen.
4	Dem schmalen Fußweg abwärts folgen.
5	Einen Forstweg queren und dem schmalen Fußweg weiter folgen.
6	Zwei weitere Wirtschaftswege queren und hinunter zur Kallbrücke gehen.
7	Die Kall queren und dem Weg aufwärts folgen; in der ersten Spitzkehre scharf rechts weitergehen.
8	Geradeaus weitergehen.
9	In der Spitzkehre scharf links weiter aufwärts gehen.
10	An der Wegkreuzung dem Wirtschaftsweg geradeaus weiter aufwärts folgen.
11	Dem Wirtschaftsweg nach rechts weiter aufwärts folgen.
12	Geradeaus bis zu einer Wegkreuzung am Ende eines Teerwegs gehen.
13	An der Wegkreuzung rechts abbiegen.
14	Am Waldrand geradeaus weitergehen.
15	Einen Abstecher geradeaus zu einem Aussichtspunkt machen; auf dem Rückweg dem Waldrand nach rechts abwärts folgen.
16	Einen abwärts führenden Weg kreuzen und geradeaus einem Wirtschaftsweg circa 800 Meter bis in das Huschelbachtal folgen.
17	Nach rechts den Huschelbach über einen Damm queren und auf dem ersten Querweg nach rechts weitergehen.
18	An der Schutzhütte nach rechts über die Kallbrücke bis zum nördlichen Kall-Uferweg gehen.
19	Geradeaus im Richelsbachtal einem breiten Forstweg aufwärts folgen.
20	Sich rechts halten und dem Forstweg weiter folgen.

Wegweiser

21	Der linken Teerstraße aufwärts folgen.
22	Rechts abbiegen und vor dem Waldrand und später zwischen Wiesen in Richtung Mestrenger Weg in Vossenack gehen.
23	Sich links halten und auf dem Mestrenger Weg zurück zum Parkplatz neben der Kirche gehen.

1. Erinnerung an Allerseelen 1944

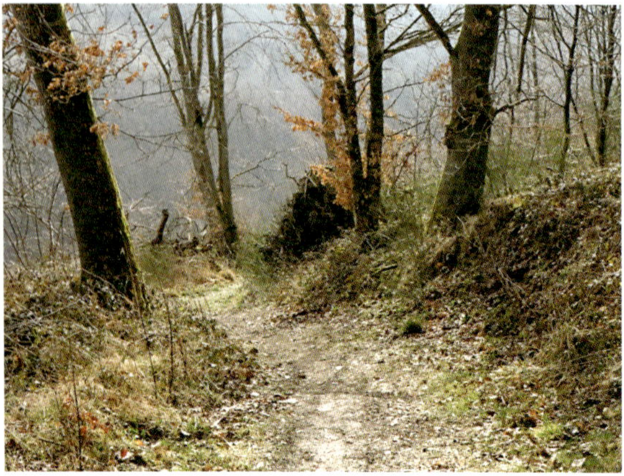

Am 3. November 1944 begann von der Vossenacker Hochfläche aus der Angriff amerikanischer Soldaten über das Kalltal hinweg auf den von deutschen Soldaten gehaltenen Ort Schmidt. Diesem Angriff war am 2. November, dem Tag Allerseelen, die endgültige Zerstörung des Dorfs Vossenack vorausgegangen. Was die amerikanischen Offiziere bei ihrer Planung der Route nach Schmidt offensichtlich nicht erkannt hatten, war die Steilheit und Unwegsamkeit des tief und steil in die Vossenacker Hochfläche eingeschnittenen Kalltals.

An dieser Stelle des Einstiegs von der Vossenacker Hochfläche ins Kalltal fuhr der zuerst vorrückende amerikanische Panzer auf dem Weg zur Kall hinunter auf eine Mine und blockierte den Pfad. Bei dem Versuch, das Wrack zu umfahren, stürzten weitere Panzer den steilen Hang hinunter. Das galt auch für eine Engstelle weiter unterhalb, an der amerikanische Pioniere erst einen Felsvorsprung beseitigen mussten, um eine Weiterfahrt der Panzer zu ermöglichen. Dabei lag dieser Steilhang während der ganzen Zeit unter Dauerbeschuss aus deutschen Stellungen auf der gegenüberliegenden Talseite und auf dem Buhlert.

2. „A Time for Healing"

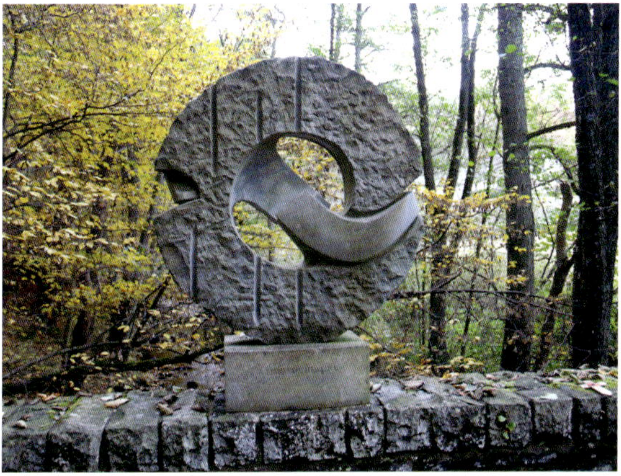

Wegen des unerwartet schwierigen Geländes und der erbitterten Gegenwehr der Deutschen war es in den ersten Tagen dieses amerikanischen Vorstoßes auf Schmidt nur wenigen Panzern und einer nur kleinen Gruppe Soldaten gelungen, bis Kommerscheidt, einer Häusergruppe auf der Hochfläche von Schmidt, vorzudringen. Sie blieben aber ohne ausreichenden Nachschub und Verstärkung und mussten sich nach wenigen Tagen unter großen Verlusten wieder auf die Nordseite der Kall zurückziehen. Als „Allerseelenschlacht" vom 2. bis 8. November 1944 gingen diese für beide Seiten verlustreichen Kämpfe in die Geschichtsbücher ein.

Heute erinnert eine Gedenkskulptur auf der Kallbrücke an die humanitäre Initiative eines deutschen Stabsarztes, dem es gelang, mit den Amerikanern mehrstündige Kampfpausen auszuhandeln, in denen Verwundete beider Seiten gerettet, versorgt und ausgetauscht werden konnten. Die Skulptur des Bildhauers Michael Pohlmann aus Kalkstein zeigt eine grob behauene, ringförmige Scheibe, die von einer glatt polierten Welle durchdrungen wird. Der Künstler interpretiert sie als das raue Umfeld des Krieges, in dem dennoch humanitäre Begegnung stattfinden konnte.

3. Kall-Kerbtal bei Vossenack

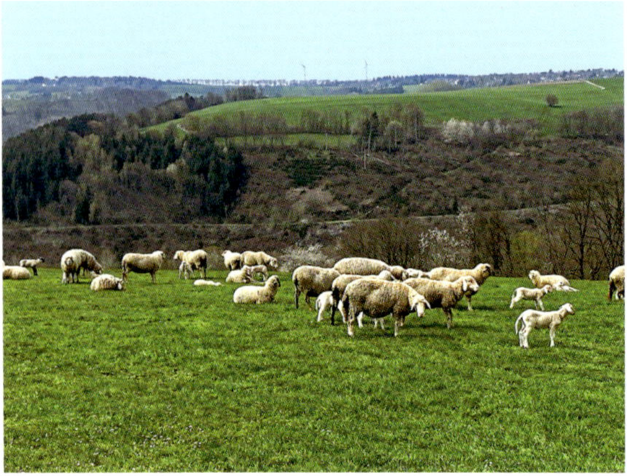

Ursprünglich floss eine Ur-Kall in einem breiten, flachen Muldental über die noch tief liegende Eifelebene. Erst als sich die Eifel vor etwa 800.000 Jahren zu einem Mittelgebirge herauszuheben begann, schnitt der Bach sein heutiges enges Kerbtal in den Schieferuntergrund ein. Auf den heute einige hundert Meter herausgehobenen flachen Restflanken des frühen Muldentals und der Eifelebene entstanden im späten Mittelalter die Rodungssiedlungen Vossenack im Norden und Schmidt im Süden. Die steilen Hänge des jüngeren Kerbtals dazwischen blieben wegen seiner Steilheit kaum begehbares Waldgebiet.

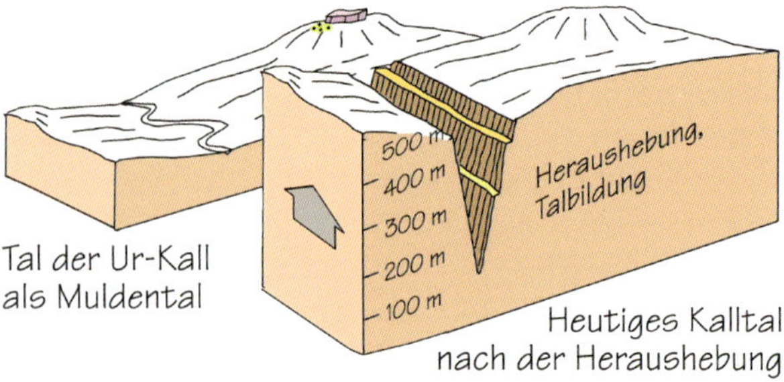

4. Die Mestrenger Mühle im Kalltal

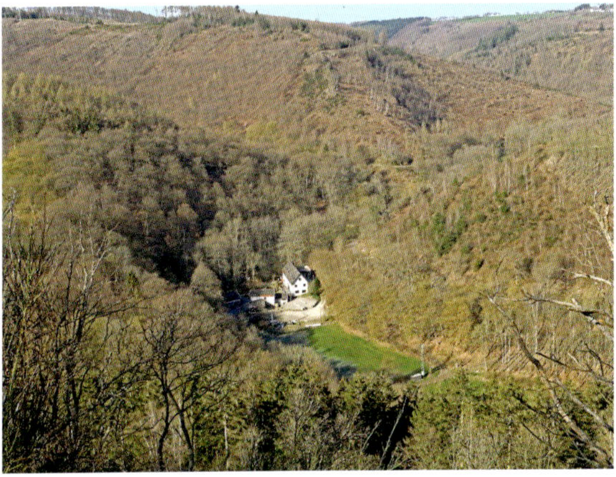

Die Mestrenger Mühle liegt an der Stelle, wo ein Fahrweg von Vossenack nach Kommerscheidt und Schmidt die Kall quert. Seit 1663 wurde hier das Getreide der umliegenden Siedlungen gemahlen. Zeitweilig war sie „Beimühle" der weit kallaufwärts gelegenen Lammersdorfer Mühle, einer „Bannmühle", bei der eigentlich alles Getreide des Amtes Monschau gemahlen werden musste. Nach der Franzosenzeit mahlte die nunmehr „freie" Mestrenger Mühle weiter Öl und Mehl für die Vossenacker und Kommerscheidter Bauern.

Als vor dem Ersten Weltkrieg die ersten Touristen nach Simonskall kamen, richteten die Inhaber der Mühle zusätzlich eine Gaststätte und eine Pension ein. Während der Kämpfe in Vossenack 1944 geriet die Mühle zwischen die Fronten. Noch im Frühjahr 1945 kam der Eigentümer durch die Explosion einer Mine ums Leben. Nach ihrem Wiederaufbau wurde die Mestrenger Mühle – mit restauriertem Mühlrad und Mühlengraben – als Gastronomiebetrieb geführt.

5. Rekonstruktion eines Kohlenmeilers

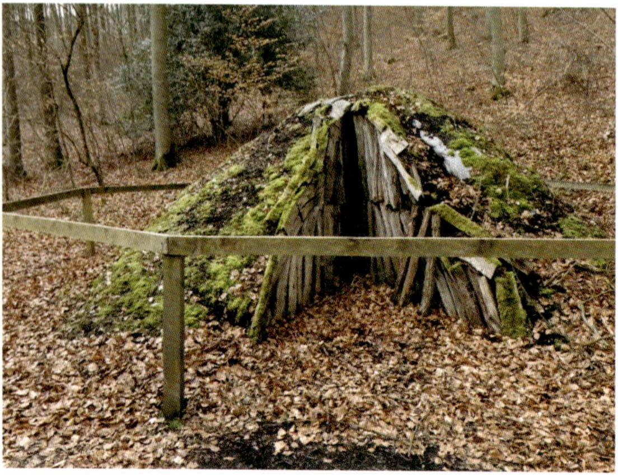

Vom 16. bis Mitte des 19. Jahrhunderts wurden auf den Hängen des Kalltals große Mengen Holzkohle für die Eisenhütte Simonskall und später auch für Zweifallshammer produziert. Vor allem Rot- und Hainbuchen wurden verschwelt, weil nur mit ihrer Hilfe die für das Schmelzen des Eisens nötigen hohen Temperaturen erreicht werden konnten. Der Schaumeiler und eine Schautafel vermitteln ein detalliertes Bild vom Bau und der Funktion eines Kohlenmeilers und vom Prozess der Verschwelung von Holz zu Holzkohle.

Noch heute lassen sich an vielen Stellen die kreisrunden Verebnungen früherer Meilerplätze in den Wäldern erkennen. Der Holzeinschlag war so gewaltig, dass am Ende große Teile der Wälder vernichtet waren und an ihrer Stelle Ödland mit Heide und Ginster das Landschaftsbild bestimmten. Erst als sich im Verlauf des 19. Jahrhunderts die Eisenherstellung nach Norden in die Steinkohlengebiete des Eifelvorlandes verlagerte, wurde in der Eifel wieder großflächig aufgeforstet.

6. Tektonisch gefaltete Sandsteinbänke

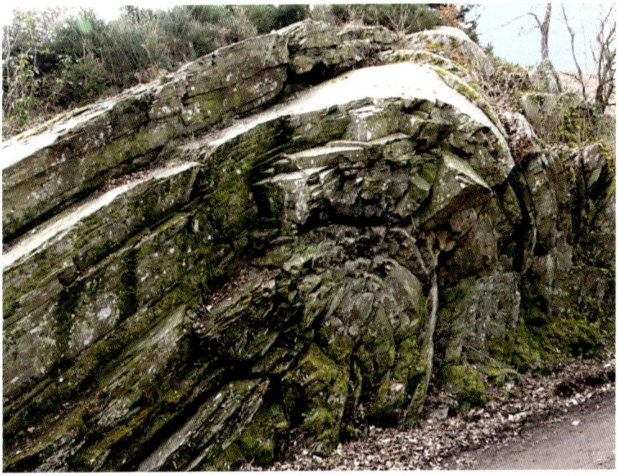

In der Wegböschung ist ein Gesteinssattel aus mehreren Sandsteinbänken mit dünnen Tonschieferzwischenlagen freigeräumt. Seine Sandsteine und Schiefer sind hervorgegangen aus Sandschichten und Tonschlämmen eines flachen Wattenmeers, das sich in der Unterdevon-Zeit hier ausdehnte. Die lockeren Schlämme verfestigten sich unter der zunehmenden Auflast weiterer Ton- und Sandschichten zu Tonsteinen und Sandsteinen.

Später wurden sie im Rahmen eines ganz Mitteleuropa erfassenden tektonischen Zusammenschubs gefaltet („Variszische Faltung"). Das heißt, die Sandsteine reagierten unter der geschätzten Auflast von mehr als 5.000 Meter jüngerem Gestein und bei einigen hundert Grad Celsius Gesteinstemperatur mit der Verbiegung zu Sätteln und Mulden. Die Tonsteine wurden unter den gleichen Druck-/Temperaturbedingungen durch Parallelstellung ihrer Tonminerale geschiefert.

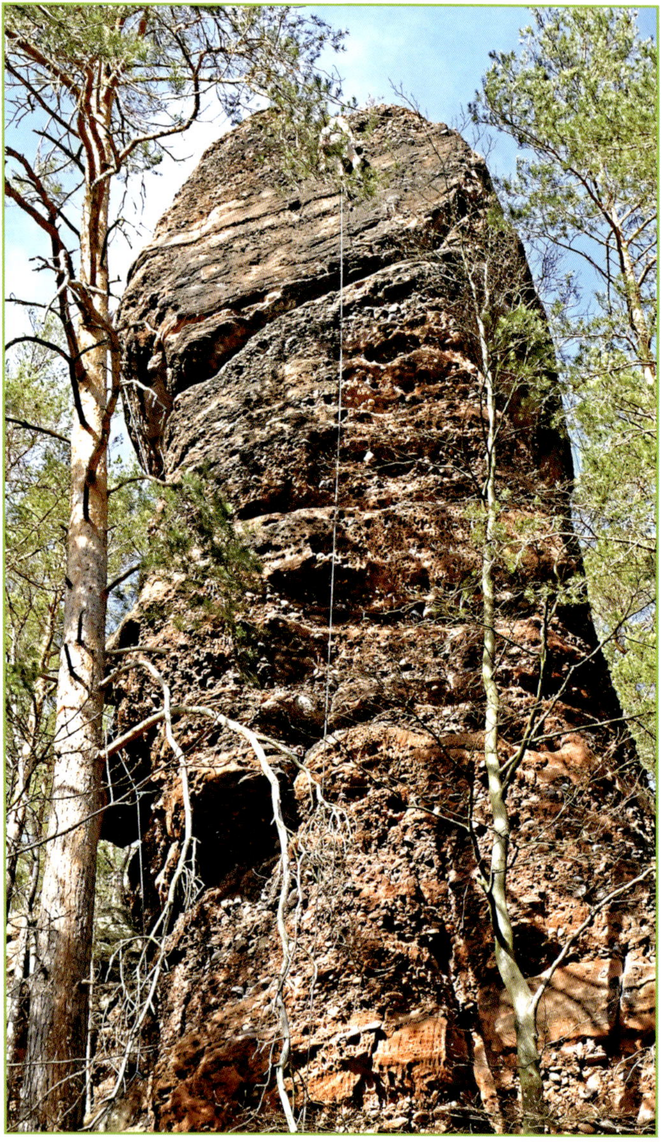

Route 4: Rundwanderung zwischen Buntsandsteinfelsen bei Nideggen

Start und Ziel: Nationalpark-Information Zerkall

Dauer: 3-4 Stunden

Länge der Wanderstrecke: circa 10 Kilometer

Höhenunterschiede: 162 Meter

Anfahrt mit öffentlichen Verkehrsmitteln (www.aseag.de):
Haltestelle Nideggen, Zerkall Bahnhof; von Düren mit der Rurtalbahn in Richtung Heimbach bis Haltepunkt Zerkall; von dort circa 120 Meter Fußweg über die Rurbrücke zum Informationszentrum.

Parkmöglichkeit: Parkplatz des Informationszentrums Zerkall

Streckenverlauf:
Vom Informationszentrum aus die Rurbrücke queren und auf der östlichen Rurseite in Richtung Brück gehen; die Straße nach Nideggen queren und weiter etwa 1,5 Kilometer im Rurtal bleiben; dann Aufstieg zu den Buntsandsteinfelsen der Effelsley; anschließend Rundweg durch die Altstadt von Nideggen und um die Burg Nideggen; weiter entlang der Felspassage zum Hindenburg-Tor; Abstieg zum Gut Maar im Rurtal und zurück zum Informationszentrum.

GPX-Daten zur Route 4

Bild links: Buntsandsteinfelsen der Effelsley

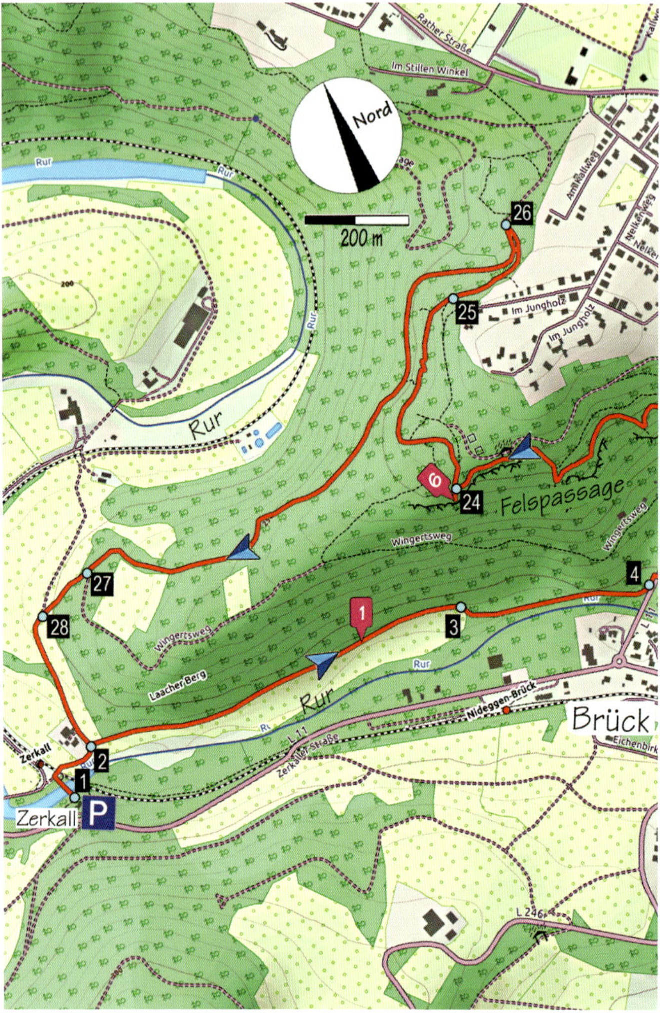
Nord
200 m
Rur
Rather Straße
Im Stillen Winkel
Am Kallweg
Nelkenweg
Im Jungholz
Felspassage
Wingertsweg
Laacher Berg
Nideggen-Brück
Brück
Eichenbirk
Zerkall
Zerkaller Straße
L 11
L 246
P
1
2
3
4
6
24
25
26
27
28

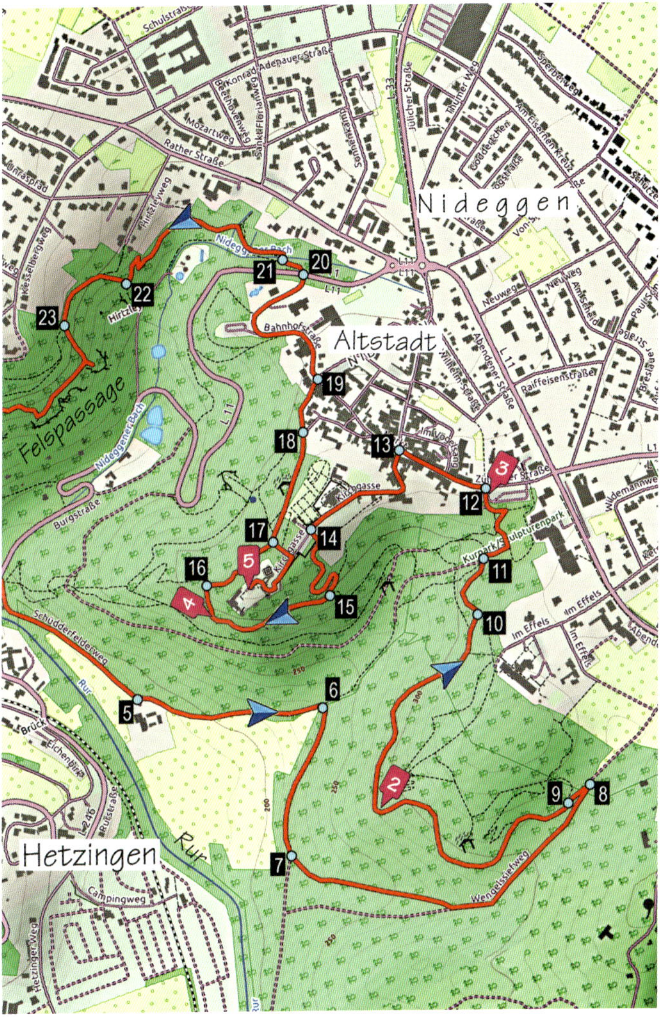
Nideggen
Altstadt
Felspassage
Hetzingen
Rur
Nideggener Bach
Bahnhofstraße
Rather Straße
Mozartweg
Konrad-Adenauer-Straße
Jülicher Straße
Abendener Straße
Zülpicher Straße
Kirchgasse
Burgstraße
Schudderfelderweg
Wendelssiefweg
Hirtzleyweg
Kesselbergweg
Schulstraße
Raiffeisenstraße
Neuweg
Im Effels
Kurpark/Skulpturenpark
Rußstraße
Campingweg
Hetzinger Weg
Wildemannweg
Sperberweg
Am Eisernen Kreuz
Thumer Weg
Sonnenkamp
L 11
L 33
L 246
1
2
3
4
5
6
7
8
9
10
11
12
13
14
15
16
17
18
19
20
21
22
23

Wegweiser

1	Vom Parkplatz aus über die Rurbrücke gehen und gleich nach rechts die Schienen der Rurtalbahn queren.
2	An der Weggabelung sich rechts halten; am Waldrand entlang in Richtung Brück gehen.
3	Sich rechts halten und weiter in Richtung Brück gehen.
4	Die Straße etwas nach links versetzt queren und scharf rechts dem Rurrandweg weiter folgen.
5	Vor dem Schüdderfelder Hof sich links halten und am Waldrand aufwärts gehen.
6	An der Weggabelung rechts abbiegen und parallel zum Waldrand abwärts gehen.
7	In den ersten Forstweg nach links abbiegen und einem längeren Anstieg aufwärts folgen.
8	Noch vor Erreichen des Waldrands scharf links in einen leicht ansteigenden Weg abbiegen.
9	Geradeaus weitergehen; die ganze Strecke um die Effelsley auf diesem Rundweg bleiben.
10	Sich links halten.
11	An der Wegkreuzung rechts steil aufwärts und dann nach links durch den Park gehen; den Treppen und Serpentinen aufwärts bis vor das Zülpicher Tor folgen.
12	Das Zülpicher Tor queren und der Zülpicher Straße bis zum Marktplatz folgen.
13	Von der Zülpicher Straße nach links in die Kirchgasse einbiegen und dieser bis zur Pfarrkirche St. Johannes Baptist folgen.
14	Vor dem Parkplatz der Burg einem Fußweg nach links abwärts folgen; nach einer Steintreppe links an der Burgmauer entlang und dann scharf rechts abwärts bis zu einem Querweg gehen.
15	Dem Querweg nach rechts um den Burgberg folgen.
16	Nach rechts unterhalb der Burgmauern weitergehen.
17	Nach rechts einen Abstecher in die Burg machen und wieder hierher zurückkehren; dann der Lindenallee nach rechts folgen.

Wegweiser

18	An der Wegkreuzung sich halb links halten und unterhalb der Häuser bis zur Bahnhofstraße gehen.
19	Nach links den Kurven der Bahnhofstraße bis zur Landstraße von Nideggen nach Brück folgen.
20	Die Landstraße queren und einem steilen, mit Treppen versehenen Weg abwärts bis zu einer Fußgängerbrücke folgen.
21	Rechts über die Brücke gehen und dem Fußweg aufwärts folgen; über eine weitere Brücke und an einem ersten Buntsandsteinfelsen vorbei sich immer links halten.
22	Ab einer Bank dem Fußweg nach rechts weiter folgen.
23	An einer Weggabelung den Fußweg links wählen und dem Weg der Felspassage circa 1.000 Meter folgen.
24	Nach einem Abstecher auf einen Aussichtsfelsen rechts abbiegen und nach 30 Metern einen schmalen Fußpfad nach links wählen und diesem bis zum Hindenburg-Tor folgen; von dort weiter aufwärts gehen.
25	Auf dem Forstweg nach links bis zur nächsten Wegkreuzung gehen.
26	An der Wegkreuzung scharf links abwärts abbiegen.
27	Weiter geradeaus gehen.
28	Sich links halten und an der Weggabelung hinter Gut Laach nach rechts zum Parkplatz zurückkehren.

1. Talaue der Rur

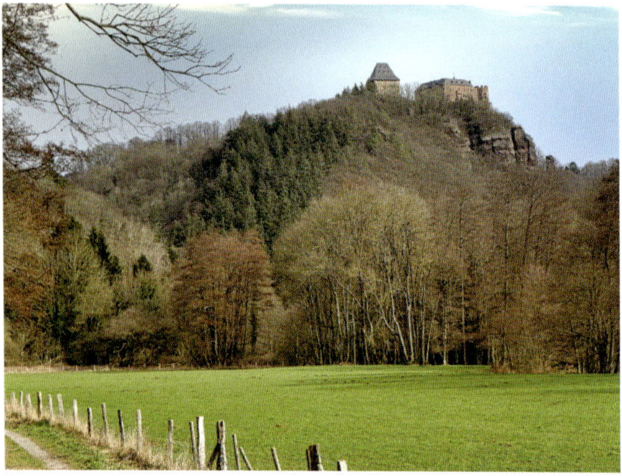

Seit der verstärkten Heraushebung der Nordeifel während der jüngeren Quartär-Zeit (seit circa 800.000 Jahren) hat sich die Rur tief in das Schiefergebirge der Rureifel eingeschnitten. Im unteren Talhang sind dementsprechend gefaltete graue Tonschiefer und Sandsteinbänke der Heimbach-Schichten, der jüngsten Ablagerungen einer viele tausend Meter mächtigen Sedimentfolge der Unterdevon-Zeit, zu sehen. Der felsige Steilhang darüber ist die Front von sehr viel jüngeren, flach liegenden Konglomerat- und Sandsteinschichten der Buntsandstein-Zeit. Auf ihr wurde im 12. Jahrhundert die Burg Nideggen als Sitz der Grafen von Jülich errichtet.

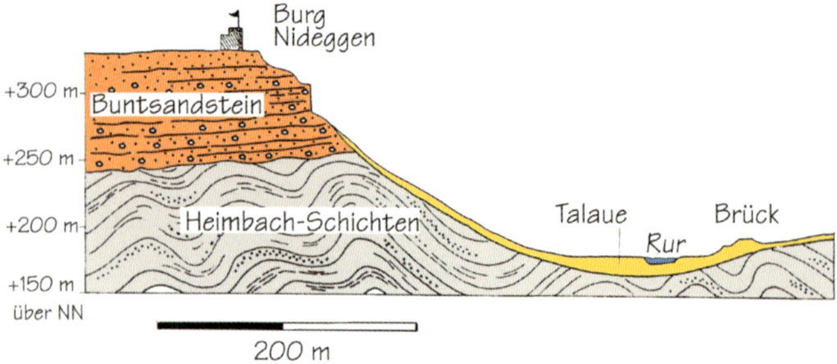

2. Steil aufragende Buntsandsteinfelsen

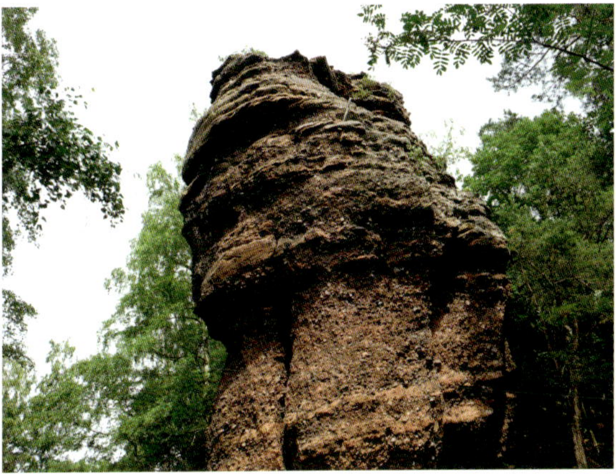

Im steilen Hang zur Rur hin haben Gesteinsverwitterung, Abspülung und Felsstürze zu einer starken Zergliederung und Zurückverlagerung der Schichtstufe aus flach liegenden Buntsandstein-Konglomeraten und -Sandsteinen geführt. Das Ergebnis sind steil aufragende, freistehende Felswände. Sie bieten heute ideale Trainingsmöglichkeiten für Klettersportler.

Die Geröllagen der Konglomerate bestehen aus meist sehr gut gerundeten Sandsteingeröllen und abgerolltem weißem Gangquarz (Milchquarz). Die gewöhnlich rotbraune Farbe der Sandsteinbänke zwischen den Konglomeratlagen ist auf das Mineral Hämatit (Fe_2O_3) zurückzuführen, das die Sandkörner umhüllt.

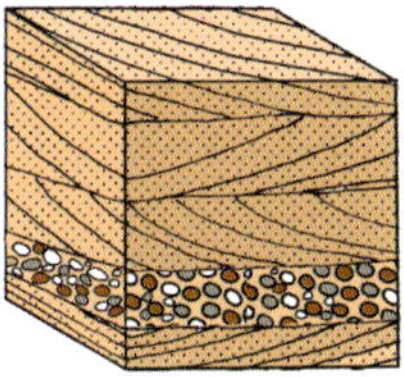

Schrägschichtung im Buntsandstein

Eine deutliche Schrägschichtung in den Sandsteinen und ihr enger Wechsel mit Konglomeratlagen weist auf eine Ablagerung im schnell strömenden Wasser eines verzweigten Flusssystems hin.

3. Nideggens historische Altstadt

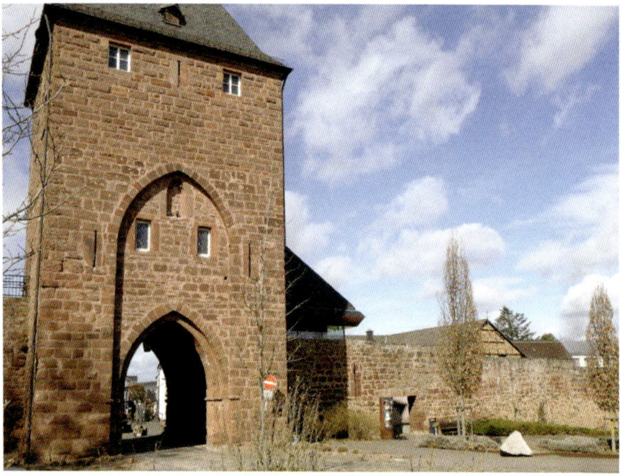

Die Geschichte der Stadt Nideggen ist eng mit dem Schicksal seiner Burg verknüpft. Im 13. Jahrhundert erhielt der Ort Stadtrechte. In der ersten Hälfte des 14. Jahrhunderts wurde eine Stadtmauer mit Toren und Türmen gebaut. Wie hier das Zülpicher Tor sind auch die Mauern und die meisten Gebäude innerhalb der Altstadt aus rotem Buntsandstein errichtet.

200 Jahre lang erlebte Nideggen als Hauptsitz der Grafen und später Herzöge von Jülich eine Blütezeit. Danach waren das 17. und 18. Jahrhundert Zeiten des wirtschaftlichen Niedergangs und schlimmer Verwüstungen durch französische Truppen und Erdbeben. Erst gegen Ende des 19. Jahrhunderts baute man die verfallenen Stadtmauern und Stadttore wieder auf. Nach dem Ersten Weltkrieg war Nideggen anerkannter Kneipp- und Luftkurort.

Nach dem Zweiten Weltkrieg wurde die Altstadt trotz verheerender Zerstörungen wieder komplett im alten Stil restauriert.

4. Panoramablick vom Nideggener Burgfelsen

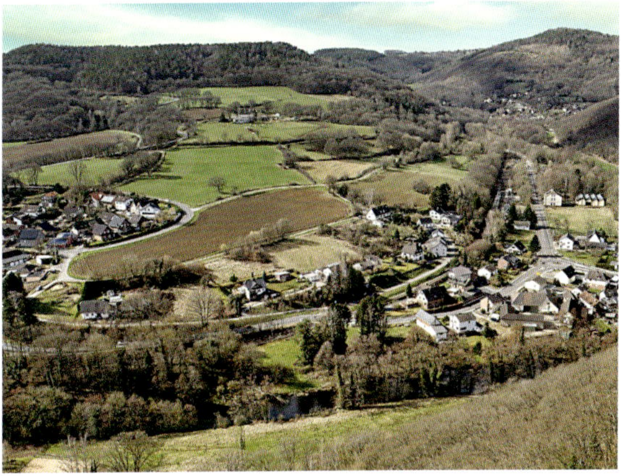

Die Aussichtsplattform unterhalb der Burg wurde über einem Felsvorsprung aus besonders massiven, horizontal liegenden Konglomerat- und Sandsteinbänken eingerichtet. Ausschlaggebend für die Klippenbildung ist hier eine regelmäßige, weitständige, vertikale Zerteilung der Bänke durch Riesenklüfte in Nordwest-Südost- und Südwest-Nordost-Richtung und untergeordnet auch in Nord-Süd-Richtung. Sie bedingen diesen von weither sichtbaren Steilabfall der Buntsandsteinfelsen unterhalb der Burg.

Nach Westen und Nordwesten geht der Blick über das Rurtal mit den Ortsteilen Hetzingen, Brück und Zerkall. Der flach ansteigende Hang oberhalb von Brück entspricht dem Gleithang einer weiten Rurschleife. Der bewaldete Höhenrücken im westlichen Hintergrund ist der Hetzinger Wald. Im Norden, hinter Zerkall, erhebt sich der Burgberg von Bergstein. Beide Höhen tragen noch kleine Kappen von Buntsandstein-Konglomerat, die das darunter liegende Schiefergebirge vor einem stärkeren Abtrag schützen.

5. Im Palas der Burg Nideggen

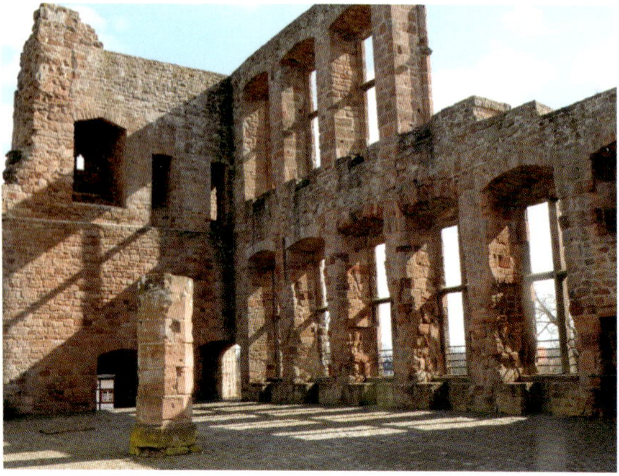

Von der ursprünglichen Burganlage sind heute noch ein äußeres und ein inneres Burgtor, ein gewaltiger Wohnturm mit Verließ, Burgkapelle und darüber fünf weiteren Stockwerken erhalten. Besonders beeindruckend sind die südlichen Außenmauern eines riesigen zweistöckigen Palas mit großen Kreuzstockfenstern.

Graf Wilhelm II. von Jülich hatte im 12. Jahrhundert weite Teile des Rurtals und der umliegenden Höhen geerbt. Zwischen 1177 und 1197 ließ er hier, hoch über der Rur, einen Bergfried errichten, der seinen Besitz gegen die Angriffe des Erzbischofs von Köln schützen sollte. Im 14. Jahrhundert erreichte diese Burg Nideggen als Sitz der Herzöge von Jülich ihre größte Bedeutung.

1756 zerstörte ein starkes Erdbeben die Burganlage. Erst im 19. Jahrhundert wurde sie wieder aufgebaut. Nach Zerstörungen im Zweiten Weltkrieg wurde sie zwischen 1959 und 1979 zum zweiten Mal von Grund auf restauriert. In den oberen Stockwerken des Wohnturms befindet sich heute ein Burgenmuseum. Ein achteckiger Westturm dient heute als Aussichtsplattform.

6. Buntsandsteinklippen „Felspassage"

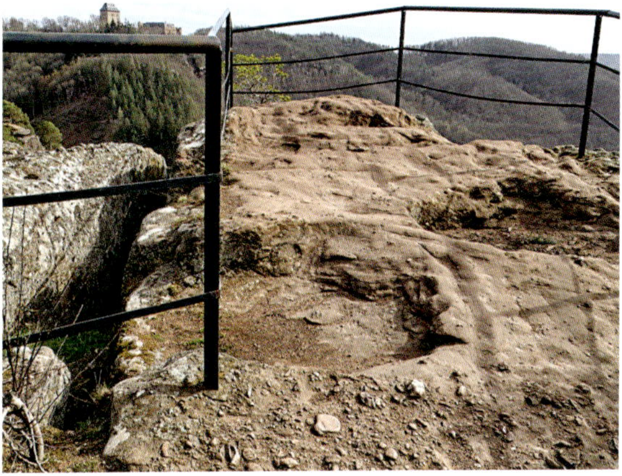

Die unterschiedliche Verwitterungsbeständigkeit der Konglomerate und Sandsteine und auch offene Felsspalten sorgen für steile Klippen und oft bizarre Verwitterungsformen in der hier als „Felspassage" bezeichneten Buntsandstein-Schichtstufe. Gesicherte Aussichtsplätze auf Felsvorsprüngen bieten zudem großartige Ausblicke auf und über das Rurtal.

Die roten Sandsteine dieser Klippen eigneten sich auch als Werksteine. Offensichtlich wurde hier in früherer Zeit versucht, aus einer frei liegenden Sandsteinbank zwei Mühlsteine herauszumeißeln. Dazu wurden breite Rillen im Kreis geschlagen und von diesen aus Keile gesetzt, um die runden Steine aus ihrer Schicht zu lösen. Zum Kornmahlen brauchte man zwei genau zueinander passende Steine, einen Boden- und einen Läuferstein. Um ihre Mahlflächen rau zu halten, wurden sie durch Einschlagen von Furchen und Rillen „geschärft".

In und um Nideggen herum gibt es viele Beispiele für die Formatierung dieser Rotsandsteine zu Steinkreuzen oder Grabsteinen.

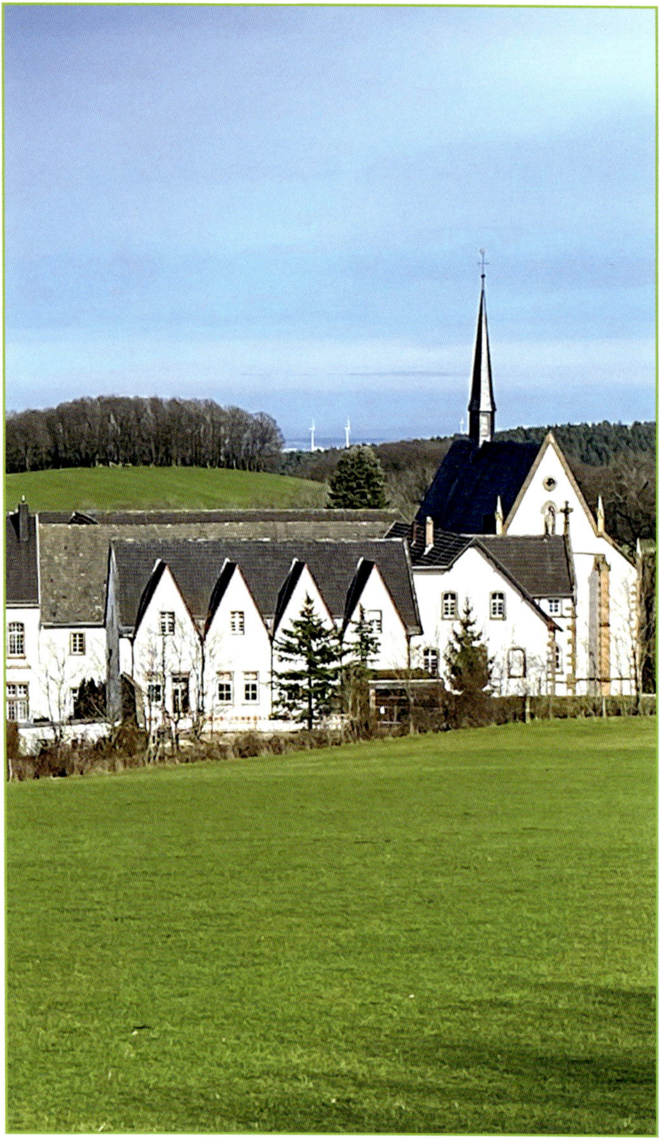

Route 5: Rundwanderung zwischen Heimbach und Kloster Mariawald

Start und Ziel: Parkplatz „Über Rur“ in Heimbach, Ortsmitte

Dauer: 4 Stunden

Länge der Wanderung: 10 Kilometer

Höhenunterschiede: 256 Meter

Anfahrt mit öffentlichen Verkehrsmitteln (www.aseag.de):
Mit der Rurtalbahn von Düren bis Bahnhof Heimbach fahren; von dort auf der Hengebachstraße in Richtung Ortsmitte bis zur Rurbrücke „Über Rur“ gehen und diese queren.

Parkmöglichkeit: Parkplatz „Über Rur“ in Heimbach

Streckenführung:
Zuerst auf der Straße Über Rur und weiter auf dem nördlichen Uferweg des Heimbacher Staubeckens zum Kraftwerk Heimbach gehen. Von dort entlang des südlichen Seeufers zurück bis zum Herbstbachtal. Rechts im Herbstbachtal aufwärts in Richtung Kermeter. Auf der Hochfläche an der Kriegsgräberstätte Mariawald vorbei zur Abtei Mariawald. Zurück über den Eifelblick „Luna“. Abstieg zur Burg Hengebach. Von der Burg über die Rur zurück zum Parkplatz.

GPX-Daten zur Route 5

Bild links: Kloster Mariawald

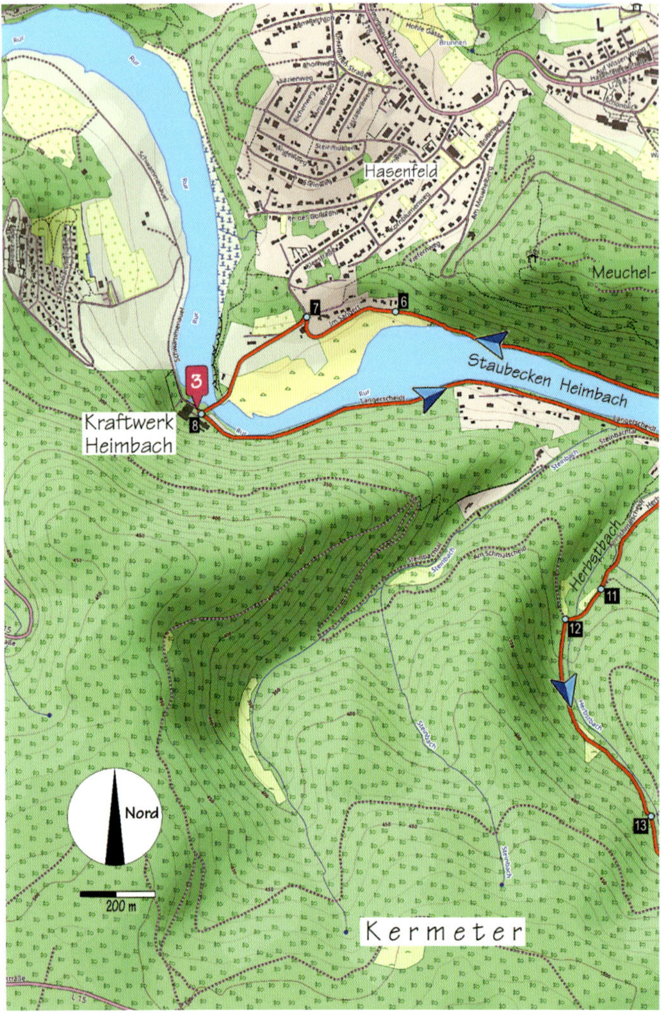
Hasenfeld
Meuchel-
Staubecken Heimbach
Kraftwerk
Heimbach
Herbstbach
Nord
200 m
Kermeter

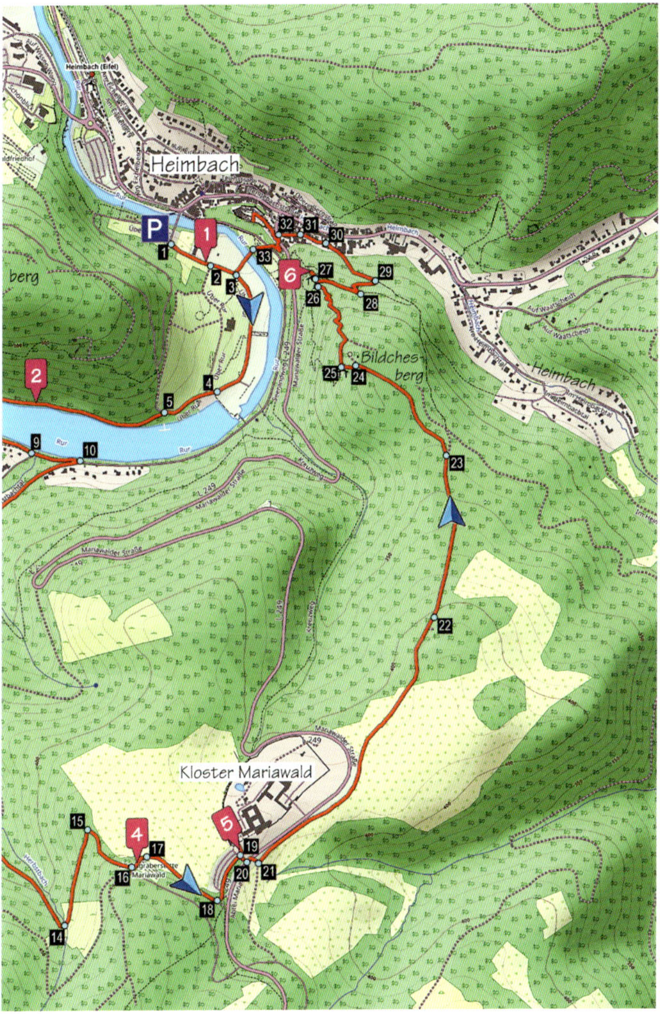
Heimbach (Eifel)
Heimbach
P
1
2
3
4
5
6
9
10
14
15
16
17
18
19
20
21
22
23
24
25
26
27
28
29
30
31
32
33
berg
Bildches-
berg
Rur
L 249
Mariawalder Straße
Kreuzweg
Kloster Mariawald
249
Heimbach
Auf Waatscheidt
Herbstbach

Wegweiser

1	Vom Ende des Parkplatzes aus auf dem Fahrweg Über Rur ruraufwärts gehen.
2	Geradeaus gehen.
3	Weiter geradeaus gehen.
4	Dem Fahrweg halb rechts weiter folgen.
5	Geradeaus abwärts zum Seeufer gehen und über eine längere Strecke dem Fußpfad am See entlang folgen.
6	Auf der Straße geradeaus weitergehen.
7	Scharf links abbiegen und auf der Straße am Campingplatz entlang bis zur Rurbrücke gehen.
8	Vor dem Kraftwerk nach links abbiegen und auf der Straße Langerscheidt am Staubecken entlang wieder in Richtung Heimbach gehen.
9	Geradeaus weitergehen.
10	Vor einer Häusergruppe scharf rechts in die Straße Herbstbachtal abbiegen und dieser aufwärts folgen.
11	Geradeaus weitergehen.
12	In einer weiten Rechtskurve nach links in das Herbstbachtal abbiegen und einem Fußweg aufwärts folgen.
13	Geradeaus dem Fußweg im Herbstbachtal weiter aufwärts folgen.
14	Dem Fußweg weiter nach links aufwärts folgen.
15	Dem Fußweg nach rechts weiter folgen.
16	Von einem Gatter aus geradeaus weiter aufwärts zur Kriegsgräberstätte gehen und diese durch ein Tor betreten und queren.
17	Die Treppe am Ausgang des Friedhofs hinuntergehen und nach rechts in Richtung Parkplatz des Klosters Mariawald gehen.
18	Nach links den Parkplatz queren und zum Kloster gehen.
19	Nach rechts zur Straße gehen.
20	Die Straße vorsichtig queren und nach der Bushaltestelle auf der rechten Straßenseite eine Treppe hinuntergehen.

Wegweiser

21 Dem Fahrradweg nach links aufwärts folgen.

22 Im Wald sich vor einem verfallenen Steinbruch links halten und eine Schranke queren.

23 Auf dem Weg links weitergehen.

24 Nach links auf einen Fußpfad zum Eifelblick „Luna" mit Bank und Schutzhütte gehen.

25 Vom Aussichtspunkt nach rechts einem Fußpfad im Zickzack abwärts folgen.

26 In einer Linkskurve des Pfades geradeaus zu einer Schutzhütte gehen.

27 An der Schutzhütte scharf rechts weiter abwärts gehen.

28 Am Ende des Fußpfades scharf links und dann wieder rechts weiter abwärts gehen.

29 Dem Querweg nach links bis zu den ersten Häusern folgen.

30 Sich links halten.

31 Sich wieder links halten und zur Autostraße L 349 (Mariawalder Straße) gehen.

32 Auf der Mariawalder Straße sich links halten und entweder zur Burg Hengebach aufwärts gehen und/oder am Ende des Parkplatzes über eine Treppe abwärts in den Ruraue-Park gehen.

33 Den Ruraue-Park queren und über eine Fußgängerbrücke zur Straße Über Rur und auf dieser zurück zum Parkplatz gehen.

1. Die Burg Hengebach über der Rur

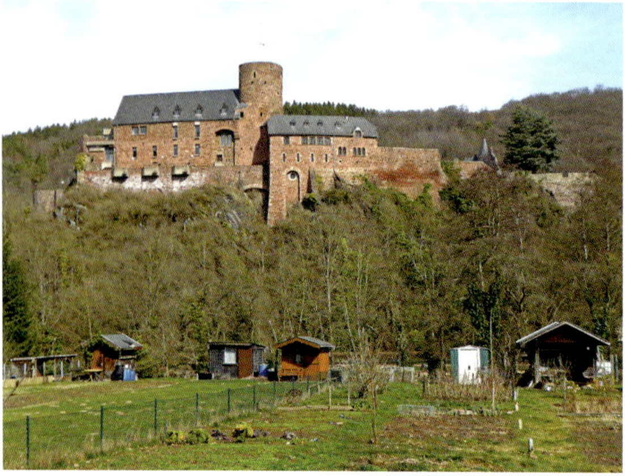

Die Burg Hengebach entstand im 12. bis 14. Jahrhundert auf einem strategisch wichtigen Felsvorspung über der Einmündung des Heimbachtals in die Rur. Erbauer waren die Grafen Hengebach. 1288 übernahmen die Grafen von Jülich die Burg. 1687 fiel sie einem großen Stadtbrand zum Opfer. Die Ruine blieb bis zur Besetzung durch französische Revolutionstruppen gegen Ende des 18. Jahrhunderts und der damit verbundenen praktischen Auflösung des Herzogtums Jülich im Besitz der Grafen und späteren Herzöge von Jülich. Die französischen Eroberer verkauften sie als Steinbruch.

Erst zu Beginn des 20. Jahrhunderts wurden die übrig gebliebenen Mauerreste durch private Initiative gesichert. In den 1950er- und 1970er-Jahren wurde die Burg dann in modernerer Form mit Restaurant und Hotel wiederaufgebaut. Seit 2009 beherbergt sie die Internationale Kunstakademie Heimbach.

Der breite Talboden der Rur vor der Burg wurde vor dem Bau der Urfttalsperre (1903) und der Talsperre Schwammenauel (1935) immer wieder vom Frühjahrshochwasser überflutet. Deshalb blieb er bis heute unbebaut.

2. Das Naturschutzgebiet Meuchelberg

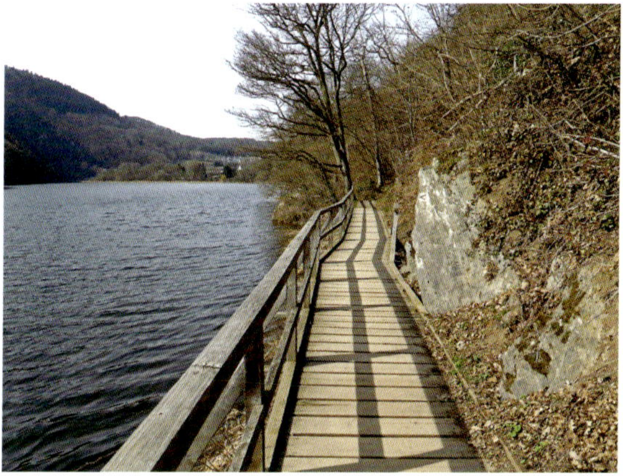

Als letzte Staustufe nach der Talsperre Schwammenauel und den Kraftwerken Schwammenauel und Heimbach sorgt das Heimbacher Staubecken für einen ausgeglichenen Rurpegel in Heimbach und weiter rurabwärts. Ein befestigter Weg und trockene Stege ermöglichen einen sicheren und bequemen Durchgang zwischen dem Staubecken links und dem Meuchelberg rechts. Sie führen vorbei an Felsvorsprüngen aus dick gebankten Sandsteinen und dazwischen grauen Schiefern der Heimbach-Schichten (Unterdevon-Zeit).

Auf dem steil aufsteigenden, felsigen Untergrund wächst ein lichter Niederwald aus Traubeneichen. Diese kommen mit dem flachgründigen und steinigen Boden, der kaum Wasser speichert und der durch die Sonneneinstrahlung stark erwärmt wird, gut zurecht. Wärme liebenden Tieren, zum Beispiel Mauereidechsen, und Pflanzen, bietet dieser nach Süden exponierte Hang günstige Lebensbedingungen. Links des Pfads eignet sich das Staubecken wegen seiner geschützten Lage und seiner naturnahen Umgebung hervorragend für das Überwintern von Wasservögeln.

3. Das Kraftwerk Heimbach im Jugendstil

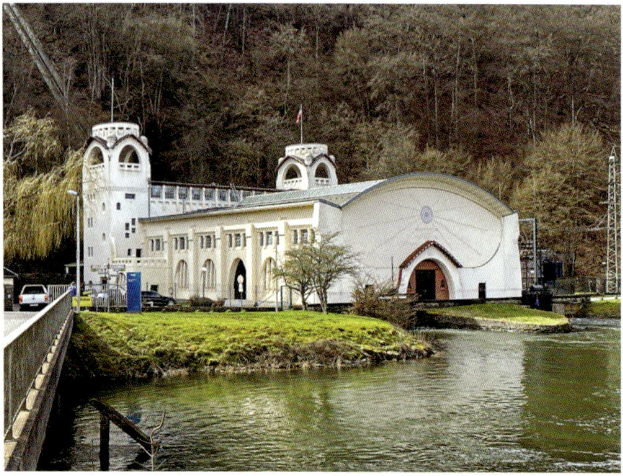

Das Wasserkraftwerk Heimbach im Ortsteil Hasenfeld wurde 1905 zusammen mit der Urfttalsperre in Betrieb genommen. Mit dieser ist es durch einen 2,7 Kilometer langen Druckstollen unter dem Kermeter verbunden. Zwei Rohrleitungen mit einer Fallhöhe von 110 Metern versorgen seine Turbinen mit Druckwasser. Das Elektrizitätswerk ist bis heute in Betrieb. Einige ältere Turbinen sind noch an Ort und Stelle zu besichtigen. Das im Jugendstil erbaute Kraftwerk steht heute unter Denkmalschutz. Typisch für den Baustil seiner Zeit ist das Bild über dem ehemaligen Hauptportal des Kraftwerks, mit einer symbolhaft dargestellten Turbine und von ihr ausgehend Linien, die die elektrische Energie darstellen sollen.

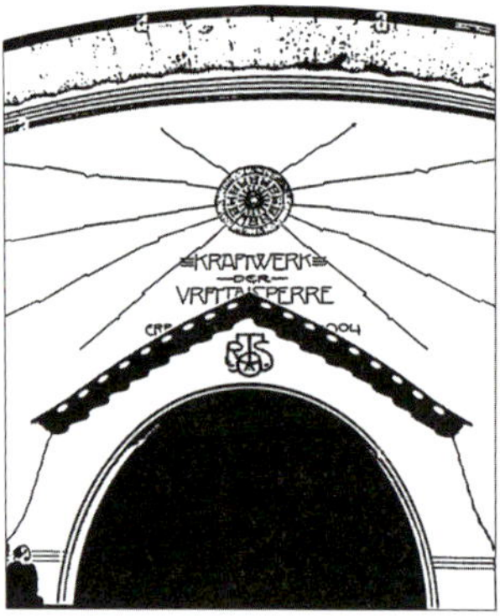

Auschnitt des Hauptportals des Jugendstilkraftwerks Heimbach

4. Mahnende Erinnerung einer Kriegsgräberstätte

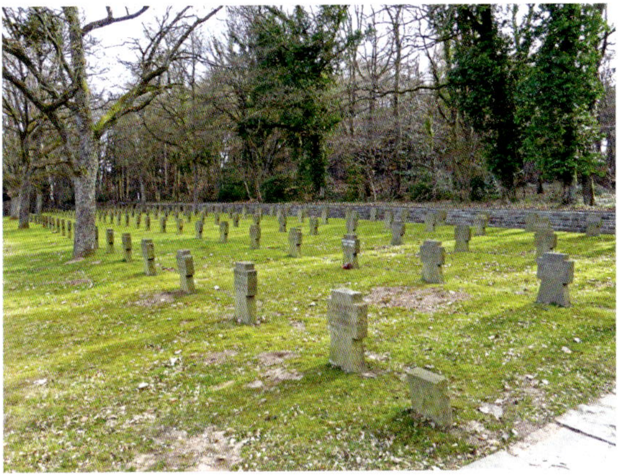

Der Friedhof oberhalb des Klosters Mariawald ist die letzte Ruhestätte für 414 Tote des Zweiten Weltkriegs. Er wurde hier von den Ordensträgern des Klosters angelegt. Beerdigt sind hier hauptsächlich Verstorbene des zwischen Herbst 1944 und Frühjahr 1945 im Kloster eingerichteten Feldlazaretts. Andere Kriegstote aus den umliegenden Dörfern kamen dazu.

Achtet man auf die Namen und Daten, dann waren viele junge Soldaten und Zwangsarbeiter zwischen 18 und 20 Jahren dabei. Auch Frauen und Kinder wurden hier bestattet, auch russische und polnische Soldaten, die im Krieg in Verbänden der deutschen Wehrmacht gekämpft hatten. In der Mauer neben der Treppe ist eine Kassette mit dem Gräberverzeichnis eingelassen.

Heute ist der Ort mit seinem 11 Meter hohen Kreuz ein Platz der Ruhe und der Einkehr. Von hier aus geht der Blick über die tiefer liegende Abtei, über die Berge und Wälder der nördlichen Eifel hinaus bis in die Rheinebene.

5. Kloster Mariawald

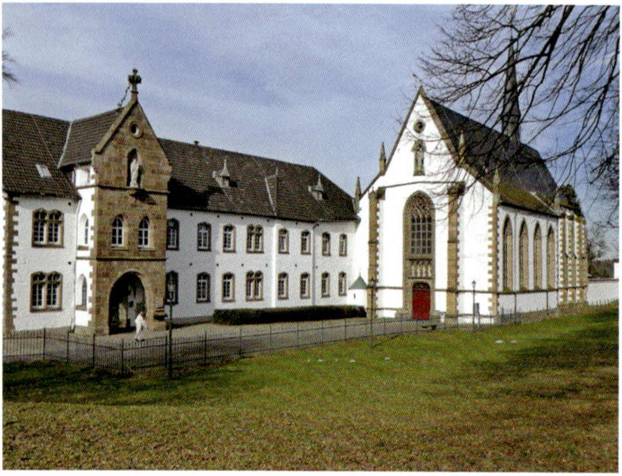

Die Geschichte des Klosters Mariawald geht zurück auf eine Einsiedelei und später auf eine kleine Waldkapelle im 15. Jahrhundert mit einer hölzernen Pietà, die viele Pilger anzog. Später bauten Mönche des Zisterzienserordens an dieser Stelle ein Kloster, in dessen Kirche die Pietà zusammen mit einem kostbaren Antwerpener Schnitzaltar ihren Platz fand.

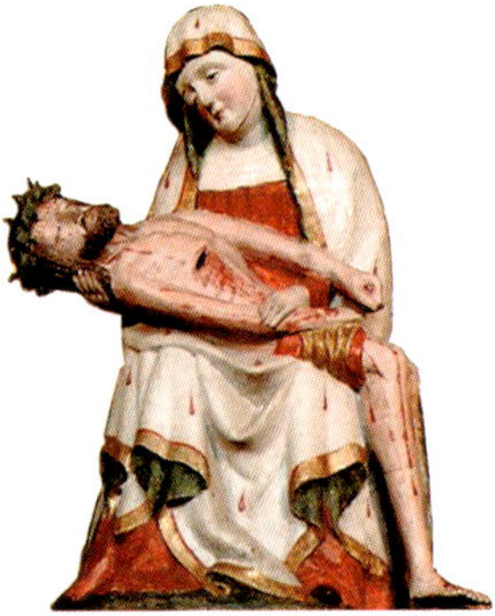

Die Heimbacher Pietà

Gerade in den schwierigen Zeiten des 16. und 17. Jahrhunderts mit Seuchen, Pest und Dreißigjährigem Krieg stieg die Zahl derer, die nach Mariawald kamen und die Mutter Gottes um ihre Fürbitte baten. 1795 wurde das Kloster von den Franzosen geschlossen und verkauft. Die Pietà war noch rechtzeitig in die Heimbacher Pfarrkirche St. Clemens gebracht worden. Zwischen 1860 und 2017 übernahmen Trappistenmönche Mariawald als Kloster.

6. Wallfahrtsort Heimbach

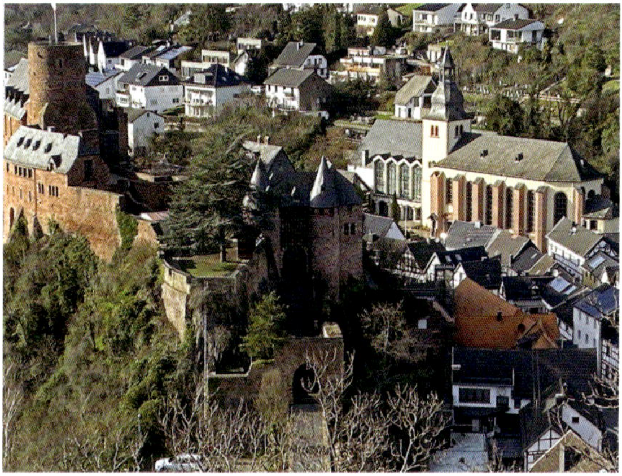

Die alten Fachwerkhäuser des Ortes halten sich an das enge Heimbachtal zwischen Burg und Kirche. Die neue städtische Bebauung besetzt seinen rechten Steilhang.

Erstmals erwähnt wurde Heimbach in einer Schenkungsurkunde des fränkischen Königs Theoderich im siebten Jahrhundert. Damals setzte im Osten ein starker Siedlungsbau ein. Im 10. Jahrhundert wurde der karolingische Königshof Vlatten an die Burg Hengebach verlegt, die 1288 Sitz der Jülicher Burggrafen wurde. 1343 gilt als das Jahr der Stadtgründung. Rund 300 Jahre später wurden große Teile der Stadt durch einen Brand zerstört.

Seitdem im August 1815 das Bild der Muttergottes von Mariawald in die Heimbacher Pfarrkirche überführt wurde, ist die Stadt das Ziel großer Pilgerströme. Diese rissen auch während der Zeit des Nationalsozialismus nicht ab, obwohl öffentliche Prozessionen verboten waren. Um Platz für die große Zahl der Pilger zu schaffen, baute man 1981 die moderne Salvator-Kirche an die St. Clemens-Kirche an. In ihr hat der Antwerpener Schnitzaltar mit dem Gnadenbild der Pietà seinen heutigen Platz.

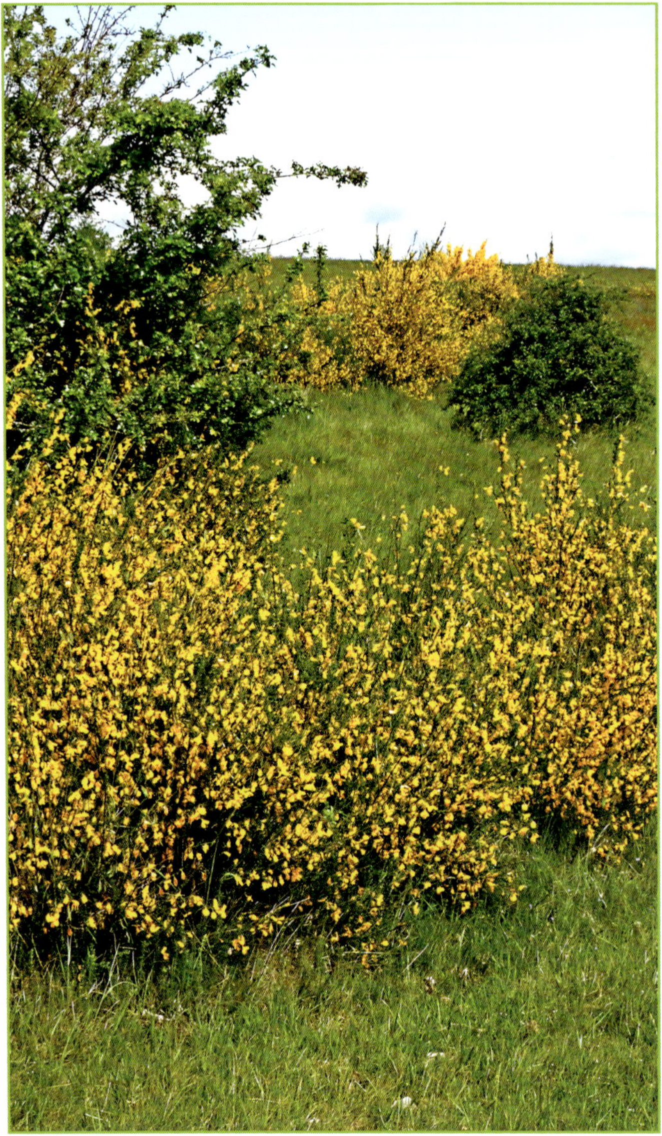

Route 6: Rundwanderung im Nationalpark Eifel: Dreiborner Höhe und Urfttal

Start und Ziel: Parkplatz „Walberhof" an der B 266 zwischen Einruhr und Morsbach

Dauer: circa 5 Stunden

Länge der Wanderung: 16 Kilometer

Höhenunterschiede: 215 Meter

Anfahrt mit öffentlichen Verkehrsmitteln (www.aseag.de):
Haltestelle Schleiden, Morsbach Vogelsang I P Walberhof (B 266) von dort circa 100 Meter Fußweg neben der B 266); in Richtung Kreisverkehr zum Parkplatz „Walberhof".

Parkmöglichkeit: Parkplatz „Walberhof" an der B 266 zwischen Einruhr und Morsbach

Streckenführung:
Ein erster Streckenabschnitt verläuft über die östliche Dreiborner Hochfläche zur Wüstung Wollseifen und von dort weiter in Richtung Urfttalsperre. Nach dem Abstieg in das Urfttal quert der Weg die Sperrmauer der Talsperre und folgt dem Uferweg des Urftsees in südlicher Richtung bis zur Victor-Neels-Brücke. Jenseits der Brücke geht es steil bergauf zur Burg Vogelsang, einer ehemaligen nationalsozialistischen „Ordensburg", heute Informationszentrum im Nationalpark Eifel. Von dort durch das tief eingeschnittene Morsbachtal zum Modenhübel und zurück zum Parkplatz Walberhof.

GPX-Daten zur Route 6

Bild links: Auf der Dreiborner Höhe

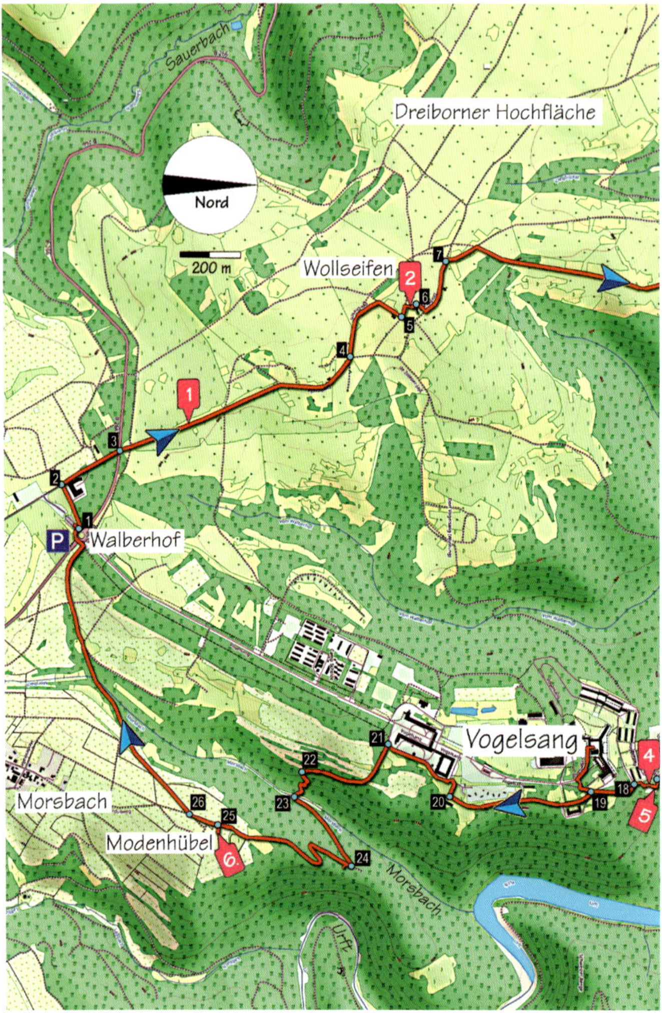
Sauerbach
Dreiborner Hochfläche
Nord
200 m
Wollseifen
Walberhof
Vogelsang
Morsbach
Modenhübel
Morsbach
Urft

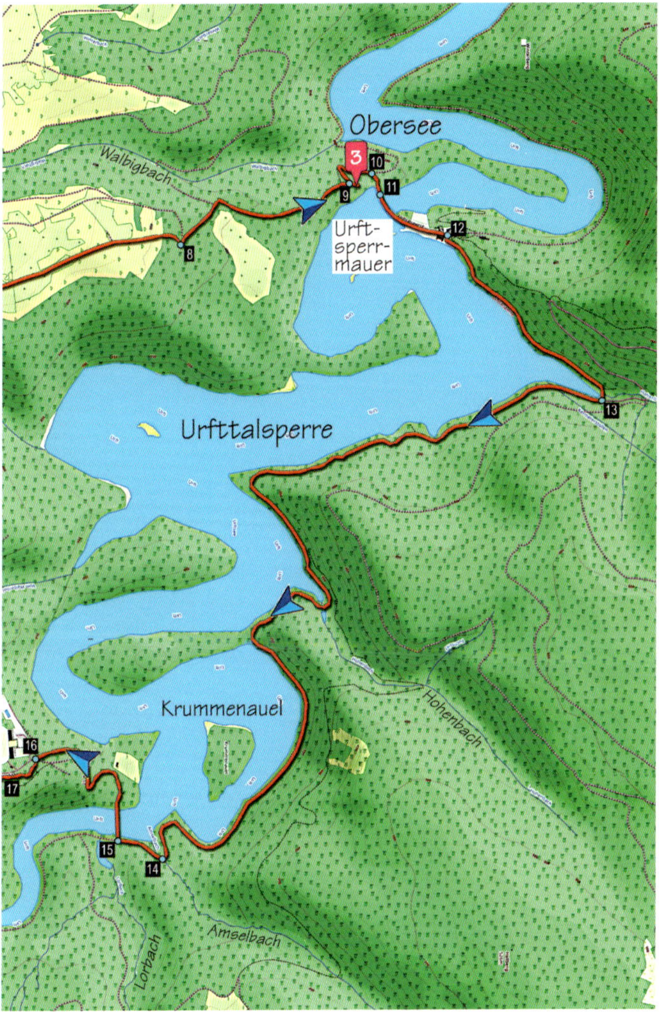
Obersee
Walbigbach
3
10
11
9
8
Urft-
sperr-
mauer
12
13
Urfttalsperre
Krummenauel
Hohenbach
16
17
15
14
Amselbach
Lorbach

Wegweiser

1	Vom Parkplatz aus vor dem Kreisverkehr einer Betonpiste nach links folgen.
2	Nach einer Lagerhalle rechts abbiegen und bis zur Straße B 288 gehen.
3	Die Straße queren und einem Fußweg und dann Schotterweg geradeaus in Richtung Wollseifen folgen.
4	Sich an der Weggabelung links halten und auf dem Schotterweg im Bogen bis in das ehemalige Dorf Wollseifen gehen.
5	Von der Wegkreuzung aus nach links aufwärts und direkt anschließend nach rechts zum Kirchplatz gehen.
6	An der Kirche vorbei nach rechts abwärts gehen und dann der ehemaligen Dorfstraße nach links folgen.
7	An einer Wegkreuzung nach rechts in Richtung Urftstaumauer abbiegen.
8	Am Ende einer längeren Wegstrecke scharf links abbiegen und einem Fahrweg abwärts folgen.
9	Nach einem Abstecher zu einem Rast- und Aussichtsplatz links weiter steil abwärts gehen.
10	An einer Infotafel nach rechts einem Fußweg aufwärts bis zur Mauerkrone der Urfttalsperre folgen.
11	Auf der Mauerkrone weiter in Richtung Infotafeln und Gastronomie gehen.
12	Dem Urftuferweg nach rechts folgen.
13	Von der Bushaltestelle aus für eine längere Strecke dem Urftuferweg nach rechts weiter folgen.
14	Nach rechts auf dem Urftuferweg weitergehen.
15	Nach rechts die Urft über die Victor-Neels-Brücke queren und auf einer Teerstraße steil aufwärts gehen (16 Prozent Steigung!).
16	Gegenüber dem Abzweig der Teerstraße zum Schwimmbad der Ordensburg nach links auf einen Waldweg abbiegen und parallel zur Teerstraße weiter aufwärts gehen.
17	Kurz vor Wiedereinmündung des Waldwegs in die Teerstraße zuerst links und dann rechts aufwärts zum „Sonnwendplatz" der Ordensburg gehen.
18	Vom Ende des „Sonnwendplatzes" aus auf der Teerstraße weiter aufwärts gehen.

Wegweiser

19	An der Abzweigung zum Turm Vogelsang geradeaus und dann eventuell rechts einen Abstecher zum „Adlerhof" einfügen; nach der Rückkehr von dort in eine Teerstraße halb links einbiegen und dieser folgen.
20	Auf der Teerstraße nach rechts und gleich wieder links gehen.
21	Nach dem letzten Kasernengebäude der Ordensburg an einer Infotafel links in Richtung Morsbach abbiegen und einem Fußweg durch das Morsbachtal folgen.
22	Ab hier verläuft der Fußweg im Zickzack steil abwärts (Vorsicht bei Nässe!).
23	Vom Taltiefsten aus dem Weg nach links aufwärts folgen.
24	Scharf rechts abbiegen und im Zickzack bis auf die Höhe des Modenhübels gehen.
25	Nach einem Abstecher zum Eifelblick „Modenhübel" weiter in Richtung Morsbach gehen.
26	Rechts auf einen Wirtschaftsweg abbiegen und diesem immer geradeaus bis zum Kreisverkehr der B 266 vor dem Walberhof folgen.

1. Ein ehemaliger Truppenübungsplatz

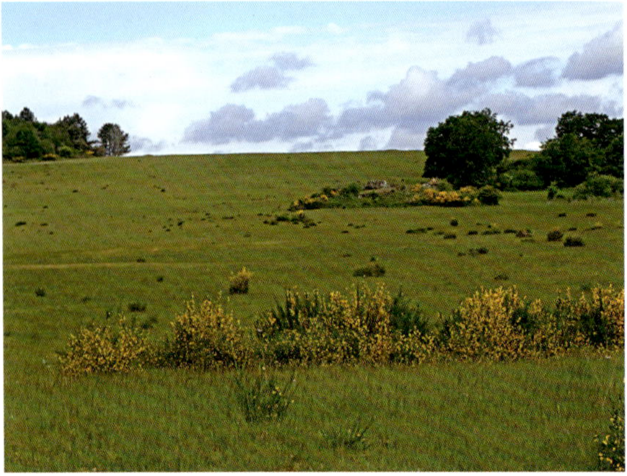

Die Dreiborner Hochfläche war bis in das späte Mittelalter Waldgebiet. Danach wurde sie Bauernland. Nach 1945 diente sie als Truppenübungsplatz. Seit 2006 gehört sie zum Nationalpark Eifel.

Die Anfänge des Truppenübungsplatzes Vogelsang reichen bis in den Zweiten Weltkrieg zurück, als zwischen 1940 und 1944 deutsche Soldaten in der NS-Ordensburg stationiert waren. Nach Kriegsende erklärte die britische Militärregierung ein 43 Quadratkilometer großes Areal der Dreiborner Hochfläche und ihrer Täler zum militärischen Übungsgebiet.

Am 1. April 1950 ging dieser Truppenübungsplatz an das belgische Militär über, das ihn – zusammen mit Bündnispartnern der NATO – bis 2006 nutzte. Der neue Nationalpark Eifel überlässt heute die Täler, die die Dreiborner Hochfläche umgrenzen, der freien Bewaldung. Der größere Teil der Hochebene soll aber als Offenland erhalten bleiben.

2. Die Wüstung Wollseifen

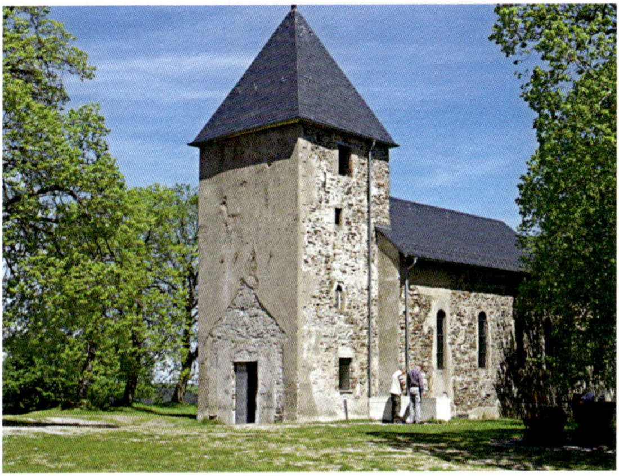

Die Bewohner von Wollseifen waren 1945 gerade aus der Evakuierung in ihr Dorf zurückgekehrt und hatten mit seinem Wiederaufbau begonnen, da mussten sie es im August 1946 auf Befehl der britischen Militärregierung schon wieder räumen, weil es mitten in dem geplanten Truppenübungsplatz Vogelsang lag. Bald waren ihre Häuser durch Schießübungen zerstört.

Dafür errichtete das belgische Militär zahlreiche Kulissenhäuser, um den Häuserkampf üben zu können. Nach der Übernahme der Trümmerlandschaft durch den Nationalpark Eifel 2006 konnten nur noch die Außenmauern der Kirche, der Schule und eines Transformatorenhäuschens als Erinnerung an das frühere Dorf gesichert werden. Dafür zeigt heute ein Dorfmodell vor der Kirche die frühere Lage der Wollseifener Häuser, Straßen und Gärten. Der bevorzugte Haustyp war der Eifeler Winkelhof. Wohnraum, Stall und Scheune lagen unter einem gemeinsamen Dach und der Stall unmittelbar neben dem Wohntrakt.

3. Sperrmauer der Urfttalsperre

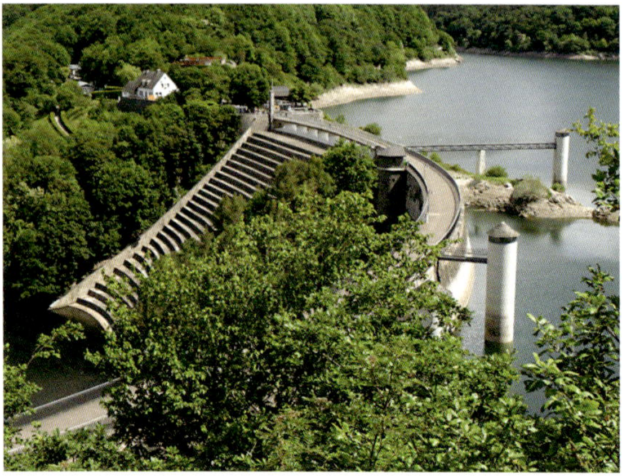

Die Urfttalsperre besitzt ein Stauvolumen von 45 Millionen Kubikmeter. Ihre 54 Meter hohe, leicht gebogene Schwergewichtsmauer wurde zwischen 1903 und 1905 nach den Plänen des Aachener Wasserbauers Professor Otto Intze gebaut. Die Talsperre dient sowohl dem Hochwasserschutz und der Kontrolle des Rurwasserstands als auch der Gewinnung von elektrischer Energie im Kraftwerk Heimbach.

Im Zugang zu dem Aussichtspunkt wird die Wegböschung von locker gepackten, gut gerundeten Quarz- und Sandsteingeröllen gebildet. Es handelt sich um Flusskies, der in der Mittelterrassen-Zeit der Urft vor mehr als 300.000 Jahren in diesem Niveau abgelagert wurde. Die damalige Ur-Urft hatte sich also noch nicht so weit in den Untergrund eingeschnitten wie heute.

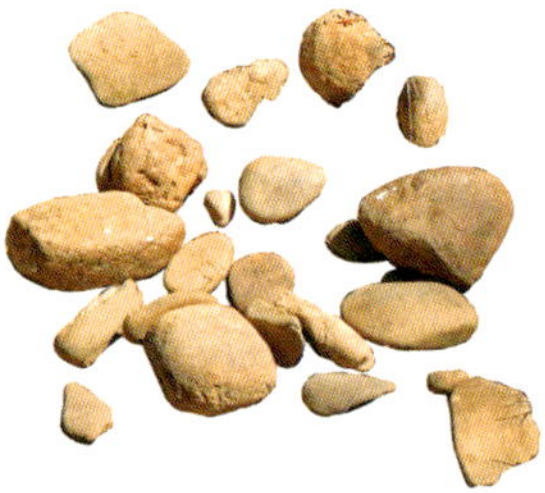

Flussgerölle der Urft-Mittelterrasse

4. Die ehemalige Ordensburg Vogelsang

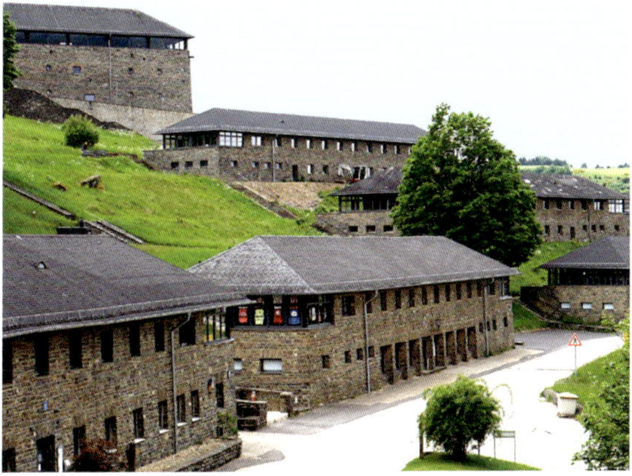

Die heute denkmalgeschützte, ehemalige NS-Ordensburg Vogelsang wurde 1934 von den Nationalsozialisten errichtet, um junge Männer („Junker") als Führungskräfte auszubilden.

Auf dem zum Urftsee abfallenden Nordhang sind die Unterkunftshäuser für die Bewohner, sogenannte Kameradschaftshäuser, verteilt. Ihre Mauern sind mit heimischen Bruchsteinen aus Steinbrüchen bei Monschau und Schleiden verblendet. Oberhalb der Kameradschaftshäuser lag das Zentrum der Anlage, der „Adlerhof", mit mehreren ausgedehnten Gebäudeflügeln.

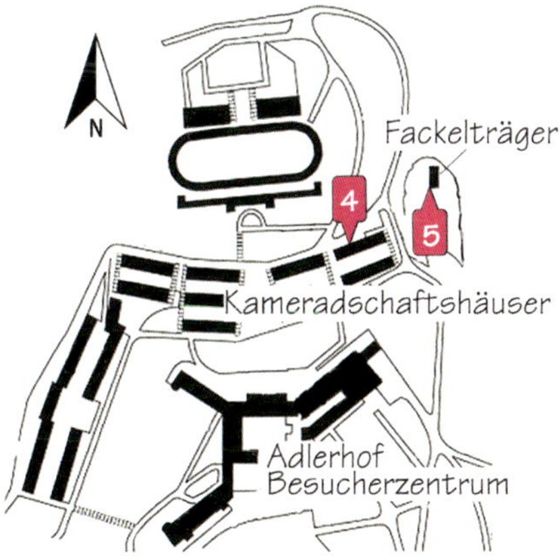

Ordensburg Vogelsang, Nordhang

5. Erinnerung an die NS-Vergangenheit

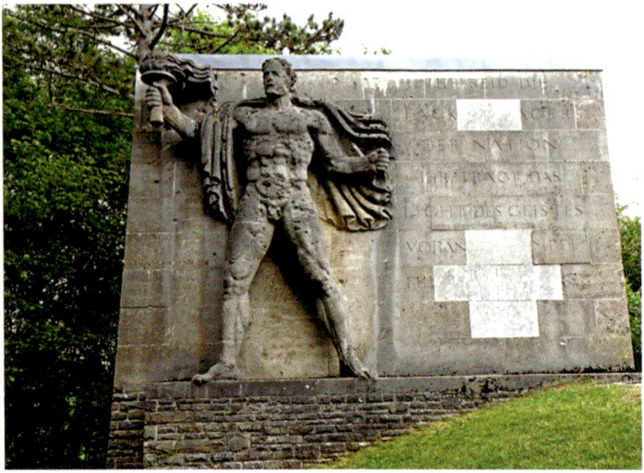

Gegenüber den Kameradschaftshäusern für die „Junker" war von den Planern der Ordensburg ein „Sonnenwendplatz" eingerichtet. Erhalten ist nur die obere von zwei Terrassen, die durch eine Treppe miteinander verbunden waren. Unmittelbar neben der Treppe zu einer unteren Terrasse steht ein großer steinerner Hohlblock.

Auf dessen Vorderseite ist ein monumentales Relief eines nur mit einem Schultermäntelchen bekleideten „Fackelträgers" aus Muschelkalk angebracht. Eine Inschrift, die mit ihren Großbuchstaben an antike Monumentalinschriften erinnert, lautet: „Ihr seid die Fackelträger der Nation. Ihr tragt das Licht des Geistes voran im Kampf für Adolf Hitler." In ihr kommt die Aufgabe, die den in der Ordensburg geschulten „Junkern" zugedacht war, wohl am klarsten und eindeutigsten zum Ausdruck.

Der Platz wurde nicht oft von den „Junkern" genutzt. Bereits 1940 quartierte sich der Stab einer Infanteriedivision in Vogelsang ein. Anschließend befand sich dort ein Lazarett für Verwundete des Westfeldzugs. Seit 1942 kamen drei Adolf-Hitler-Schulen und ein Krankenhaus in Vogelsang unter. Ende Oktober 1944 wurde die Dienststelle Vogelsang geschlossen.

6. Eifelblick „Modenhübel"

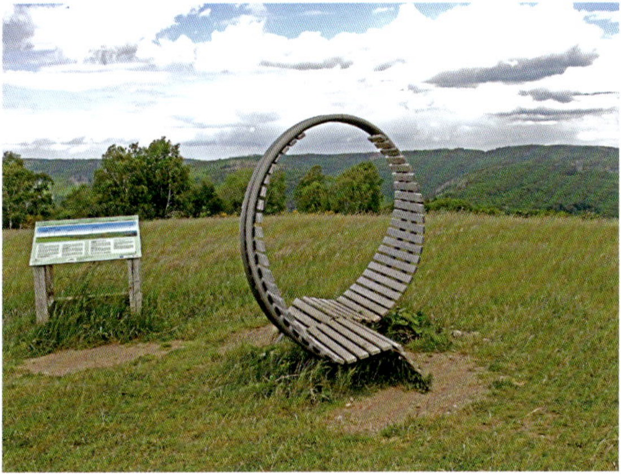

„Eifelblicke" sind ausgewählte, schöne Aussichtspunkte im Naturpark Nordeifel. Sie ermöglichen den Besuchern weite Fernblicke über ihre Umgebung. Sie sind mit Schautafeln ausgestattet und bieten so die Möglichkeit, die landschaftlichen und historischen Besonderheiten einer Landschaft von oben her im Ganzen zu erfassen. Zu ihrer Ausstattung gehören auch immer bequeme Sitzmöbel. „Eifelblicke" sind also immer geeignet zur Orientierung und zur Rast.

Der Eifelblick „Modenhübel" erschließt mit seiner Rundumsicht ein besonders breites Panorama: im Norden die Gebäude der Ordensburg Vogelsang; dahinter und im Osten das Tal der Urft bis kurz vor Gemünd. Jenseits der Urft der breite Höhenrücken des Kermeters, das Herzstück des Nationalparks Eifel. Im Süden, Südwesten und Westen Wiesen und Äcker der Hochfläche um die Orte Herhahn und Morsbach. Die Steilhänge des zur Urft hinfließenden Morsbachs und Laßbachs sind bewaldet.

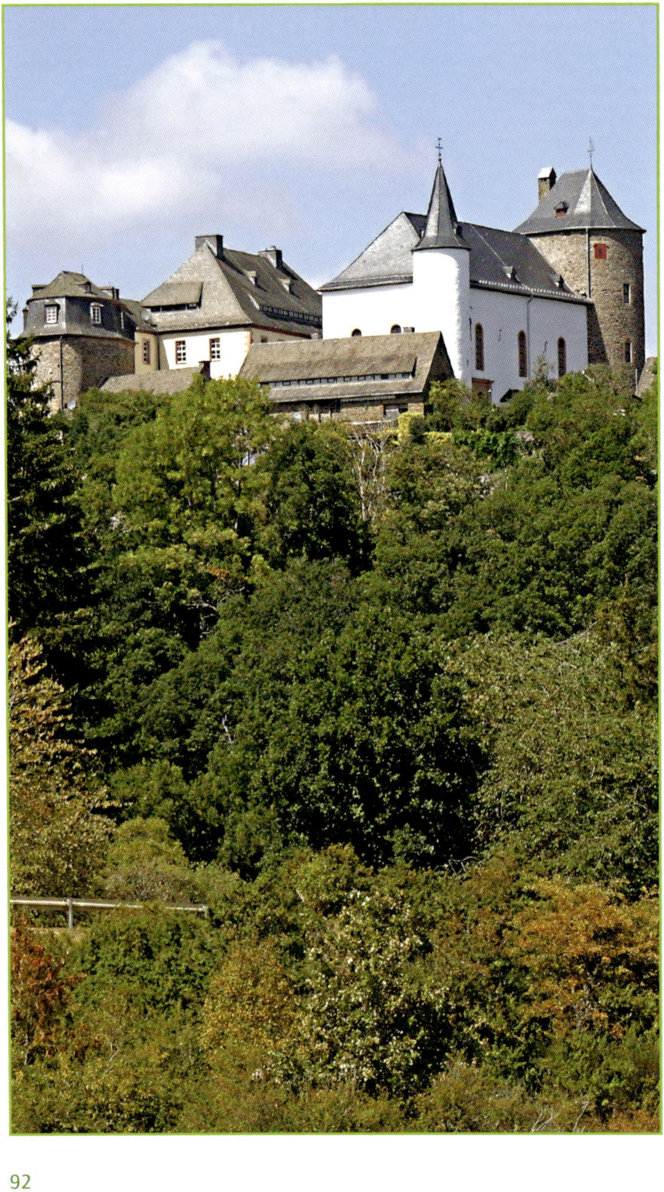

Route 7: Rundwanderung zwischen Burg Reifferscheid und der Wildenburg

Start und Ziel: Parkplatz gegenüber der Grundschule vor der Burg Reifferscheid

Dauer: circa 3,5 Stunden

Länge der Wanderung: 12,9 Kilometer

Höhenunterschiede: 123 Meter

Anfahrt mit öffentlichen Verkehrsmitteln (www.aseag.de):
Haltesstelle Hellenthal, Reiferscheid Grundschule

Parkmöglichkeit: Parkplatz vor der Burg Reifferscheid.

Streckenführung:
Die Wanderung ist eine Zwei-Burgen-Wanderung. Sie beginnt mit einem Rundgang durch den hoch gelegenen mittelalterlichen Burgort Reifferscheid mit seiner restaurierten Burgruine. Von dort führt der Weg hinunter zum Reifferscheider Bach und weiter nach Osten über die Höhe bei Zingsdorf zur Wildenburg. Diese Höhenburg ist im Gegensatz zur Burg Reifferscheid noch mit allen Gebäuden vollständig erhalten. Jenseits von der Wildenburg führt der Weg hinunter in das Tal des Manscheider Bachs und wieder hinauf auf die Eifelhochfläche mit den Weilern Winten und Bungenberg und weiten Aussichten auf die westliche Hocheifel. Von dort geht es in den Tälern des Manscheider und des Reifferscheider Bachs zurück zur Burg Reifferscheid.

GPX-Daten zur Route 7

Bild links: Die Wildenburg

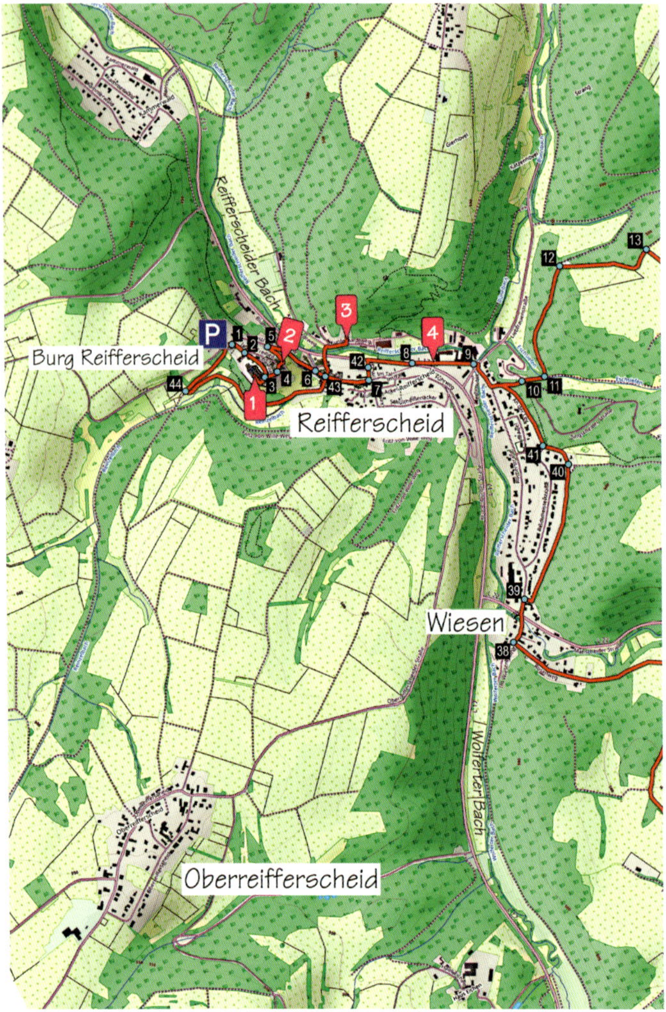

Burg Reifferscheid
Reifferscheider Bach
Reifferscheid
Wiesen
Wolferter Bach
Oberreifferscheid
P
1
2
3
4

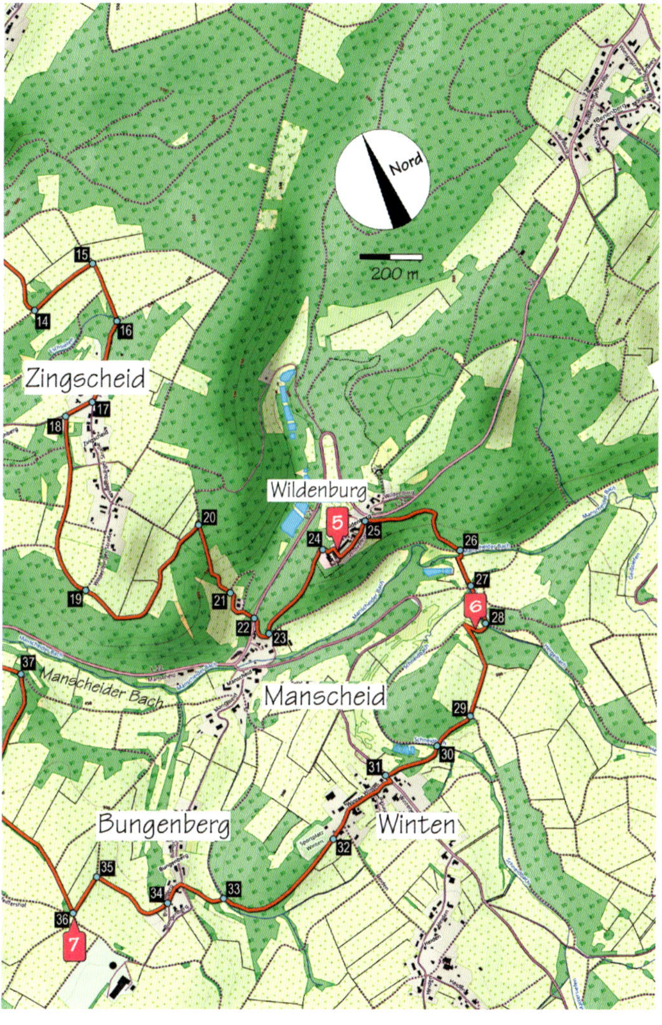
Nord
200 m
Zingscheid
Wildenburg
Manscheider Bach
Manscheid
Bungenberg
Winten
14
15
16
17
18
19
20
21
22
23
24
25
26
27
28
29
30
31
32
33
34
35
36
37
5
6
7

Wegweiser

1	Vom Parkplatz durch das Matthiastor gehen und sich rechts in Richtung Vorburg halten.
2	Um die Burgmauer herum zur Burg gehen und den Burgturm besteigen.
3	Zurück zur Vorburg gehen und durch einen Hausdurchgang zum Marktplatz vor der Kirche absteigen.
4	Vom Marktplatz aus die Altstadt durch ein Osttor verlassen.
5	Auf der Burgstraße scharf rechts in Richtung Unterstadt hinuntergehen.
6	Am Ende der Burgstraße geradeaus gehen; nach 30 Metern besteht die Möglichkeit, einen Abstecher nach links über die L 17 und den Reifferscheider Bach zum Steinbruch Kupferhardt zu machen; nach der Rückkehr von dort weiter geradeaus gehen.
7	In Höhe eines großen Parkplatzes nach links abbiegen, die L 17 (Blumenthaler Straße) queren und nach rechts weitergehen.
8	Der Liebfrauenstraße nach halb links bis zur Brücke über den Reifferscheider Bach folgen und diesen und die Landstraße L 203 queren.
9	80 Meter auf der Römerstraße geradeaus gehen und vor einer kleinen Kapelle nach links in die Straße An der Ley abbiegen; nach wenigen Metern vor einer Ruhebank auf einem Fußweg steil bergauf gehen.
10	Die Straße und einen Parkplatz queren und einem breiten Forstweg in das Tal des Eschsiefen folgen.
11	Gleich hinter dem Bach links abbiegen und auf dem Forstweg bergauf bis zu einem Querweg gehen.
12	Dem Querweg nach rechts weiter aufwärts folgen.
13	Vom Waldrand aus nach rechts aufwärts gehen.
14	Links abbiegen.
15	Rechts abbiegen.
16	Dem Fahrweg geradeaus in den Ort folgen.
17	Der Wildenburger Straße ca. 100 m nach rechts folgen.
18	Nach links in einen Wirtschaftsweg abbiegen und auf diesem bis zu einer Linkskurve gehen.

Wegweiser

19	Weiter geradeaus bis zu einem Schotterweg gehen.
20	Dem Schotterweg scharf rechts bergab folgen.
21	Weiter geradeaus bergab gehen und am Haus vorbei zur Brücke des Leiderbachs gehen.
22	Die Straße queren und einem Wirtschaftsweg geradeaus folgen.
23	Hinter einem Felsvorsprung scharf links einem Fußweg aufwärts bis zur Wildenburg folgen.
24	Sich links halten; dann über ein Treppchen und einen Fußweg auf den Vorhof der Wildenburg gehen; dort nach links weitergehen.
25	Unmittelbar vor der Straße einem schmalen Fußweg nach rechts abwärts in das Manscheider Bachtal folgen.
26	Den Manscheider Bach über eine Brücke queren und auf einem Wiesenweg geradeaus bis zu einer Teerstraße gehen.
27	Die Teerstraße queren und auf einem Wirtschaftsweg geradeaus aufwärts gehen.
28	Dem Wirtschaftsweg im Bogen folgen und danach scharf links aufwärts abbiegen.
29	Dem Wirtschaftsweg immer geradeaus bis in das Tal des Schneidbachs folgen.
30	Geradeaus zu den Häusern der Ortschaft Winten gehen.
31	Die Landstraße schräg nach links queren und zwischen den Häusern von Winten in Richtung Sportplatz gehen; vor dem Sportplatz sich links halten.
32	Einem Wirtschaftsweg bis in das nächste Bachtal folgen.
33	Den Bach nach links queren und aufwärts zu den Häusern von Bungenberg gehen; dort die Dorfstraße queren.
34	Hinter dem letzten Haus rechts einem Wiesenweg nach rechts folgen.
35	Nach links abbiegen.
36	Auf der Höhe einem Wirtschaftsweg scharf rechts abwärts folgen.
37	Auf dem Teerweg nach links in den Ort Wiesen gehen.

Wegweiser

38	Auf der Straße Im Wiesengrund nach rechts abbiegen und den Manscheider Bach und dann die Manscheider Straße queren.
39	Zwischen den Häusern rechts abbiegen und dann links einem Fußpfad oberhalb der Häuser bis zum nächsten Bachtal folgen.
40	Nach links abwärts gehen.
41	Nach rechts der Straße An der Ley folgen; danach wie auf dem Hinweg von der Römerstraße zurück zur Liebfrauenstraße und zum Parkplatz an der Blumenthaler Straße gehen.
42	Vom Parkplatz in der Unterstadt nach rechts der Straße Im Tal bis zur nächsten Straßenkreuzung folgen.
43	Nach links zwischen zwei Häusern dem Fußweg In den Weihern talaufwärts folgen.
44	Auf einer Teerstraße nach rechts zum Parkplatz vor der Burg Reifferscheid zurückkehren.

1. Burgruine und oberes Burgdorf Reifferscheid

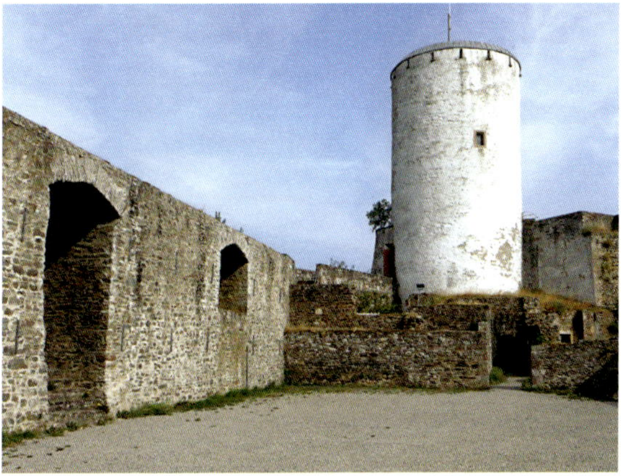

Die Burg Reifferscheid ist eine für die Eifel typische Höhenburg auf dem Sporn eines Bergrückens. Nach Osten und Süden ist die Kernburg von einer Vorburg umgeben. Deren Außenbegrenzung aus Mauern mit Toren aus dem 14. Jahrhundert ist seit dem 17. Jahrhundert allerdings zunehmend mit Stein- und Fachwerkhäusern überbaut.

Die Herren von Reifferscheid wurden seit 1195 in Urkunden erwähnt. Ihre Besitzungen galten als selbstständiges Territorium. Sie hatten erheblichen Einfluss im Staat und in der Kirche. Von der ursprünglichen mittelalterlichen Burg Reifferscheid sind lediglich die Reste ihrer Umfassungsmauern und der markante runde Bergfried erhalten.

Ein Renaissanceschloss, das hier einmal stand, brannte 1669 ab, wurde aber sofort wiederaufgebaut. Schon 20 Jahre später zerstörten dann französische Truppen auch diese neue Schlossanlage wieder. Ein daraufhin an der gleichen Stelle neu errichtetes Barockschloss wurde später – in napoleonischer Zeit – versteigert, und seine Ruine wurde als Steinbruch genutzt. Nur der Burgkeller aus dieser jüngeren Zeit ist erhalten geblieben.

2. Die Pfarrkirche St. Matthias

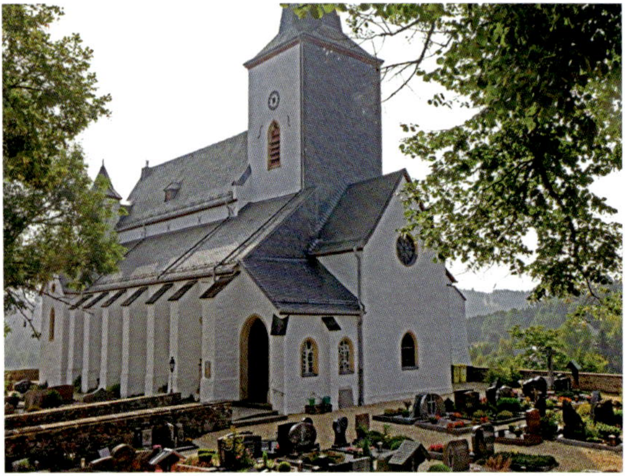

Die Kirche Sankt Matthias liegt hoch über der Reifferscheider Unterstadt auf einem Geländesporn südlich der Burg und des Burgorts. Die dreischiffige Hallenkirche wurde im ausgehenden Mittelalter erbaut und war ursprünglich dem Heiligen Kreuz geweiht. Vor 1489 bestand die Kirche vermutlich nur aus einem zweischiffigen Bau mit Holzdach. Der kleine, südöstlich vorgelagerte Rundturm ermöglichte den Zugang zum Wehrgang der äußeren Mauer der Burgsiedlung.

Nach 1489 wurden das südliche Seitenschiff in Verbindung mit der Wehrmauer und dem Rundturm errichtet, der Chor erweitert und die Deckengewölbe angelegt. In einer dritten Bauphase erfolgte die Umgestaltung des Innenraums und – nach einem Großbrand von 1669 – die Aufstockung des Kirchturms auf seine heutige Höhe.

Unter dem Altarraum der Kirche befindet sich seit dem 17. Jahrhundert eine Grablege für Angehörige der Grafenfamilie Salm-Reifferscheid. Sie wurde erst in der Mitte des 19. Jahrhunderts wiederentdeckt.

3. Im Steinbruch Kupferhardt

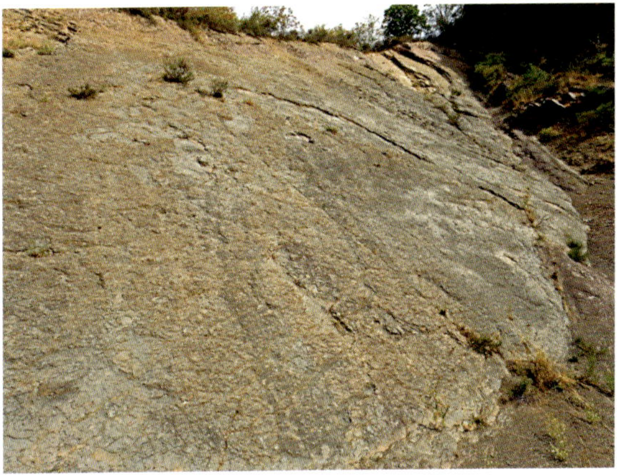

Ein Abstecher über die L 17 und den Reifferscheider Bach führt zum Kupferhardt-Steinbruch. Dessen nordwestliche Wand zeigt – weithin sichtbar – einen Ausschnitt einer circa 70 Grad nach Süden geneigten Schichtfläche einer auffallend rot-violetten und grau-grünen Tonschieferlage.

Abgebaut wurden in diesem Steinbruch besonders harte mittel- bis grobkörnige Sandsteine zwischen den Tonschiefern, die unter anderem auch beim Bau der nahen Reifferscheider Burg Verwendung fanden. Die Sandsteine und roten und grünen Schiefer dieser „Klerf-Schichten" entstanden als Sand- und Tonablagerungen in einer sehr flachen Meeresumgebung. Sie bilden den Abschluss einer viele tausend Meter mächtigen, sandig-tonigen Sedimentserie der Unterdevon-Zeit in der Rureifel.

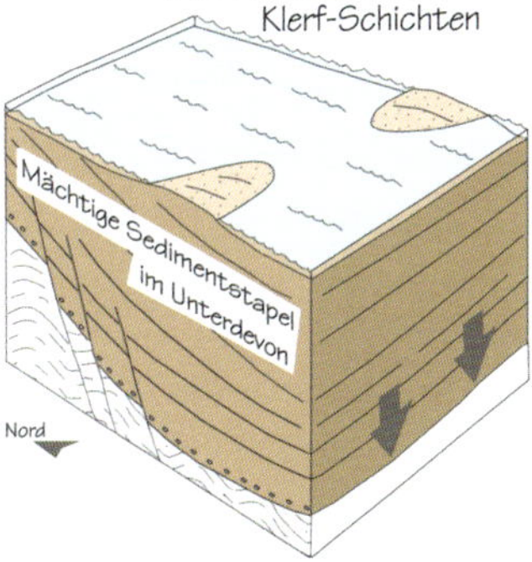

4. Park und Hofgebäude Liebfrauenhof

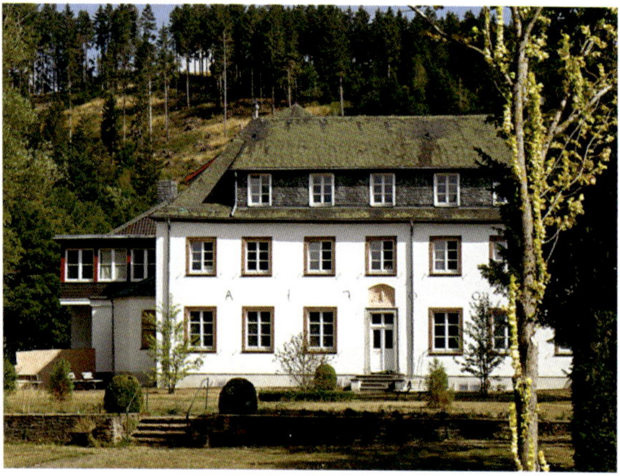

Der Liebfrauenhof (im Volksmund auch „Kloster" genannt) war ursprünglich ein freier Hof, der von den Grafen von Reifferscheid als Lehen vergeben wurde. Wie die geschmiedeten Maueranker an der Frontseite zeigen, entstand sein heutiges Hauptgebäude in den Jahren um 1700.

Zuerst hatte der Hof „Zanderhof zum Steeg" geheißen. Nach dem Neubau wurde daraus ein „Liebfrauenhof zum Steeg", wahrscheinlich weil er als Witwensitz für die Gräfinnen Salm-Reifferscheidt vorgesehen war. 100 Jahre später, in napoleonischer Zeit, wurde der Hof verkauft und später weiter verpachtet. Von 1900 bis 1911 lebte hier der Eifelmaler Professor Fritz von Wille (1860-1941) mit seiner Familie zur Miete.

Seit 1925 betrieben die Schwestern des Essener Vereins für Familienpflege vom Dritten Orden des Heiligen Franziskus hier ein Altenheim und nannten es „Liebfrauenhof". 2003 fusionierte die Einrichtung mit der Schleidener Seniorenresidenz auf dem Schlossberg in Schleiden zur Liebfrauenhof Schleiden GmbH. Der Reifferscheider Liebfrauenhof wurde an eine Privatschule verkauft.

5. Die Wildenburg, eine noch unzerstörte Eifelburg

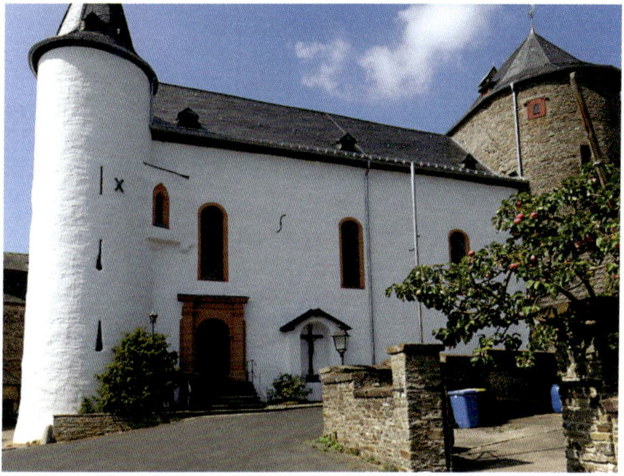

Die Wildenburg wurde zwischen 1202 und 1235 erbaut. Sie ist eine der wenigen Eifeler Höhenburgen, die nicht durch Kriege oder Abriss zerstört wurden. Die heutige Kirche, ein Glockenturm (links) und der Johannisturm (rechts) gehören zur Hauptburg. Ursprünglich war die Kirche ein Burghaus, das aus dem Palas und einer Burgkapelle bestand. Der Glockenturm war ein Treppenhaus und der Johannisturm ein Wohnturm.

Hinter der Kirche wird der Burghof nach Südwesten von einem Bastionsturm mit besonders dicken Mauern und von der sogenannten Kellnerei, einem Wohn- und Verwaltungsgebäude im Barockstil, abgeschlossen. Das unterste Stockwerk des Bastionsturms, ein fünf Meter tiefer Raum ohne Fenster und mit nur einer Einstiegsöffnung, war früher ein Verlies. Es diente von Januar bis März 1628 während eines Hexenprozesses als Gefängnis. Deshalb wird die Bastion heute noch Hexenturm genannt. Die Nordseite der Vorburg wird von einem lang gestreckten, repräsentativen Gebäude (Haus Palland) eingenommen.

6. Historische Ackerterrassen

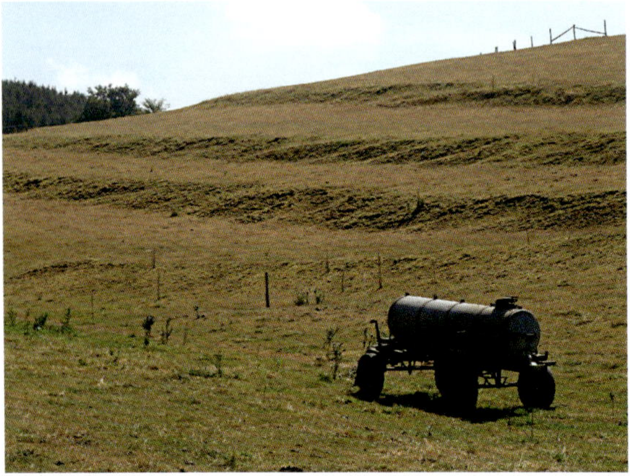

Auch Ackerterrassen gehören zur Eifeler Kulturgeschichte. Wie alte Bruchsteinmauern oder Hohlwege zeugen sie von der oft mühseligen Lebensweise und Arbeit der Menschen in den Dörfern. Bis in das 19. Jahrhundert hinein wurde in der Eifel noch mit dem Ochsengespann gepflügt. Auch flache Hänge wurden in die Bewirtschaftung mit einbezogen. Die Parzellen waren dabei hangparallel lang gestreckt.

Störende Steine wurden am Rand des Ackers abgelegt und auf diese Weise die Stufen versteilt. So konnten hohe Flurstufen entstehen, auf denen gelegentlich auch Büsche wuchsen. Erst nachdem in preußischer Zeit der Ackerbau von der Viehwirtschaft abgelöst wurde, wurden die schmalen Parzellen zusammengefasst und als Viehweide oder Mähwiese genutzt.

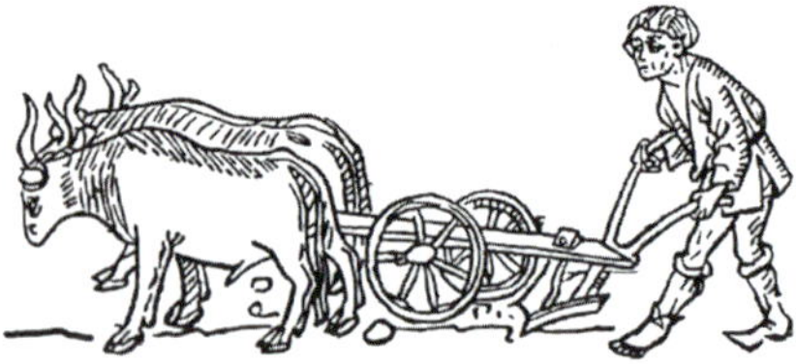

7. Zweistufige Eifelhochflächen

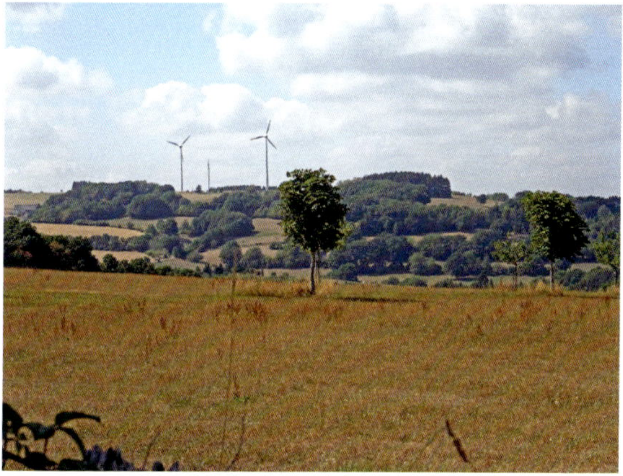

Eine deutliche Geländestufe im Hintergrund kennzeichnet den Übergang von der Rureifel-Hochfläche zur Westlichen Hocheifel.

Als sich die Eifel seit Ende der Tertiär-Zeit langsam zu heben begann, schufen die Vorläuferflüsse der heutigen Olef die tiefer liegende Plateaufläche der Rureifel mit ersten flachen Muldentälern. Erst danach entstanden die heute steil eingeschnittenen Kerbtäler der heutigen Olef und ihrer Nebenbäche als Ergebnis der verstärkten jüngsten Anhebung der Nordeifel in der jüngsten Quartär-Zeit seit 800.000 Jahre vor heute.

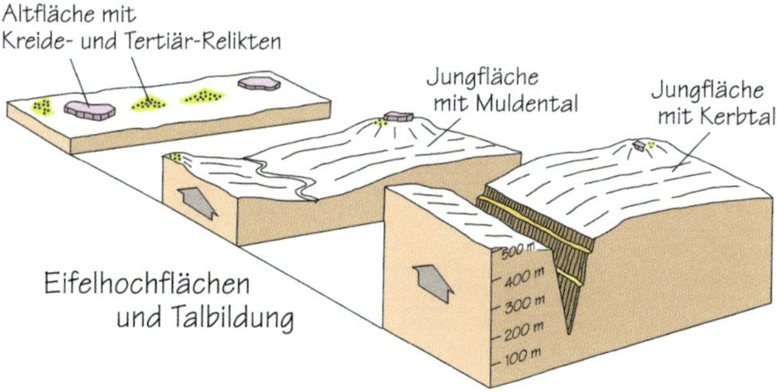

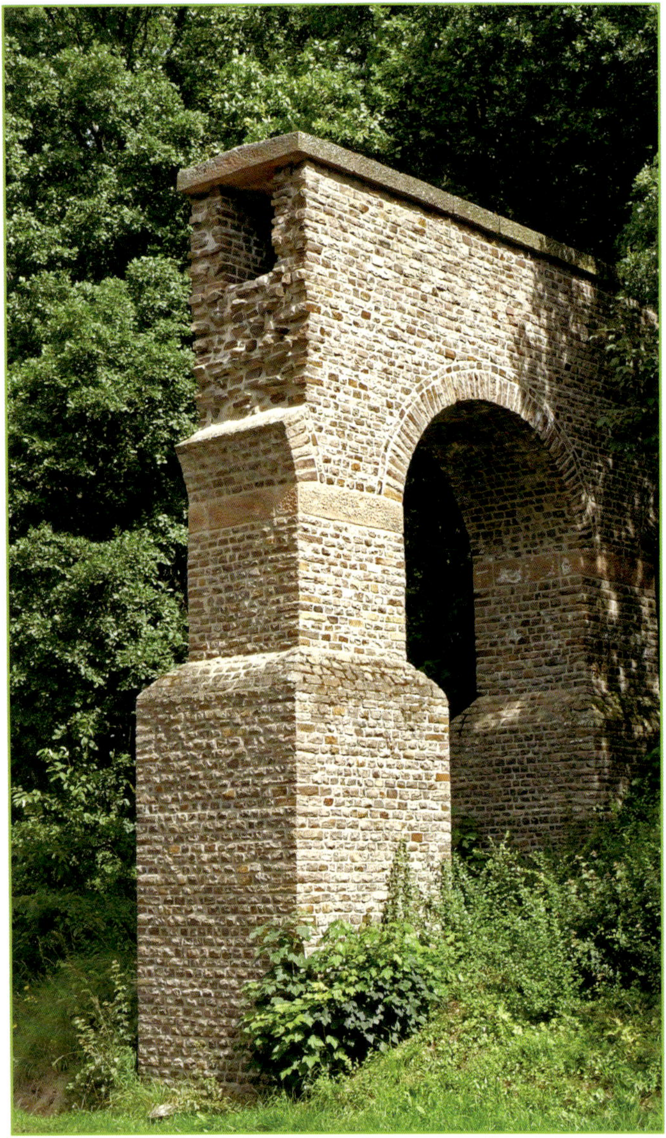

Route 8: Rundwanderung im Feybachtal zwischen Kallmuth, Weyer und Vussem

Start und Ziel: Parkplatz an der römischen Brunnenstube „Klausbrunnen", 700 Meter östlich von Kallmuth

Dauer: 4-5 Stunden

Länge der Wanderung: circa 13 Kilometer

Höhenunterschiede: 152 Meter

Anfahrt mit öffentlichen Verkehrsmitteln (auskunft.avv.de):
Haltestelle Mechernich-Kallmuth, Kaller Straße; von dort circa 750 Meter Fußweg auf der Hallerstraße bis zum Parkplatz an der römischen Brunnenstube „Klausbrunnen".

Parkmöglichkeit: Parkplatz an der römischen Brunnenstube „Klausbrunnen", 700 Meter östlich von Kallmuth

Streckenführung:
Eine Besichtigung der römischen Brunnenstube „Klausbrunnen". Danach auf der Südseite des Kallmuther Tals in Richtung Urfey und weiter aufwärts nach Weyer. Östlich von Weyer liegt die Felsengruppe des Kartsteins mit der Kakushöhle. Nach Besichtigung der Höhle hinunter nach Eiserfey und dann wieder hinauf auf die Kalkeifel-Hochfläche. Ziel ist der Aquädukt der römischen Wasserleitung in Vussem. Von Vussem aus im Tal des Feybachs zurück nach Eiserfey. Von dort entlang der nördlichen Talflanke des Feybachs und Kallmuther Bachs Rückkehr zur römischen Brunnenstube „Klausbrunnen".

GPX-Daten zur Route 8

Bild links: Römischer Aquädukt bei Vussem

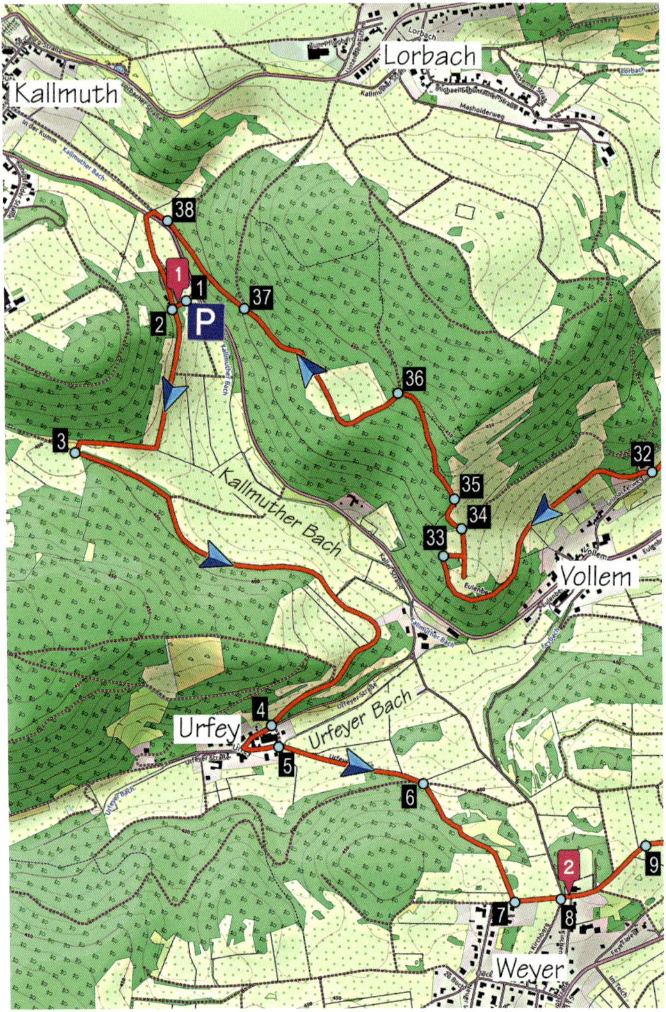
Lorbach
Kallmuth
Kallmuther Bach
Vollem
Urfey
Urfeyer Bach
Weyer

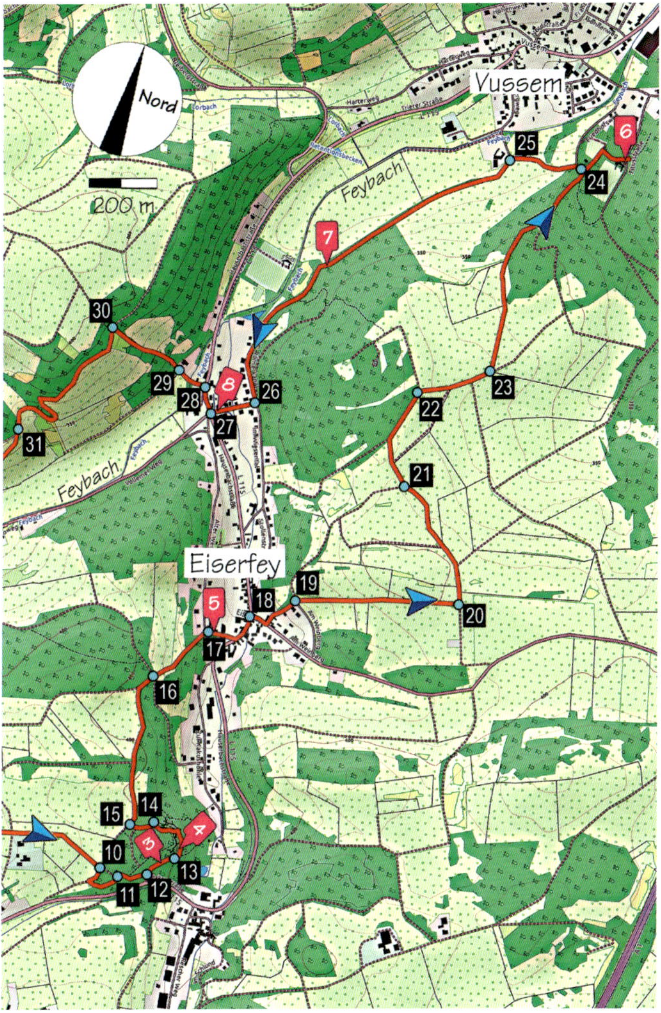
Nord
200 m
Vussem
Feybach
Eiserfey
3
4
5
6
7
8
10
11
12
13
14
15
16
17
18
19
20
21
22
23
24
25
26
27
28
29
30
31

Wegweiser

1	Hinter der Brunnenstube eine steile Treppe hinaufsteigen und oben links abbiegen.
2	Am Waldrand und zwischen Wiesen in einem großen Bogen ins nächste Tal gehen.
3	Auf einem Querweg nach links abbiegen und zunächst am Waldrand entlang und später zwischen Wiesen im großen Bogen bis zu den Häusern von Urfey gehen.
4	Auf der Dorfstraße sich rechts halten und nach circa 80 Metern am Dorfplatz scharf links abbiegen.
5	Dem geteerten Weg aufwärts folgen.
6	Am Ende des Waldes, wenige Meter nach Einmündung eines Forstwegs von rechts, in einen Fußweg nach rechts abbiegen und diesem aufwärts folgen.
7	Vor den ersten Häusern von Weyer links in Richtung der Kirche abbiegen.
8	Die Straße queren, an der Kirche und am Friedhof vorbeigehen und an der Wegkreuzung halb links aufwärts gehen.
9	Am Wegkreuz sich rechts halten und an dem großen Hof vorbei geradeaus bis zum Wäldchen des Kartsteinfelsens gehen.
10	Vor dem Wäldchen rechts abbiegen und nach circa 50 Metern einem unscheinbaren Pfad nach links folgen.
11	Den Treppenstufen nach rechts abwärts folgen.
12	Vor dem Parkplatz und Kiosk nach links zum Eingang der Kakushöhle gehen.
13	Rechts neben dem Eingang zur Kakushöhle einem schmalen Pfad zwischen großen Kalkblöcken folgen; auf dem Pfad nach links die ganze Felsengruppe umrunden und durch ein kleines Felsentor wieder aufsteigen.
14	Oberhalb des kleinen Felsentors einem schmalen Fußpfad nach rechts und dann links bis zum Waldrand folgen.
15	Vor dem Waldrand nach rechts abbiegen und auf einem Feldweg abwärts in Richtung Eiserfey gehen.
16	Den Fahrweg queren und einem schmaleren Weg (später Hohlweg) bis zu den Häusern von Eiserfey folgen.
17	Nach rechts zur Dorfstraße gehen und dort links abbiegen.
18	Auf der ersten Straße nach rechts abbiegen und bereits nach circa 50 Metern einem Fußweg nach links steil aufwärts folgen.

Wegweiser

19	Geradeaus weiter aufwärts gehen.
20	Dem Wirtschaftsweg nach links folgen.
21	Weiter geradeaus bis zum Waldrand gehen und sich dort rechts halten.
22	Nach rechts abbiegen und abwärts gehen.
23	Sich links halten und über die Felder und später durch den Wald bis zum geteerten Vorplatz eines Friedhofs gehen.
24	Rechts am Friedhof vorbei einem schmalen Fußweg bis zur Talsohle folgen; nach Besichtigung des Aquädukts wieder zum Friedhofsvorplatz aufsteigen und auf einer Teerstraße nach rechts weitergehen.
25	Vor den ersten Häusern von Vussem nach links auf einem geteerten Weg in Richtung Eiserfey gehen.
26	In Eiserfey von der Straße Am Römerkanal nach rechts in die Straße Im Wiesental abbiegen.
27	Der Hauptstraße circa 100 Meter nach rechts folgen.
28	Nach links in die Straße Am Feybach einbiegen.
29	Am letzten Haus der Straße Am Feybach geradeaus einem sehr steilen Weg aufwärts folgen.
30	Auf dem ersten Querweg nach links am Waldrand entlanggehen und dann einer doppelten S-Kurve abwärts folgen.
31	Geradeaus gehen.
32	Dem Teerweg nach rechts aufwärts folgen.
33	Rechts abbiegen und nach einem Abstecher zum Gipfelkreuz geradeaus weitergehen.
34	Auf dem Querweg links gehen.
35	Sich links halten.
36	An der großen Weggabelung dem Abzweig nach links folgen und bis zur Straße nach Kallmuth gehen.
37	Geradeaus weitergehen.
38	Die Straße nach links queren und nach 30 Metern auf einen Teerweg zurück zur Treppe hinter der römischen Brunnenstube gehen; auf der Treppe zurück zum Parkplatz absteigen.

1. Römische Brunnenstube bei Kallmuth

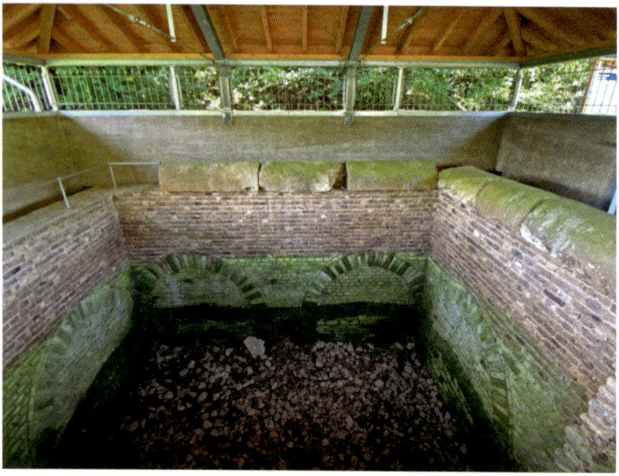

Ursprünglich war die Kallmuther Brunnenstube die Ausgangsstation der römischen Eifelwasserleitung nach Köln. Erst in einer späteren Bauphase wurde diese bis zum Grünen Pütz im Urfttal bei Nettersheim verlängert. Das hier heute überdachte, breite Sammelbecken wurde zwischen 80 und 90 nach Christus erbaut. Es ist in den stark verkarsteten Muldenkern-Dolomit der Sötenicher Mulde hineingebaut, damit durch die seitlichen Öffnungen reichlich Quellwasser eindringen konnte.

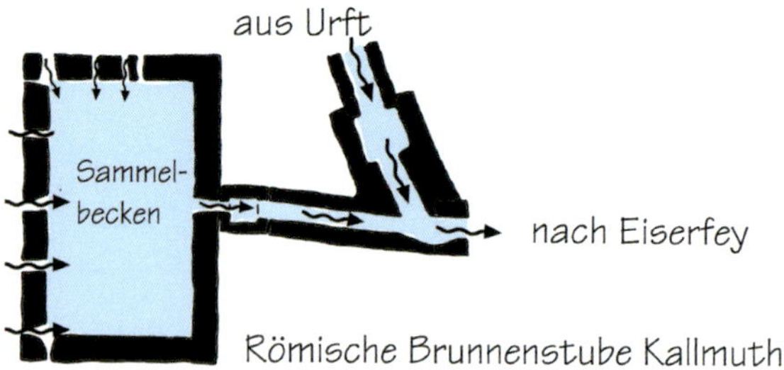

2. Historische Pfarrkirche St. Cyriacus in Weyer

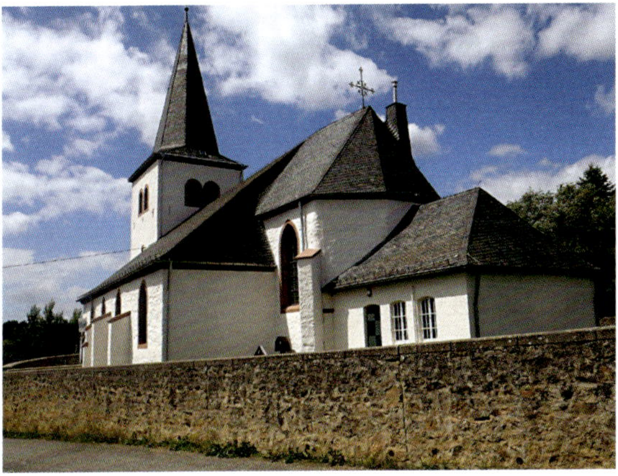

Die Pfarrkirche St. Cyriacus liegt auf einer Anhöhe am Rande des Ortes inmitten eines ummauerten Friedhofs. Eine erste dreischiffige romanische Basilika mit Turm stammte aus dem 12. Jahrhundert. Um 1500 wurde diese Basilika zu der heutigen spätgotischen Hallenkirche umgebaut. Der romanische Westturm wurde später erneuert. Zur Innenausstattung gehört heute auch ein römischer Matronenstein aus dem zweiten Jahrhundert nach Christus. Er war ursprünglich als Spolie in den Hauptaltar eingebaut.

Nur wenig östlich der Kirche führt der Weg an einem Buntsandsteinkreuz einer Fünf-Wunden-Bruderschaft aus dem Jahr 1727 vorbei. Es zeigt symbolisch die fünf Wunden Christi. Fünf-Wunden-Bruderschaften, wie die im Jahre 1650 in Weyer eingeführte, bildeten sich im Spätmittelalter an vielen Orten. Vom gemeinsamen allabendlichen Gebet von fünf Vaterunsern zu Ehren der Wundmale Jesu erwartete man einen besonderen Schutz vor Hungersnot, Pest, Tod und auch Hilfe für die armen Seelen.

3. Kalksinterwand im Kartstein

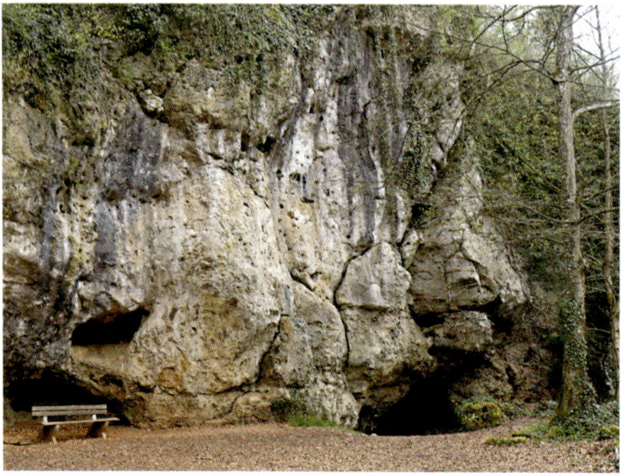

Circa 20 Meter über der heutigen Talsohle des Weyerbachs und des Hauserbachs liegt der Kartstein, ein gewaltiger, 18 Meter hoher Klotz aus Kalksinter (Kalktuff, Travertin). Der hellgraue Kalksinter bildete sich vor den Quellaustritten des Weyerbachs, als dieser sich noch nicht bis auf sein heutiges Niveau eingeschnitten hatte.

Der Kalk hatte seinen Ursprung im Einzugsgebiet der Weyerbachquellen, das aus sehr viel älteren, devonzeitlichen Kalk- und Dolomitsteinen der Sötenicher Mulde besteht. Dort reicherte sich das Untergrundwasser in Klüften und Spalten mit leicht löslichem Kalziumhydrogenkarbonat ($Ca(HCO_3)_2$) an, sodass beim Entweichen von Kohlensäure (H_2CO_3) am Quellaustritt Kalk ($CaCO_3$) ausgefällt wurde.

Der Sinterkalk des Kartsteins ist in der Regel dicht und nur bereichsweise porös. Als Fossilien enthält er Blatteinschlüsse, gelegentlich Schnecken und auch Einschlüsse von nicht näher einzustufenden, geröllartigen Steinwerkzeugen aus der Holstein-Warmzeit (um 400.000 Jahre vor heute). Offensichtlich wurden die Quellen also bereits bei der Entstehung des Kartsteins von Menschen aufgesucht.

4. Kartsteinhöhlen

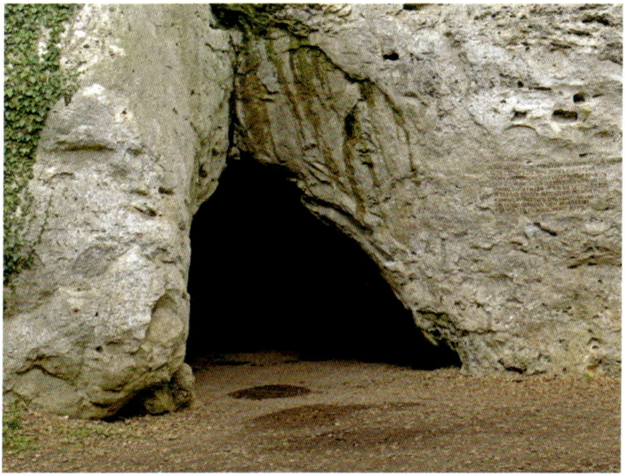

Die heutigen Kartsteinhöhlen wurden lange nach der Entstehung des Kartstein-Travertinkomplexes in der Eem-Warmzeit (zwischen 125.000 und 115.000 Jahren vor heute) durch den Weyerbach ausgewaschen. Der Sage nach soll in ihnen ein Riese Cacus gewohnt haben („Kakushöhle").

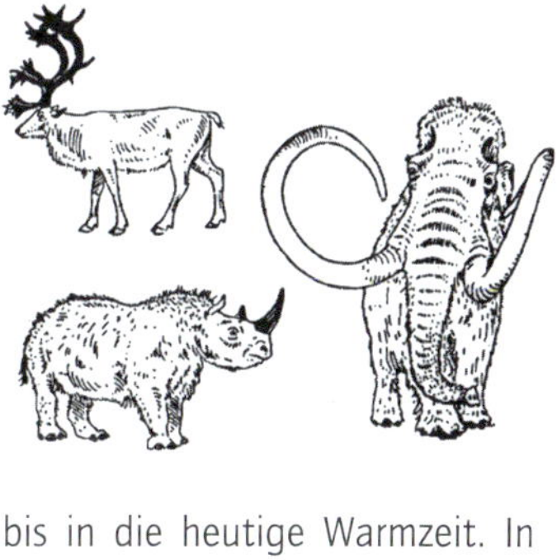

In Bachschottern und Frostschutt innerhalb der Kartsteinhöhlen fanden sich außer vielen Tierknochen (Höhlenbären, Höhlenhyänen, Wollnashorn, Mammut, Ren, Wildpferd usw.) auch verschiedene Feuerstellen mit menschlichen Kulturresten. Sie reichen von der Weichsel-Kaltzeit (Höhepunkt zwischen 60.000 und 15.000 vor heute) bis in die heutige Warmzeit. In keltisch-römischer Zeit bestand auf dem Kartstein eine Fliehburg. Heute sind die Höhlen eine Touristenattraktion.

5. Eisenerzbergbau in Eiserfey

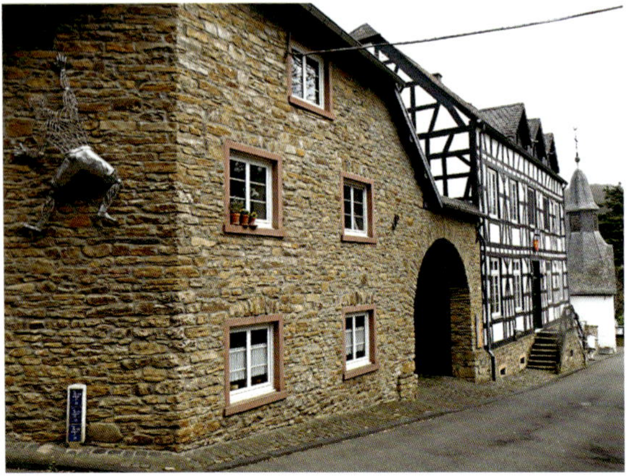

Bereits im 13. Jahrhundert wurden in Eyserfey Eisenwerke erwähnt. Um 1800 entstanden zwei Eisenhütten und ein Hammerwerk. Voraussetzung für deren wirtschaftlichen Erfolg waren Eisenerzvorkommen ganz in der Nähe, der Holzreichtum der Umgebung und die Wasserkraft des Hauserbachs. In der Mitte des 19. Jahrhunderts kam die Eisenindustrie in Eiserfey wegen dessen ungünstiger Verkehrsanbindung zum Erliegen.

Auf der östlichen Talseite von Eiserfey verweist heute noch der Name „Ruedeberg" (Rotberg) auf die Eisenerzgruben von Eiserfey. In den Unebenheiten seines Wiesenhangs erkennt man noch die alten Pingen und Halden aus früheren Bergbauaktivitäten.

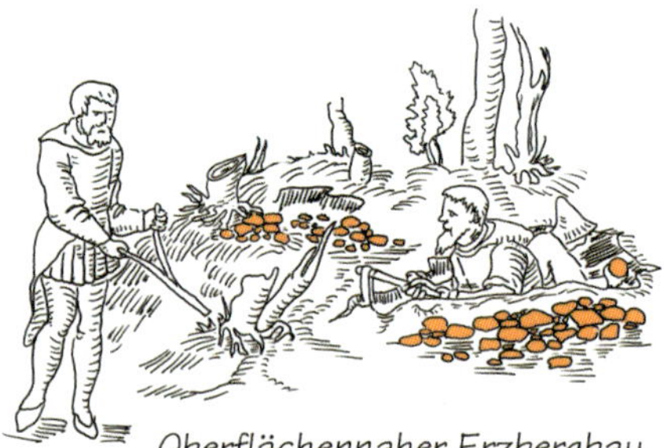

Oberflächennaher Erzbergbau

6. Rekonstruktion einer Aquäduktbrücke

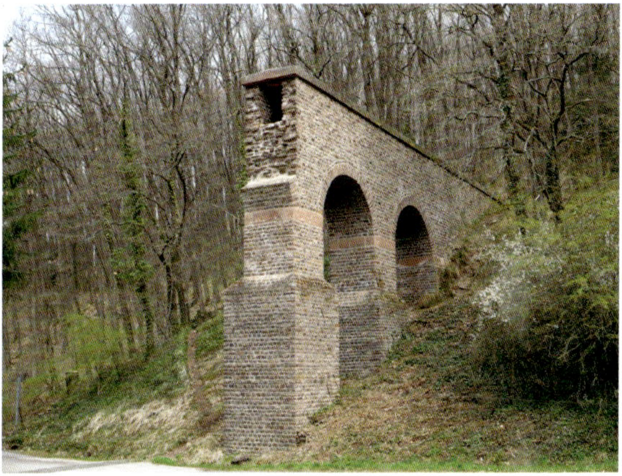

Ursprünglich querte hier eine 80 Meter lange und 10 Meter hohe römische Wasserleitungsbrücke dieses Seitental des Feybachs. Sie ruhte auf 10 oder 12 Pfeilern, deren Mauerwerk aus Bruchstein und viel Mörtel bestand. Die Brückenpfeiler standen auf mächtigen Sandsteinplatten. Auch die Kanalrinne, in der das Wasser über die Brücke geführt wurde, war mit großen Sandsteinplatten abgedeckt. Vorbild für die heutige Rekonstruktion des östlichen Teils dieses Aquädukts mit Ziegelsteinverkleidung waren einzelne, noch erhaltene Bauwerkreste.

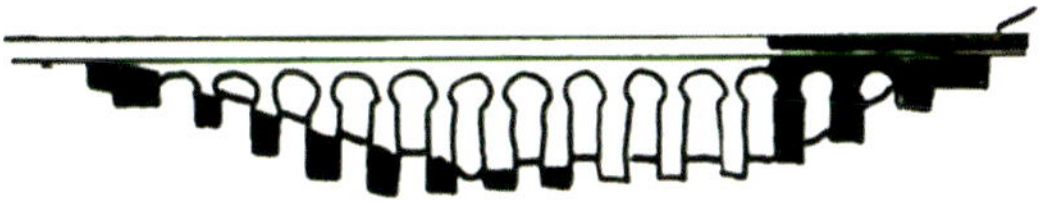

Römischer Aquädukt bei Vussem

In noch zwei weiteren Abschnitten der Eifelwasserleitung musste das Wasser für Köln über größere Aquädukte geführt werden. Der Übertritt über das Tal der Erft war 500 Meter lang, der über das Swisttal 1.400 Meter.

7. Römische Wasserleitung im Berghang

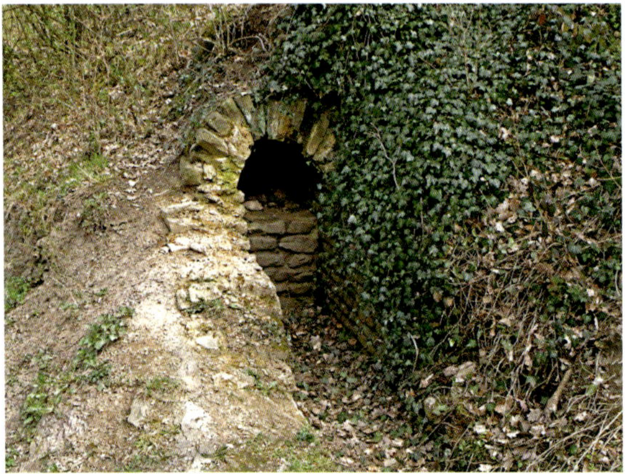

Es war eine bedeutende Leistung römischer Ingenieure des ersten Jahrhunderts nach Christus, die schnell wachsende Bevölkerung ihrer Stadt Köln (Colonia Agrippina) über eine fast 100 Kilometer lange Wasserleitung mit frischem Trinkwasser aus der Kalkeifel zu versorgen. Binnen 24 Stunden wurde aus vier Quellbereichen der Sötenicher Kalkmulde klares Wasser in einem von Erdreich bedeckten Kanal an den Rhein geführt.

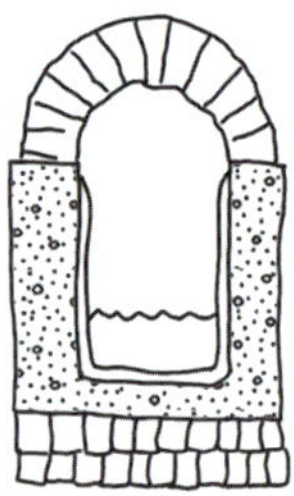

Römische Wasserleitung

Der noch heute streckenweise erhaltene Kanal war aus Bruchsteinen gemauert. Die Sohle und die Wände der Fließrinne waren mit römischem Beton ausgekleidet. Zum Schutz vor Frost im Winter wurde der Kanal mit einer oft meterdicken Erdschicht abgedeckt. Im obigen Beispiel wurde er zur Bergseite - heute nicht mehr sichtbar - durch locker gepackte Bruchsteine vor dem unkontrollierten seitlichen Zutritt von Sickerwasser geschützt.

8. Römisches Wassersammelbecken bei Eiserfey

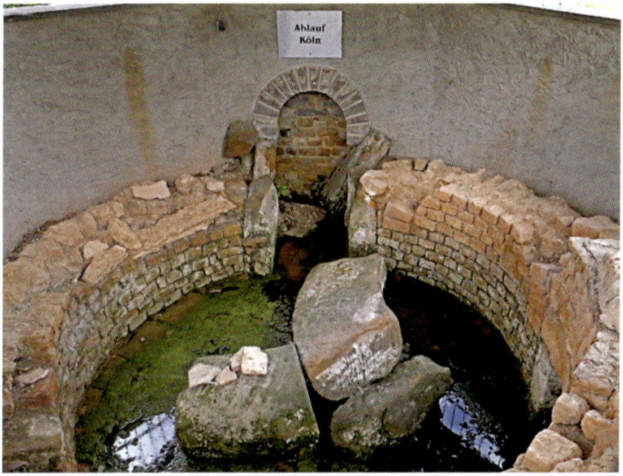

Das kreisrunde Wasserbecken im Brunnenhäuschen zeigt zwei zugehende Kanäle und einen abgehenden. Über den Zugang rechts vorne wurde in römischer Zeit Wasser aus Dreimühlen eingespeist. Über die Zuführung links wurde Wasser aus der Kallmuther Brunnenstube und Urfey eingeleitet. Durch den Ausgang (hinten) verlässt das Wasser den Sammler in Richtung Vussem.

Vor dem Häuschen des Sammlers ist ein Block aus fein geschichtetem Kalksinter zu besichtigen. Er stammt aus einem heute zerstörten Stück der Wasserleitung. Grund für den Absatz solcher Kalksinter in der Wasserleitung war einerseits ein hoher Kohlensäure-(CO_2-)Gehalt des Wassers, der die Kalklösung im Einzugsgebiet begünstigte. Andererseits bewirkte die ständige Wasserbewegung des fließenden Wassers in der Leitung, dass die Kohlensäure wieder entwich und Kalkstein (Kalksinter) in dünnen Schichten ausgefällt wurde.

Wegen seiner oft fleckig-roten, rotbraunen oder braunen Verfärbung durch Eisenbeimengungen wurde dieser Kalksinter nach dem Verfall der römischen Wasserleitung gerne als „Aquäduktmarmor" für Säulen oder andere Bildhauerarbeiten verwendet.

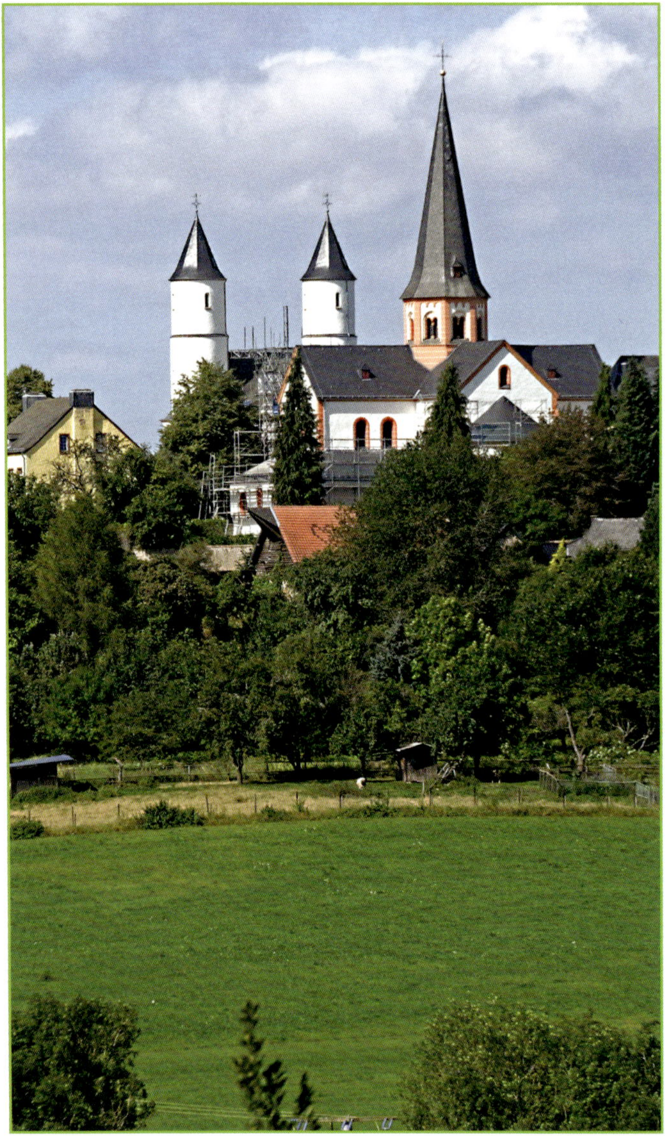

Route 9: Rundwanderung im Urfttal zwischen dem Grünen Pütz und Kloster Steinfeld

Start und Ziel: Parkplatz vor der Urftbrücke in Urft

Dauer: 4-5 Stunden

Länge der Wanderung: circa 12 Kilometer

Höhenunterschiede: 119 Meter

Anfahrt mit öffentlichen Verkehrsmitteln (auskunft.avv.de):
Haltestelle Kall-Urft, Bahnhof; von dort circa 160 Meter Fußweg auf der Urfttalstraße bis zum Parkplatz.

Parkmöglichkeit: Parkplatz vor der Urftbrücke in Urft

Streckenführung:
Der Wanderweg verläuft zunächst entlang der Urft flussaufwärts bis zu den Quellen des Grünen Pütz. Sie sind der Ausgangspunkt der fast 100 Kilometer langen römischen Wasserleitung nach Köln. Vom Grünen Pütz aus steigt der Weg zwischen den Waldhängen des Eichterbachtals zu den Feldern der Hochfläche um Barhaus auf. Er quert dann die Buchenwälder des Königsbergs in westlicher Richtung und steigt wieder ab in das Tal des Gillesbachs. Dann folgt noch einmal ein deutlicher Aufstieg zum Kloster Steinfeld. Nach einer Besichtigung der Klosteranlagen einschließlich des Klosterparks geht es dann wieder abwärts zur Urft und am Gut Dahlbenden vorbei zum Parkplatz.

GPX-Daten zur Route 9

Bild links: Basilika des Klosters Steinfeld

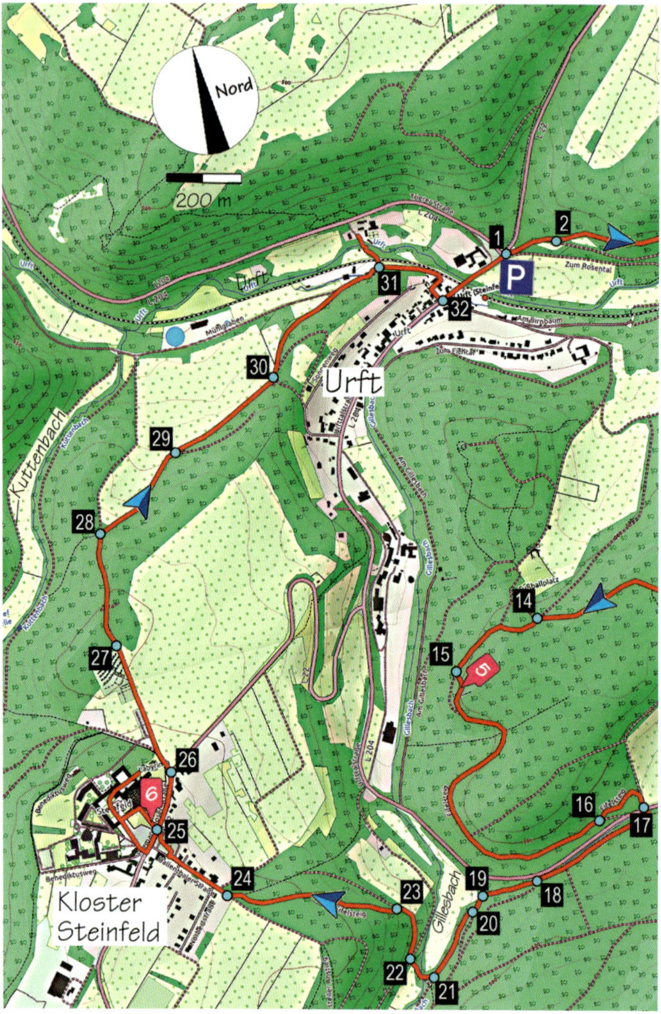
Nord
200 m
Urft
Kloster Steinfeld
Kuttenbach
Gillesbach
Zum Rosental
Am Birnbaum
Zum Eichtal
Mühlgraben
Fußballplatz
Am Gillesbach
Benediktusweg
1
2
14
15
16
17
18
19
20
21
22
23
24
25
26
27
28
29
30
31
32
5
6
P

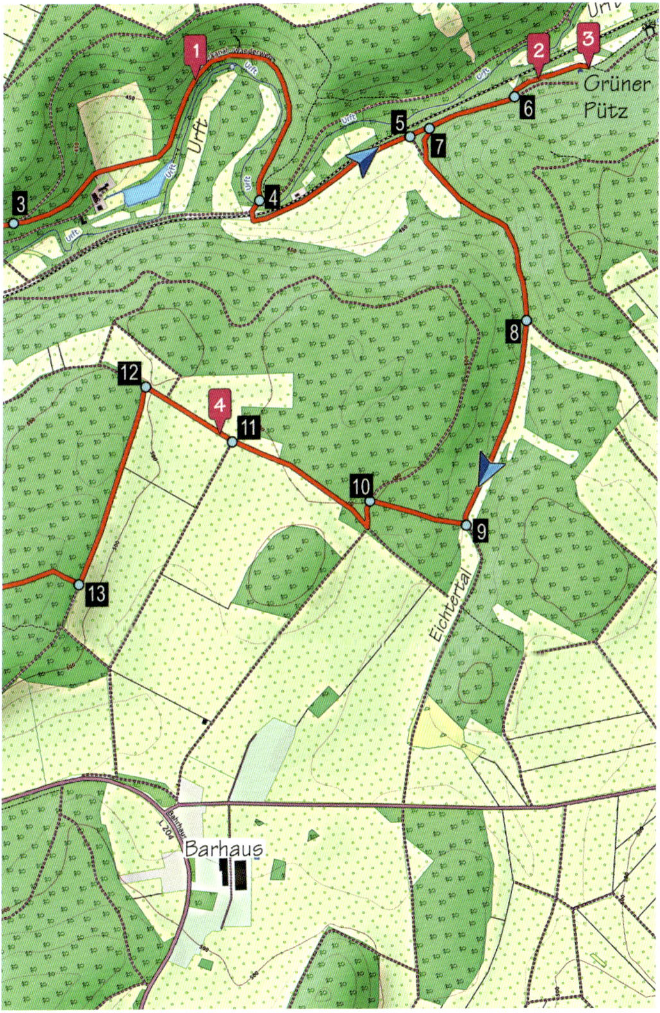
1
2
3
4
Grüner
Pütz
Urft
Urft
3
4
5
6
7
8
9
10
11
12
13
Eichtertal
Barhaus
L 204

Wegweiser

1	Vom Parkplatz aus nach links aufwärts gehen.
2	Vor dem Eingang zum Gut Neuwerk sich links halten.
3	Sich rechts halten und oberhalb von Gut Neuwerk zur Urftschleife gehen und diese umrunden.
4	Geradeaus den Weg und die Eisenbahnschienen kreuzen; links abbiegen und parallel zu den Bahnschienen weitergehen.
5	Geradeaus in Richtung Grüner Pütz gehen.
6	Links abbiegen und gleich wieder rechts bis zur Brunnenstube und 100 Meter darüber hinaus gehen; nach Besichtigung der Brunnenanlage wieder zurück in Richtung Wegpunkt 7 gehen.
7	Links abbiegen und einem breiten, geschotterten Weg aufwärts folgen.
8	Geradeaus gehen.
9	Rechts abbiegen und auf einem Fußweg aufwärts gehen.
10	Links abbiegen und nach 80 Metern wieder rechts abbiegen; dem Feldweg geradeaus folgen.
11	Geradeaus weitergehen.
12	Am Waldrand links abbiegen und einem schmalen Pfad zwischen Feldern und Wald folgen.
13	Rechts abbiegen, danach gleich sich links halten und einem viel begangenen Fußweg durch den Buchenwald folgen.
14	Sich links halten und dem breiteren Weg aufwärts folgen.
15	Nach links auf einem schmalen Pfad steil bergan zum Eifelblick „Königsberg" gehen; von dort auf der anderen Seite hinunter zum Hauptweg zurückkehren und diesem weiter folgen.
16	Nach links zu einem kleinen Parkplatz und von dort nach rechts zur Straße gehen.
17	Die Straße queren und kurz darauf nach rechts auf einem schmalen Pfad parallel zur Straße bergab gehen.
18	Den schmalen Pfad rechts abwärts wählen.
19	Nach links abbiegen und sich gleich wieder rechts halten.

Wegweiser

20	Rechts abwärts in Richtung Gillesbach gehen.
21	Nach rechts den Gillesbach queren und dem Weg aufwärts folgen.
22	An der Wegkreuzung auf dem steilen Weg geradeaus aufwärts gehen.
23	Sich links halten und weiter aufwärts gehen.
24	Nach der Schranke der Straße halb rechts aufwärts folgen.
25	Die Klosteranlage durch das gemauerte Tor betreten; nach Besichtigung der Basilika nach links durch den Hof des Klosters gehen; eventuell den Klostergarten besichtigen; zurück zur Straße und circa 150 Meter nach links gehen.
26	Nach links einem Teerweg in Richtung Friedhof folgen.
27	Vom Friedhof aus halb rechts einem Schotterweg bergab folgen.
28	Halb rechts auf einem geteerten Weg abwärts in Richtung Urft gehen.
29	Geradeaus weitergehen.
30	Halb links abbiegen.
31	Nach einem Abstecher zum Gut Dahlbenden rechts neben den Bahnschienen in den Ort gehen.
32	Auf der Dorfstraße nach links über die Bahngleise und die Urftbrücke zum Parkplatz zurückkehren.

1. Die Achenlochhöhle in Dolomitstein

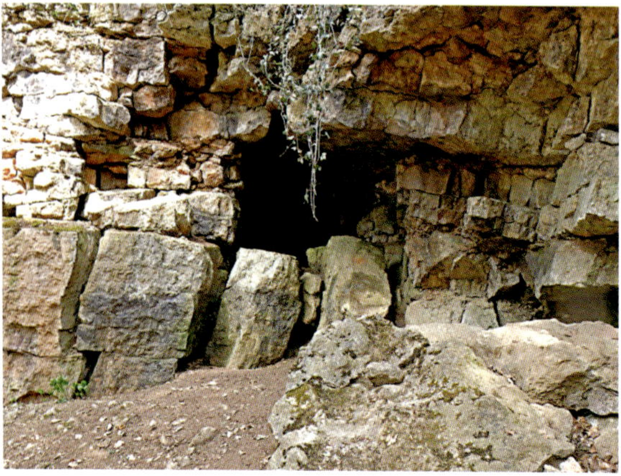

Die Felsklippen im Steilhang der Urftschleife bestehen aus gebankten und zerklüfteten Dolomitsteinen. Diese bilden hier den Kern der Sötenicher Mulde („Muldenkern-Dolomit"). Die Sötenicher Mulde ist die nördlichste Kalkstein-Mulde der Kalkeifel. Ihre Kalksteine und Dolomitsteine entstanden in der Mitteldevon-Zeit (vor circa 381 Millionen Jahren).

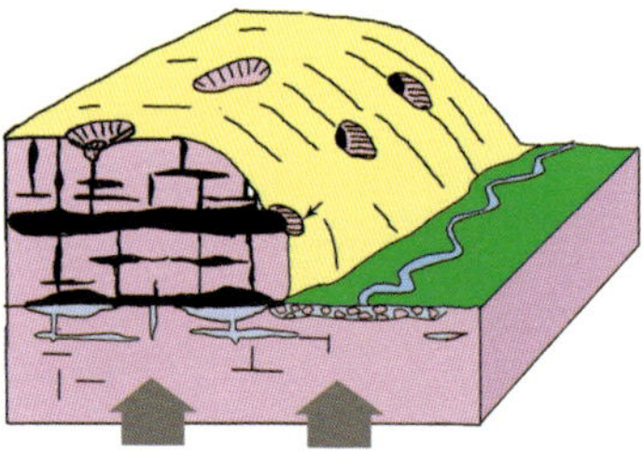

Karsthöhlen im Muldenkern-Dolomit

Die Achenlochhöhle ist eine Karsthöhle. Sie entstand durch Auflösung des Muldenkern-Dolomits durch im Untergrund fließendes Wasser. Sie liegt heute 15 Meter oberhalb der Talsohle der Urft. Das weist darauf hin, dass der Karstwasserspiegel zur Zeit ihrer Entstehung wenigstens 15 Meter höher lag als heute, und dass sich der Fluss seit dieser Zeit um diese 15 Meter tiefer in den Untergrund eingeschnitten hat.

2. Ein offenes Stück Römerkanal

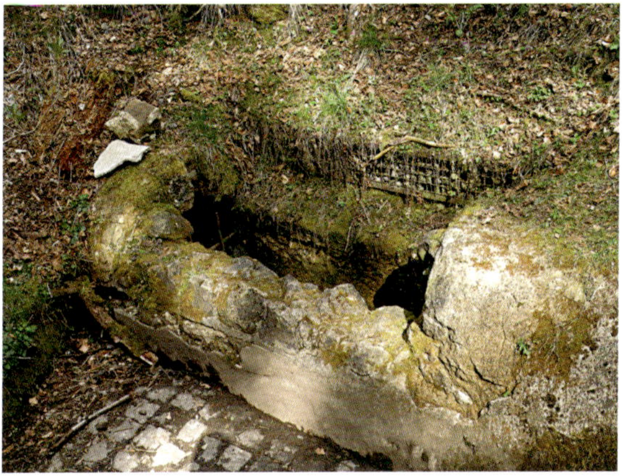

Dieses Stück Römerkanal wurde beim Bau der Eisenbahnlinie Köln-Trier in der zweiten Hälfte des 19. Jahrhunderts freigelegt. Der Kanal, der hier heute noch Wasser führt, das unter dem Bahndamm hindurch zur Urft abgeführt wird, ist aus Bruchsteinen gemauert. Die Sohle und die Wände der Fließrinne sind mit römischem Beton ausgekleidet. Nach der Fertigstellung der Rinne wurde eine Abdeckung aus Bruchsteinen mit viel Mörtel aufgesetzt. Zum Schutz vor Frost im Winter wurde der Kanal dann noch mit einer meterdicken Erdschicht abgedeckt.

Die fast 100 Kilometer lange römische Wasserleitung versorgte im ersten Jahrhundert nach Christus die schnell wachsende Bevölkerung der Stadt Köln (Colonia Agrippina) mit frischem Trinkwasser aus der Kalkeifel. Aus vier Quellbereichen innerhalb der Sötenicher Kalkmulde – Grüner Pütz, Kallmuth, Urfey und Weyer – führte man das klare Wasser in einem von Erdreich bedeckten Kanal binnen 24 Stunden an den Rhein. Der Höhenunterschied zwischen dem Grünen Pütz und Köln beträgt 370 Meter, sodass das durchschnittliche Gefälle auf 1.000 Meter jeweils nur 3,70 Meter betragen durfte.

3. Römische Brunnenstube am Grünen Pütz

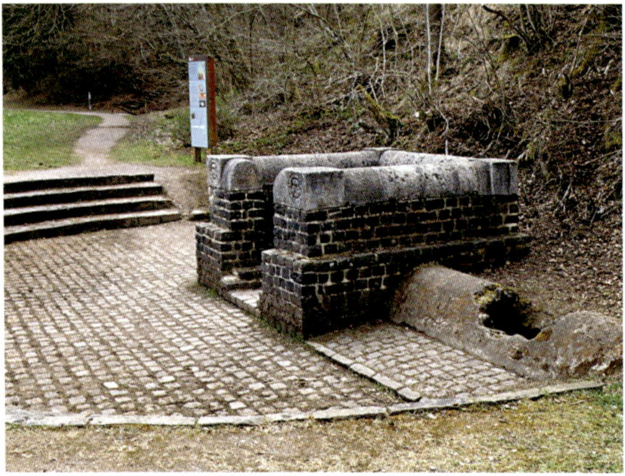

Die Brunnenstube des Grünen Pütz ist ein aus Sandsteinquadern erbautes Wasserbecken. In ihm wurde das Quellwasser eines 80 Meter langen Sickerkanals gesammelt und über eine kleine Schwelle, die der Beruhigung und Klärung des Wassers diente, an die nach Köln führende Leitung weitergegeben. Die Wände der Brunnenstube zeigen an der Stirn zwei Medusenhäupter, die die Quellen vor Unheil schützen sollten.

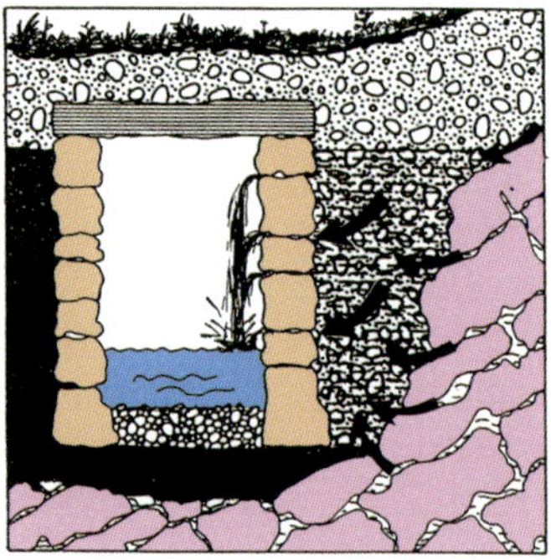

Quellfassung Grüner Pütz

Das Wasser des Grünen Pütz stammt aus dem hier anstehenden, stark verkarsteten Muldenkern-Dolomit. Es trat und tritt auch heute noch auf breiter Front am Fuß des Berges zutage. Dort wird es von einem 80 Meter langen Sickerkanal aufgefangen und zur Brunnenstube weitergeleitet.

4. Eifelhochfläche über Dolomitstein

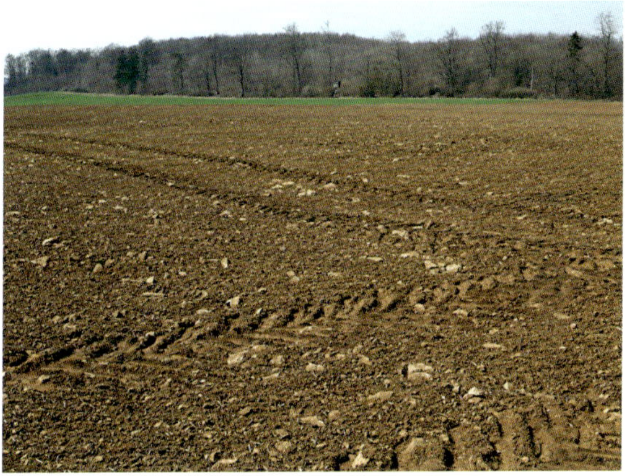

Die flachwellige Hochfläche zwischen dem Urfttal und dem Gillesbachtal ersteckt sich bis Marmagen und Nettersheim. Sie wird ganz vom Muldenkern-Dolomit der Sötenicher Kalkmulde unterlagert und ist deshalb größtenteils fruchtbares Ackerland. Durch die im Boden noch reichlich vorhandenen Kalk- und Dolomitstein-Brocken werden die für das Pflanzenwachstum wichtigen Kationen Kalzium und Magnesium immer nachgeliefert.

Der Muldenkern-Dolomit des Untergrunds ist seit erdgeschichtlich langer Zeit (spätestens seit Ende der Kreide-Zeit) stark verkarstet. Der größte Teil der Niederschläge versickert hier an Ort und Stelle und fließt unterirdisch über Spalten und Höhlen in Richtung Urft und Gillesbachtal. Deshalb gibt es auf der Hochfläche nur wenige breite Trockentäler, wie z. B. das Eichtertal. Fließende Bäche fehlen ganz.

Auf einzelnen Kuppen oder steinigen Hängen ist die Verwitterungsrinde nur flachgründig. Solche Standorte werden oft von trockenem Kalkmagerrasen oder von Buchenwald eingenommen.

5. Eifelblick über das Gillesbachtal

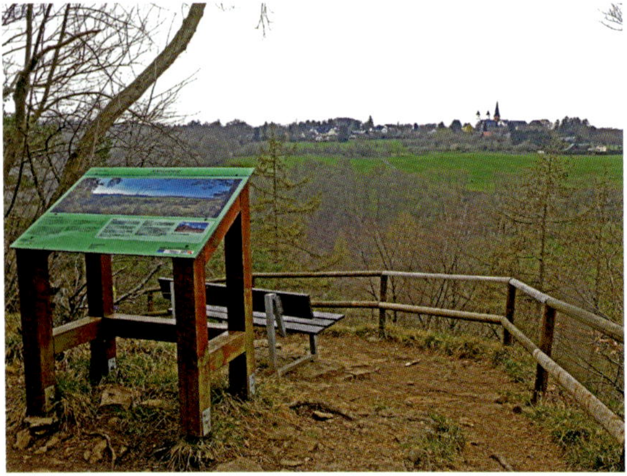

Der Königsberg liegt mitten im Naturschutzgebiet „Auen und Hänge an Urft und Gillesbach". Unter Schutz gestellt sind hier insbesondere die 130 bis 150 Jahre alten Buchenwälder auf der Hochfläche und an den Hängen mit ihren Waldmeister- und Orchideenbeständen und die Bewohner vieler Felshöhlen, wie zum Beispiel Fledermäuse und Insekten.

Jenseits des Gillesbachtals erkennt man auf der Höhe die Türme und Gebäude von Kloster Steinfeld. Anfangs stand dort mitten im Wald nur eine kleine Kapelle. Die älteste Steinfelder Urkunde stammt von 1121. Da gab es an der gleichen Stelle bereits ein Kloster. Seine Mönche gehörten zum Orden der Prämonstratenser.

Die dem Kloster angeschlossene Basilika, erbaut zwischen 1142 und 1150, war eine der ersten deutschen Gewölbekirchen. Bald wurde aus dem Kloster eine Abtei. Diese entwickelte sich zu einem bedeutenden kirchlichen Zentrum in der Eifel und darüber hinaus. Sie bestand bis zu ihrer Säkularisierung im Jahr 1802. Seit 1923 gehört das Kloster Steinfeld der Ordensgemeinschaft der Salvatorianer.

6. Kloster Steinfeld

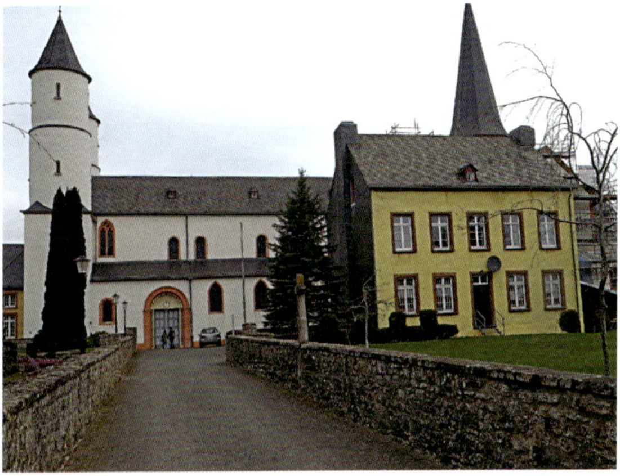

Das Kloster Steinfeld gilt in seiner Gesamtanlage als eine der besterhaltenen klösterlichen Baudenkmäler des Rheinlands und ist als solches ein „Denkmal von nationaler Bedeutung". Die Basilika des Klosters mit ihren drei charakteristischen Türmen besitzt eine reichhaltige barocke Innenausstattung (Altäre, Kanzel, Reliquienschreine), unter anderem auch das Hochgrab des heiligen Hermann Josef von Steinfeld.

Dieser wird hier als „Apfelheiliger" verehrt, weil er als Kind in Köln der Gottesmutter Maria regelmäßig Äpfel geschenkt habe und diese sie auch angenommen habe. Weltberühmt ist in der Basilika eine König-Orgel von 1727. Unmittelbar hinter der Basilika schließen die Klostergebäude mit Pforte, Kreuzgang, Refektorium und Hauskapelle an.

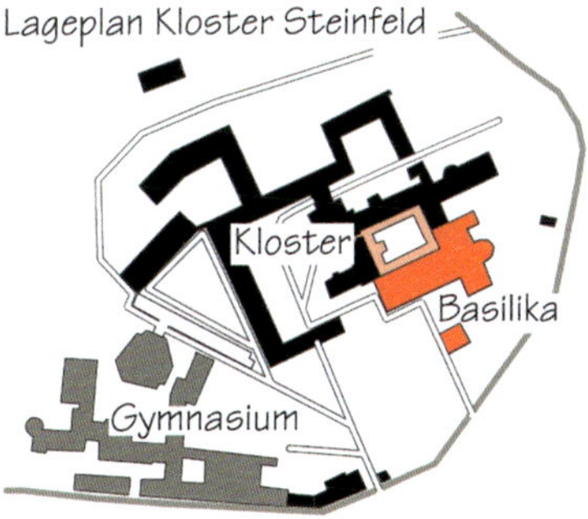

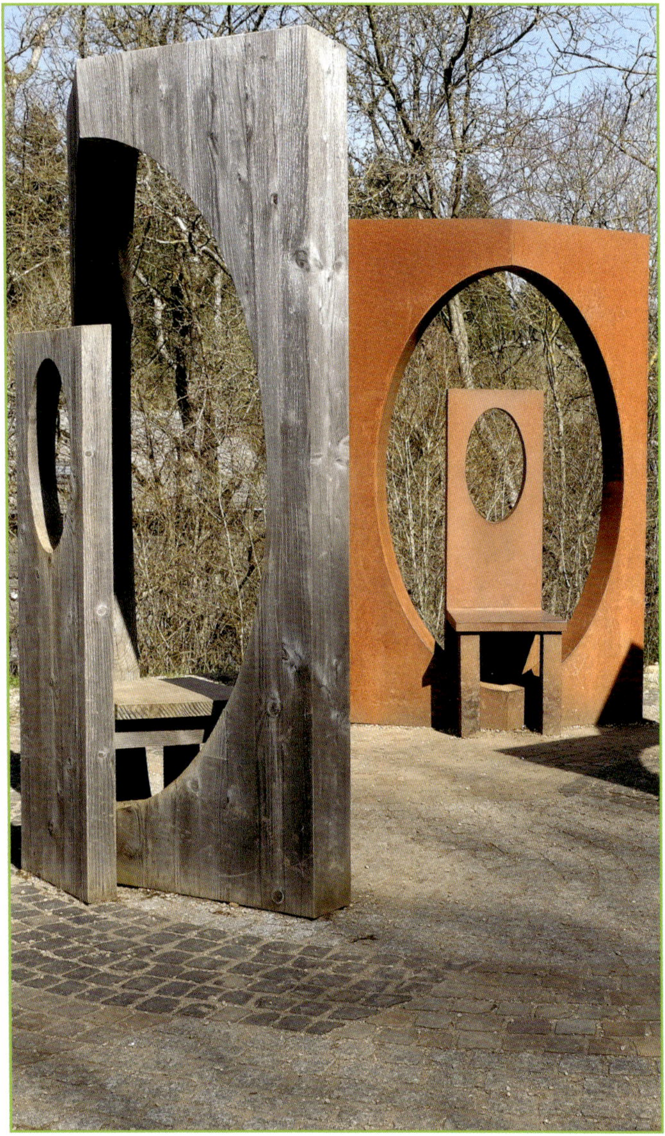

Route 10: Rundwanderung um Nettersheim

Start und Ziel: Parkplatz Nettersheim, Kloster

Dauer: 4 Stunden

Länge der Wanderung: circa 11 Kilometer

Höhenunterschiede: 171 Meter

Anfahrt mit öffentlichen Verkehrsmitteln (auskunft.avv.de):
Halstestelle Nettersheim, Kloster; von dort circa 70 Meter Fußweg bis zum Parkplatz.

Parkmöglichkeit: Parkplatz Nettersheim, Kloster

Streckenführung:
Vom Parkplatz an der Klosterstraße geht es zunächst in die Stadt zur Urft und dort zur Kaninshecke, einer zentralen Teilstrecke des Erlebnispfades der Stadt Nettersheim. Von dort führt ein Abstecher zum römischen Matronenheiligtum „Görresburg" und wieder zurück zu einem römischen Kleinkastell an der Urft. Dann verläuft der Weg in einem großen Bogen zwischen Wiesen und Wald bis zur Ahe-Kapelle im oberen Genfbachtal. Von dort geht es entlang des Genfbachs und über die Höhe des Siterts zurück zum Parkplatz an der Klosterstraße.

GPX-Daten zur Route 10

Bild links: Moderne Matronenskulpturen

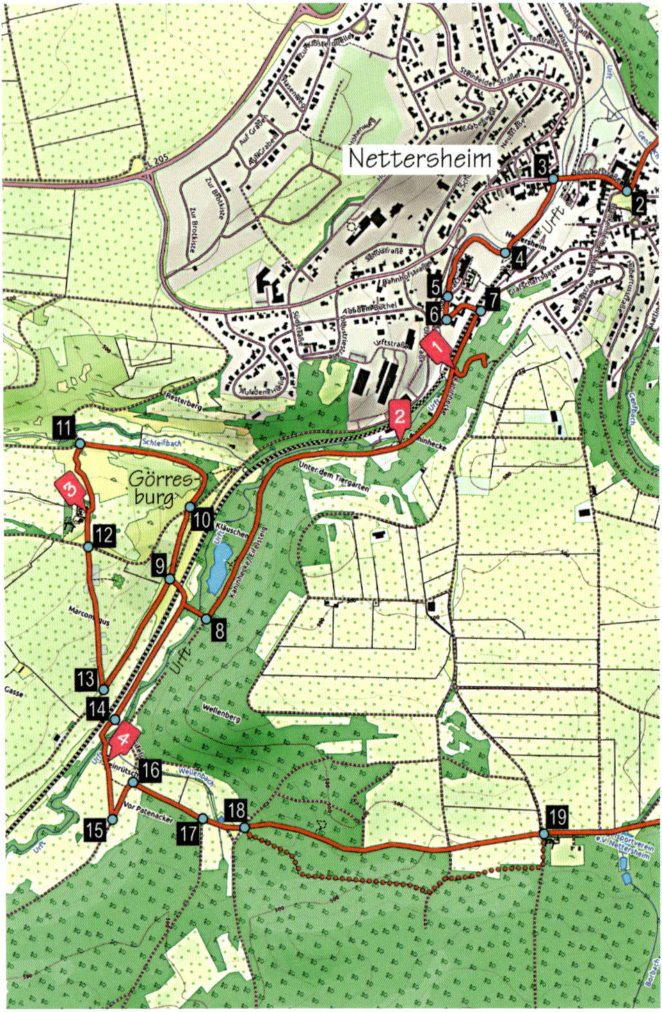
Nettersheim
Görres-
burg
Urft
Schleifbach
Resterberg
Unter dem Tiergarten
Kläuschen
Marcomagus
Wellenberg
Wellenbach
Vor Patenacker
Sportverein
e.V. Nettersheim
Genfbach
Borbach
L 205
Steinfelder Straße
Schloßstraße
Bahnhofstraße
Ab dem Büchel
Urftstraße
Südstraße
Industriestraße
Zur Brotkiste
Auf Graben
Grafschaftsgasse
1
2
3
4
5
6
7
8
9
10
11
12
13
14
15
16
17
18
19

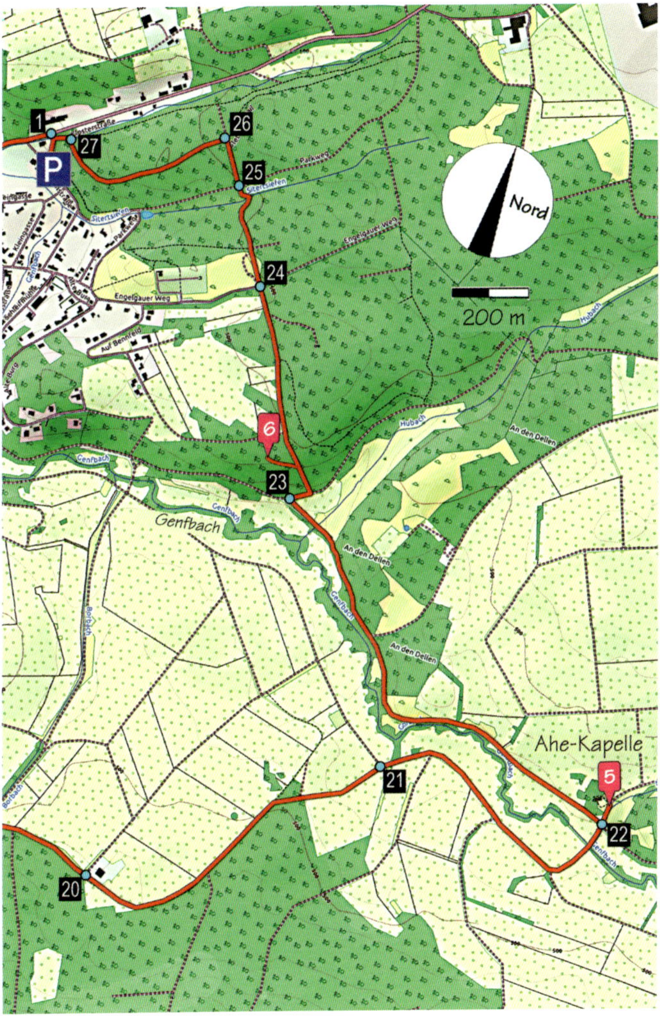
Nord
200 m
Genfbach
Ahe-Kapelle
Parkweg
Sitertsiefen
Engelgauer Weg
Auf Bennfeld
Hubach
An den Dellen
Borbach
P
1
27
26
25
24
6
23
21
5
22
20

Wegweiser

1	Vom Parkplatz nach links auf der Klosterstraße das Tal des Genfbachs queren.
2	Vor der Kirche auf der Bahnhofstraße nach rechts abwärts zum Bahnübergang und zur Urftbrücke gehen; diese queren.
3	Unmittelbar hinter der Urftbrücke nach links einem Fußweg entlang der Urft folgen.
4	Nach einer Fußgängerbrücke über die Urft dem Weg nach rechts weiter bis zur Information des Naturzentrums Eifel folgen.
5	Am Naturzentrum Eifel vorbeigehen und auf einer schmalen Teerstraße weiter geradeaus bis kurz vor eine Straßenbrücke über die Urft gehen.
6	Noch vor der Straßenbrücke scharf links abbiegen und einer kleinen Straße bis zu einem Bahnübergang folgen.
7	Nach Überqueren der Schienen rechts in die Kaninshecke abbiegen und dieser bis zu einer Fußgängerbrücke über die Urft nach dem Römerweiher folgen.
8	Am Ende des Römerweihers nach rechts die Urft queren und nach einer steilen Treppe rechts über die Eisenbahnbrücke gehen.
9	Auf dem geteerten Querweg den nach rechts aufwärts führenden Weg wählen.
10	An der breiten Wegkreuzung geradeaus aufwärts gehen.
11	Am Ende des Teerwegs dem Wegweiser zum Matronenheiligtum nach links steil aufwärts folgen.
12	Den Teerweg queren und einem Wiesenweg geradeaus bis ins Tal folgen.
13	Weil die Bahnlinie nicht überschritten werden darf: scharf links abbiegen und bis zur Eisenbahnbrücke zurückgehen (Wegpunkt 9); die Brücke queren und auf dem geteerten Weg entlang der Bahnlinie wieder zurückgehen.
14	Dem kurzen Wiesenweg geradeaus weiter folgen und dann links über eine Holzbrücke zum römischen Kastell gehen; das Kastell queren.
15	Scharf links abbiegen.
16	Rechts abbiegen.
17	Dem breiten Wirtschaftsweg zuerst geradeaus und dann halb links aufwärts folgen.

Wegweiser

18	Ab hier kann als Alternative zum breiten Wirtschaftsweg ein paralleler Pfad rechts durch den Wald gewählt werden.
19	An einem Picknickplatz auf dem Wirtschaftsweg weiter geradeaus zwischen Wiesenland und Wald in Richtung Ahe-Kapelle gehen.
20	Weiter geradeaus gehen.
21	An der Weggabelung mit Bank auf dem Teerweg nach rechts in Richtung Ahe-Kapelle gehen; alle Abzweigungen nach rechts ignorieren.
22	Nach einem Abstecher zur Ahe-Kapelle auf einem Wirtschaftsweg entlang dem Genfbach zurück in Richtung Nettersheim gehen.
23	Am Beginn eines Teerwegs scharf rechts abbiegen und nach 50 Metern nach links aufwärts einem Schotterweg folgen.
24	Die Teerstraße queren und geradeaus weitergehen; auch nach 150 Metern an der Weggabelung weiter geradeaus gehen.
25	Nach dem Überschreiten eines kleinen Bachs die Schotterstraße queren und weiter geradeaus aufwärts gehen.
26	Auf der Höhe wenige Meter vor einem Forstweg links in einen schmalen Fußpfad abbiegen und diesem bis unmittelbar vor die Klosterstraße folgen.
27	Nach links abbiegen und zum Parkplatz zurückkehren.

1. Kalköfen vor dem Kalksteinbruch „Kaninshecke"

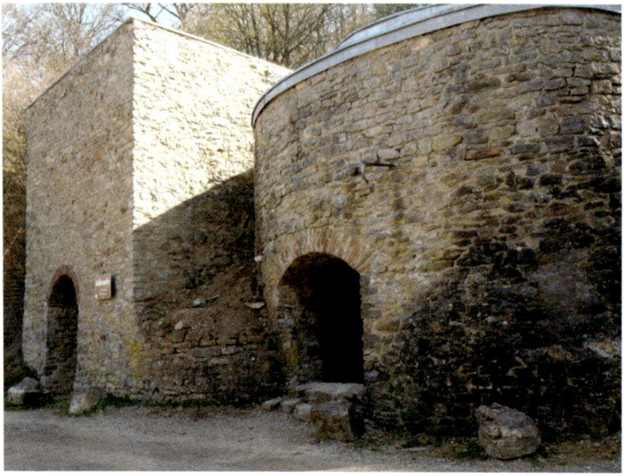

Seit römischer Zeit wurde in der Kalkeifel Kalk gebrannt: als Mörtel, zum Weißen und auch als Düngekalk. Die beiden Trichteröfen an der „Kaninshecke" stammen aus der Mitte und zweiten Hälfte des 19. Jahrhunderts. Der ältere mit rechteckigem Grundriss ist ein einzügiger Ofen.

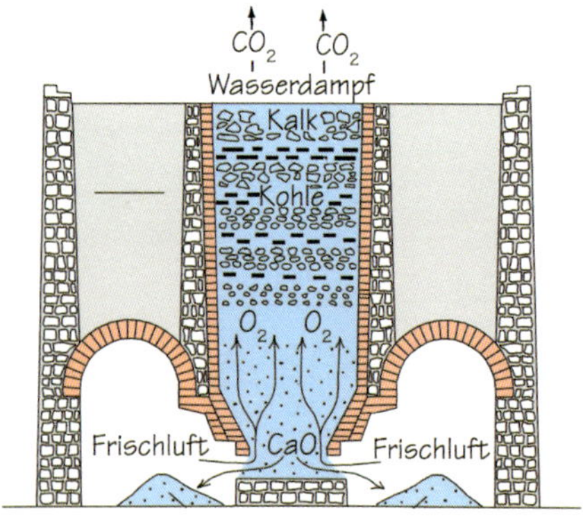

Arbeitsweise eines Trichterofens

Der mit einem ovalen Arbeitsumgang ist vierzügig. Die Kalkproduktion endete hier in den 1930er-Jahren. Oberhalb der Kalköfen führt ein schmaler Pfad durch einen Kalksteinbruch, aus dem ein Teil der zum Brennen bestimmten Kalksteine stammte.

2. Eine moderne Matronenskulptur

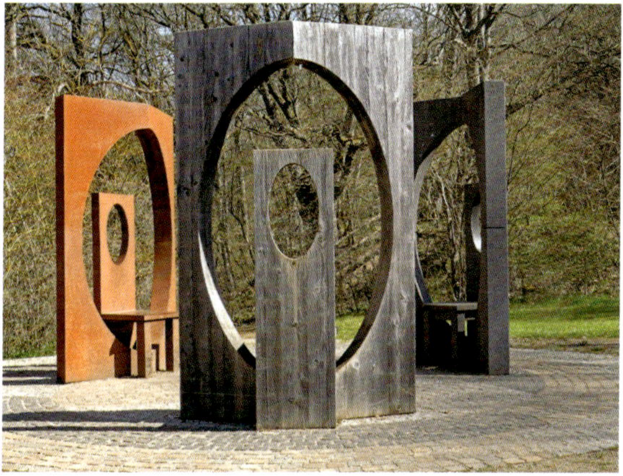

Dieser „Ort der Kommunikation" steht in Bezug zum nahe gelegenen Matronenheiligtum der Görresburg. Dort wurden in römischer Zeit zwischen dem ersten und vierten Jahrhundert nach Christus drei Muttergottheiten („Matronen") verehrt.

Die Künstlerin Birgit Sommer hebt in ihrer heutigen Darstellung dieser Matronen die gewohnte Anordnung bewusst auf. Sie sitzen nicht wie gewöhnlich nebeneinander, sondern sie kommunizieren von „Angesicht zu Angesicht". Außerdem hat die Künstlerin für die gewöhnlich drei verschiedenen Lebensalter der römischen Matronendarstellungen drei verschiedene Materialien für ihre drei Throne gewählt: Metall für die junge Matrone, Holz für die mütterliche Matrone und Stein für die alte und weise Matrone.

Die Bodenplatte der Gruppe zeigt durch die Anordnung ihrer Segmente einen sich immer wiederholenden Kreislauf der Altersstufen.

3. Drei Matronen aus römischer Zeit

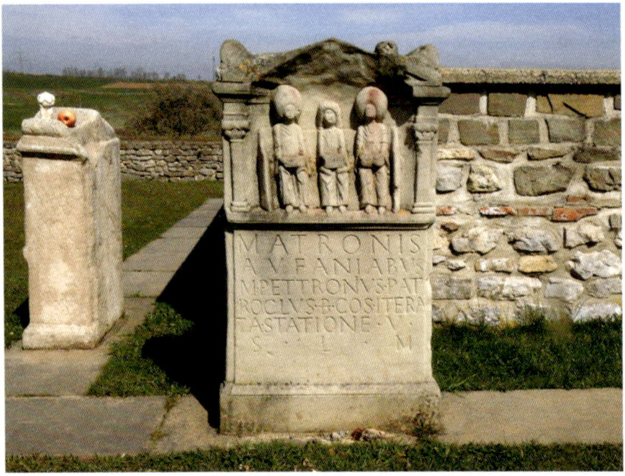

Die „Görresburg" ist ein Bergrücken mit einem teilrekonstruierten gallo-römischen Tempelbezirk. Die Tempelanlagen bestanden aus drei annähernd quadratischen Gebäuden. Hier wurden zwischen dem ersten und vierten Jahrhundert nach Christus drei einheimische (keltische) Muttergottheiten („Matronen") verehrt.

Auf der Görresburg waren das die Aufanischen Matronen. Sie sind auf Weihesteinen abgebildet, deren Kopien rund um den größeren Haupttempel aufgestellt sind. Die linke und die rechte Figur tragen große, runde Hauben. Die in der Mitte trägt die Haare dagegen offen. Die drei Frauen gelten als Jungfrau (Mitte), Mutter und Alte. Solche Weihesteine wurden aufgestellt, wenn sich jemand für einen erfüllten Wunsch bedanken wollte.

Von der Hochfläche der Görresburg führt eine gerade Spur der ehemaligen römischen Fernstraße Via Agrippa von Köln nach Trier in das Urfttal. Sie wird streckenweise von langen, rechteckigen Hausgrundrissen gesäumt. Hier wohnten Handwerker und Händler, die ihre Produkte an Reisende oder auch an die einheimische Bevölkerung verkauften.

4. Meilenstein und Grenzposten aus der Römerzeit

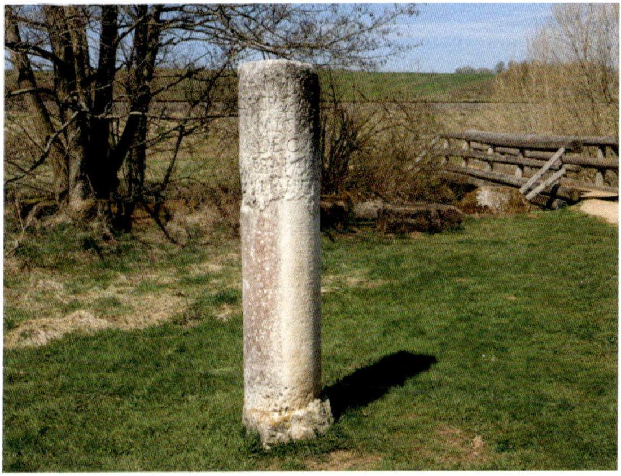

Dieses Stück eines römischen Meilensteins wurde bei Ausgrabungen im Jahr 1965 gefunden und als Abguss wieder aufgestellt. Die fragmentarisch erhaltene Inschrift erlaubt eine Datierung auf 249 bis 251 nach Christi Geburt. Die Übersetzung der Inschrift lautet: „Dem Imperator Kaiser Gaius Quintus Messius Decius Traianus, dem Unbesiegten, Frommen, Glücklichen . . .". Die daneben liegenden, halb bearbeiteten Sandsteinquader und -halbsäulen wurden hier anlässlich des Eisenbahnbaus 1870 und bei Urftregulierungen gefunden und hier abgelegt.

In den Wiesen östlich der Urft wurden seit 2007 die Reste eines römischen Militärpostens ausgegraben, der hier den Übergang der Via Agrippa über die Urft kontrollierte. Die Umgrenzung dieses Kleinkastells ist heute durch ein Mauerrechteck nachgezeichnet, das schief über der Via Agrippa liegt und von den Durchreisenden durch zwei Tore gequert werden musste.

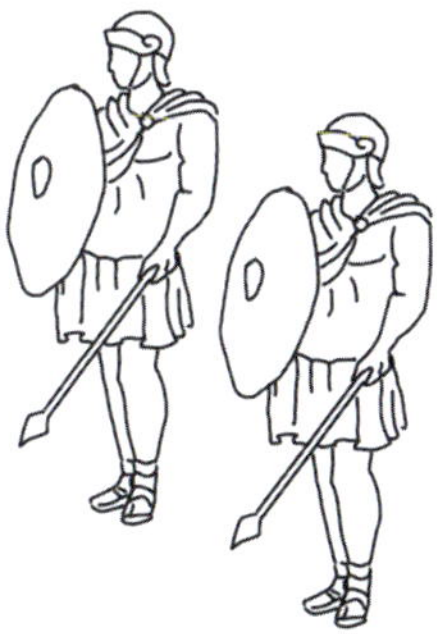

5. Die Ahe-Wallfahrtskapelle

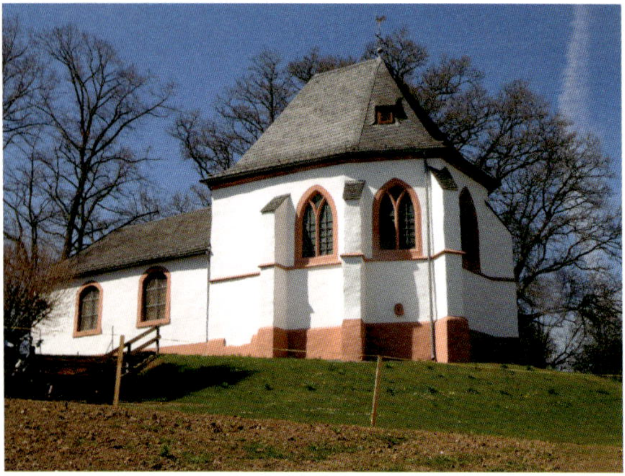

Die Kapelle, im Volksmund Ahe-Kapelle genannt, ist dem heiligen Servatius geweiht. Der heilige Servatius war im vierten Jahrhundert Bischof von Maastricht. Die Bezeichnung Ahe-Kapelle geht auf den Ahebach (heute Genfbach) zurück und auf eine heute nicht mehr vorhandene gleichnamige Hofgruppe in der Nähe. Auch eine Mühle soll dort gestanden haben.

Weil hier im 19. Jahrhundert ein römischer Grabstein und weitere möglicherweise römische Trümmer gefunden wurden, nimmt man an, dass die Kapelle über einem römischen Anwesen errichtet wurde. Das schlicht wirkende Langhaus stammt aus dem 11./12. Jahrhundert, der spätgotische Chor aus der zweiten Hälfte des 15. Jahrhunderts. Bis in das 14. Jahrhundert hinein soll die Ahe-Kapelle dem Templerorden gehört haben.

Sie hat eine lange Tradition als Wallfahrtskapelle. Heute geht der Jakobsweg nach Santiago de Compostela, von Münstereifel kommend, an der Ahe-Kapelle vorbei.

6. Eisenerzgewinnung aus Sandsteinen und Kalksteinen

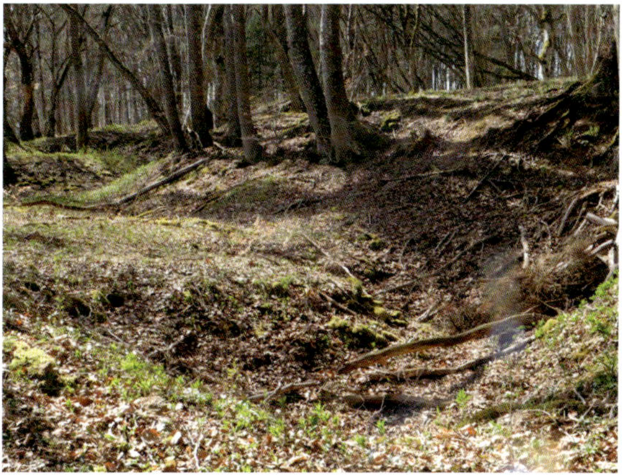

Links im Wald fällt eine Reihe von flachen Gruben und begleitenden Erdwällen auf. Es handelt sich um ein ehemaliges Grubenfeld, in dem nach Eisenerz geschürft wurde. Die hier ausgeworfenen und in einigen Klippen auch noch anstehenden Heisdorf-Schichten der späten Unterdevon-Zeit enthalten neben Feinsandsteinen auch rot verwitternde, eisenhaltige Kalksteine, deren Eisenoxidgehalt bis 25 Prozent betragen kann.

Überall, wo in der Umrandung der Eifelkalkmulden eisenhaltige Kalksteine der Heisdorf-Schichten zutage treten, wurde bis in die Mitte des 19. Jahrhunderts Eisenerzbergbau betrieben. Sie bildeten die Grundlage für eine wichtige frühneuzeitliche Eisenindustrie mit Zentrum in Jünkerath.

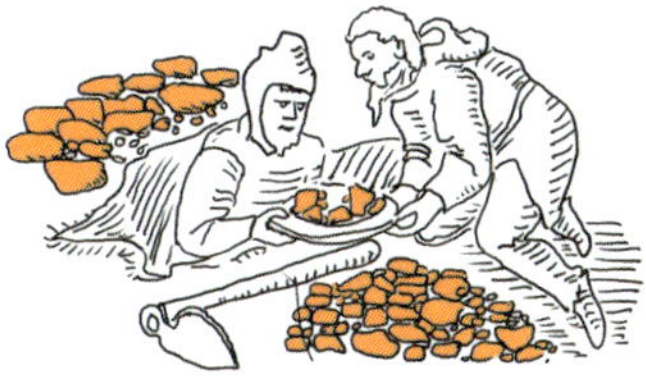

Oberflächennahe Eisenerzgewinnung

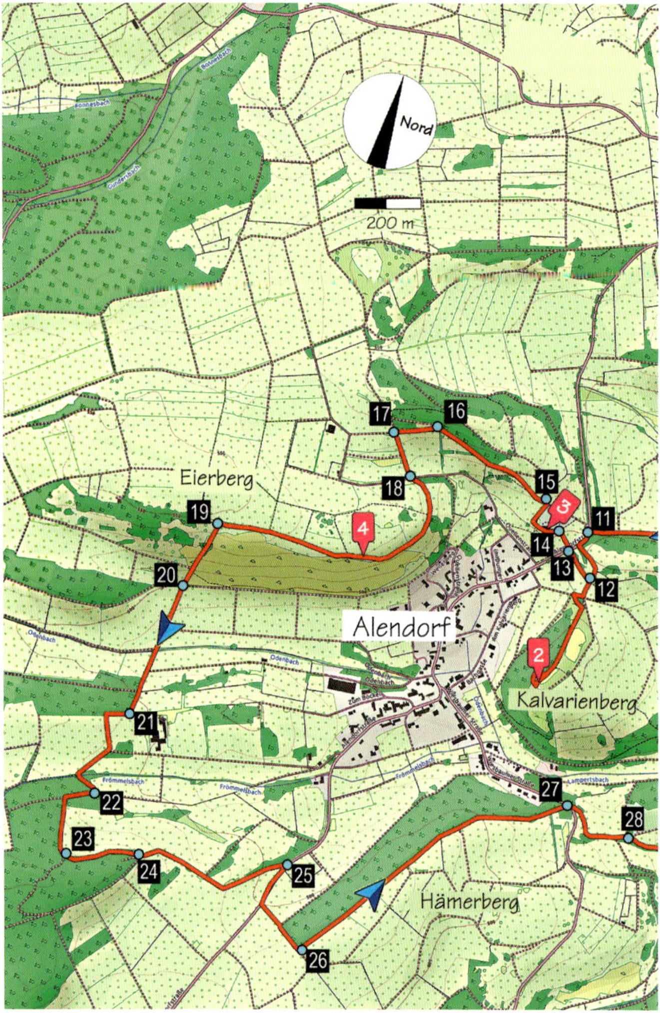
Nord
200 m
Eierberg
Alendorf
Kalvarienberg
Hämerberg
11
12
13
14
15
16
17
18
19
20
21
22
23
24
25
26
27
28
2
3
4

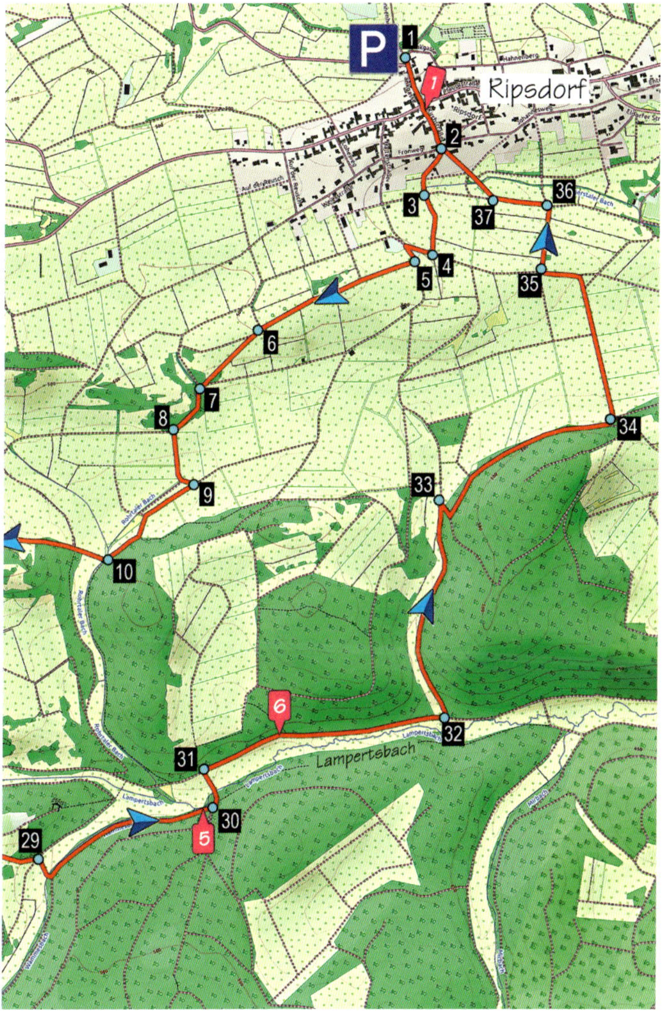
P
1
Ripsdorf
2
3
36
37
4
5
35
6
7
8
34
9
33
10
6
32
31
Lampertsbach
30
29
5

Wegweiser

1	Vom Parkplatz zur Hauptstraße zurückgehen, diese queren und auf der Kirchstraße weiter geradeaus gehen.
2	An der Wegkreuzung halb rechts zu den letzten Häusern hinuntergehen.
3	An der Wegkreuzung geradeaus gehen.
4	Rechts abbiegen und an der nächsten Kreuzung scharf links abbiegen.
5	Nach rechts auf einen Wiesenweg abbiegen.
6	Halb links weitergehen.
7	Sich rechts halten und gleich wieder links weitergehen.
8	Links abbiegen und am Ende einer Wegkurve nach links gehen.
9	Einem Wiesenweg abwärts bis zum Waldrand folgen.
10	Auf einem schmalen Pfad nach rechts die Wiese queren und am gegenüberliegenden Waldrand aufwärts bis zur Autostraße weitergehen.
11	Auf der Autostraße 50 Meter nach links gehen und in den ersten Feldweg nach links einbiegen; in einem Rechtsbogen in Richtung Kalvarienberg gehen.
12	Von hier aus einen Abstecher auf die Höhe des Kalvarienbergs machen; auf dem Rückweg links in Richtung Kapelle abbiegen.
13	Die Straße queren und bis vor die Kapelle hinaufgehen.
14	Durch ein Tor vor der Kapelle gehen und links an der Kapelle vorbei zu einem Mauerdurchgang gehen; dahinter einem schmalen Fußpfad aufwärts folgen.
15	Links abbiegen; an der nächsten Spitzkehre weiter geradeaus gehen.
16	Halb links einem Wiesenweg folgen.
17	Links abbiegen; im Tal die Straße queren und dem Fahrweg aufwärts folgen.
18	Dem Fahrweg im Bogen über den Höhenrücken des Eierbergs folgen.
19	Links abbiegen und auf dem (sehr) steilen Fußweg abwärts gehen.

Wegweiser

20	Weiter geradeaus gehen; verschiedene Querwege kreuzen; auf der gegenüberliegenden Talseite wieder aufwärts gehen.
21	Zuerst rechts, dann links abbiegen; nach 100 Metern rechts in das Tal gehen und den Bach queren.
22	Rechts abbiegen und nach 150 Metern links aufwärts gehen.
23	Links abbiegen und am Waldrand entlanggehen.
24	Von der Waldspitze geradeaus in Richtung Straße gehen.
25	Nach rechts der Straße circa 130 Meter folgen; dann nach links in einen Wiesenweg einbiegen und den Hang hinaufgehen.
26	Oberhalb der Steilkante des Hämerbergs verläuft ein Fußpfad nach links; diesem über die ganze Länge des Bergrückens bis zu einer Straße folgen.
27	Die Straße queren und einem Fahrweg abwärts folgen.
28	Auf dem zweiten, nach rechts abzweigenden Weg (noch vor der Einfahrt zum Jugendzeltplatz) abwärts gehen.
29	Die Talwiese queren und auf der gegenüberliegenden Seite nach links weitergehen.
30	Sich links halten und die Brücke über den Lampertsbach queren.
31	Nach rechts dem Lampertstal flussabwärts folgen.
32	Nach links auf einem Schotterweg zwischen Wiese und Wald aufwärts gehen.
33	Am Ende des Waldrands scharf rechts auf einen Waldweg abbiegen und nach circa 40 Metern scharf links einem anderen Waldweg am Waldrand entlang folgen.
34	An einer Kreuzung mehrerer Wege nach links einem längeren Teerweg bis auf die Höhe folgen.
35	Circa 100 Meter nach einer Linkskurve des Teerwegs auf einen Wiesenweg nach rechts abbiegen.
36	An der ersten Wegkreuzung nach links abbiegen.
37	Dem Weg nach rechts folgen und in das Dorf und zum Parkplatz zurückkehren.

1. St. Johann Baptist in Ripsdorf

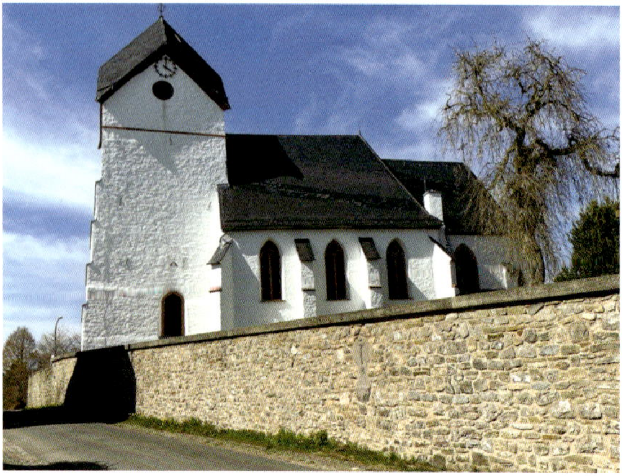

Das Eifeldorf Ripsdorf liegt auf einer Hochebene zwischen den Tälern der oberen Ahr im Nordosten und der Kyll im Südwesten. In seinen Anfängen war das Dorf eine fränkische Siedlung über den Resten eines ehemaligen römischen Gutshofs. Bereits 1121 wurde hier eine Pfarrkirche erwähnt, deren Patronat beim Kloster Steinfeld lag.

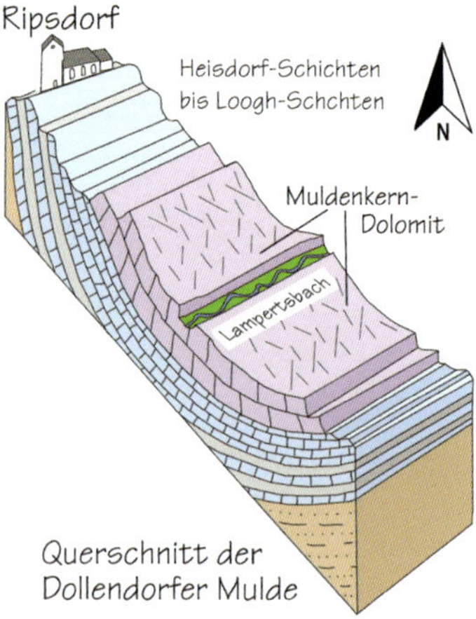

Querschnitt der Dollendorfer Mulde

Die heutige Kirche wurde im 14. oder 15. Jahrhundert errichtet. Der Turm wurde 1894 aufgestockt. Geologisch befindet sich Ripsdorf auf der Nordflanke der Dollendorfer Kalkmulde, einer breiten, wannenförmigen Einmuldung von Muldenkern-Dolomit und darunter weiteren Kalksteinschichten der Mitteldevon-Zeit (392 bis 381 Millionen Jahre vor heute).

2. Der Alendorfer Kalvarienberg

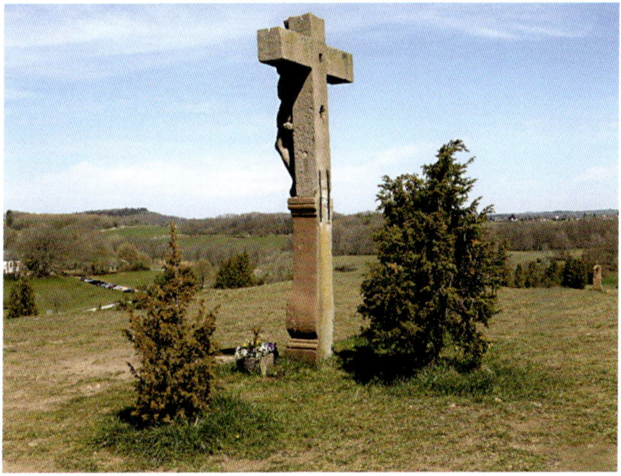

Der Aufstieg zum Alendorfer Kalvarienberg ist als Kreuzweg gestaltet. Dessen Tradition reicht bis in das 17. Jahrhundert zurück. Damals entstanden sieben Kreuzwegstationen und eine Kapelle auf dem Gipfel. Später kamen sieben weitere Stationen dazu. An der Stelle der früheren Kapelle steht heute ein Gipfelkreuz. Wie die Bildstöcke der einzelnen Kreuzwegstationen ist es aus Buntsandstein gemeißelt.

Der Kalvarienberg ist durchgehend mit Wacholderbüschen bestanden. Die Kalkmagerwiesen, über die sich die Wacholderbüsche verteilen, sind das Ergebnis einer bereits vormittelalterlichen Entwaldung und seitdem extensiven Beweidung durch Schafe und Ziegen. Heute finden sich auf den freien Flächen verschiedene, für Mitteleuropa ungewöhnliche, wärmeliebende Pflanzen, unter anderem die Kuhschelle, die Kugelblume, verschiedene Enzianarten und Orchideen.

Der Gipfel des Kalvarienbergs von Alendorf verdankt seine Höhe der Härte und Kompaktheit des Muldenkern-Dolomits (Mitteldevon-Zeit) der sich hier nach Westen heraushebenden Dollendorfer Kalkmulde.

3. Die St. Agatha-Kapelle in Alendorf

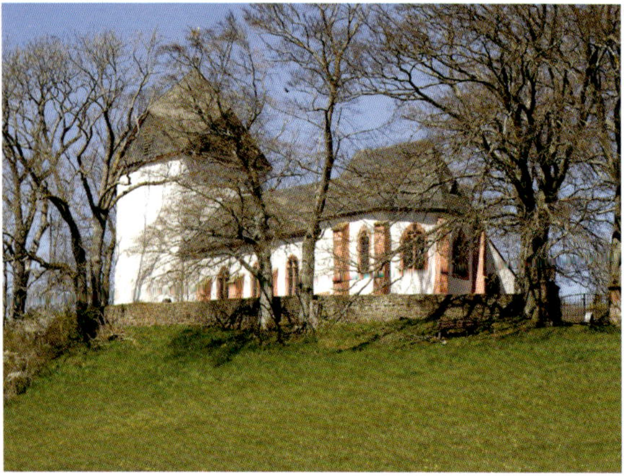

Alendorf ist ein alter Siedlungsplatz. Hier verlief die römische Via Agrippa von Köln nach Trier. In ihrer Nähe wurde eine römische Siedlung ausgegraben. Später siedelten in der geschützten und fruchtbaren Senke fränkische Bauern. Eine erste Urkunde über den Ort stammt von 1271.

Die älteste, 1253 erstmals erwähnte Kirche von Alendorf war der heiligen Agatha gewidmet. Sie lag noch in der Ortsmitte. Als sie im 15. Jahrhundert den Ansprüchen der Gemeinde nicht mehr genügte, wurde 1494 eine neue, ebenfalls der heiligen Agatha gewidmete Kirche auf diesem Hügel außerhalb des Dorfs erbaut und neben der Vorgängerkirche im Ort genutzt.

Erst 1868 wurde die ältere Vorgängerkirche abgerissen und in den 1920er-Jahren durch eine neue Pfarrkirche ersetzt. Seither dient die nun „Alte Kirche" außerhalb des Ortes als Friedhofskapelle.

Dem Friedhof neben der Kapelle ist heute eine Kriegsgräberstätte angegliedert. In ihr sind 146 Kriegstote aus der weiteren Umgebung beigesetzt.

4. Aussichtspunkt Alendorfer Eierberg

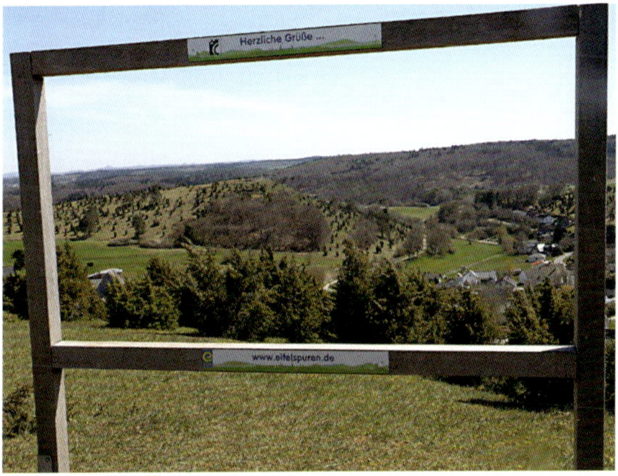

Dieser überdimensionierte Bilderrahmen auf dem Eierberg lenkt den Blick noch einmal zurück auf die Wacholderwiesen des Alendorfer Kalvarienbergs. Zusammen mit dem Lampertsbachtal, dem benachbarten Hämerberg und dem Eierberg bildet dieser das ausgedehnte Naturschutzgebiet „Lampertsbachtal und Alendorfer Kalktriften". Werbetexter der Tourismusbranche haben für diese exotisch anmutende Wacholderlandschaft die Formulierung „Toskana der Eifel" erfunden.

Diese Bilderbuchlandschaft hat historische Wurzeln. Mit dem Verschwinden der natürlichen Buchenwälder seit dem frühen Mittelalter waren in den Kalkgebieten um Alendorf große Flächen Kalkmagerrasen und Wacholderheiden entstanden. Deren Wiederbewaldung wurde durch eine extensive Beweidung mit Schafen und Ziegen verhindert. Nach Einstellung dieser traditionellen Weidenutzung werden heute zur Erhaltung der Wacholderheiden Pflegemaßnahmen durchgeführt. Dazu gehören die Mahd, das Entfernen von unerwünschtem Buschwerk und der Einsatz von Schafherden.

5. Karst im Muldenkern-Dolomit des Lampertsbachtals

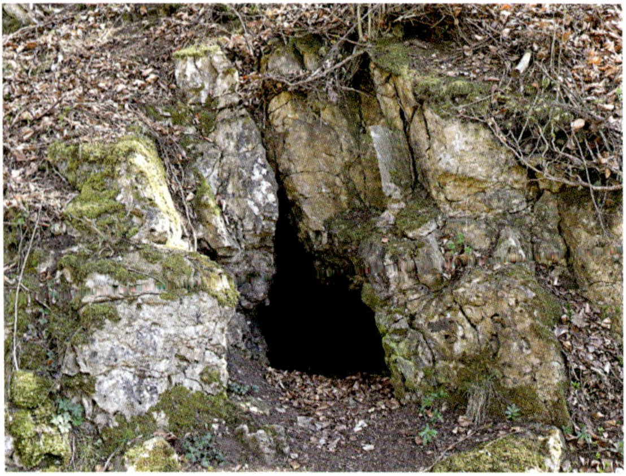

Die jüngste Gesteinsgruppe der Dollendorfer Kalkmulde ist der Muldenkern-Dolomit aus der späten Mitteldevon-Zeit. Dessen gebankte und nicht gebankte („massige") Dolomitsteine bilden ihren Kern. Wegen seiner Härte und Kompaktheit wurde der Muldenkern-Dolomit im Laufe seiner tektonischen Verformung stark zerklüftet. Seine Klüfte wurden im Laufe der Zeit durch zirkulierendes Untergrundwasser zu Spalten und Höhlungen verbreitert. Das gilt besonders im Bereich des Grundwasserspiegels, in dem die Kohlensäure der Luft diese Kalklösung begünstigt. In dem hier abgebildeten Felsanschnitt wurde eine Kluft zu einer kleinen Höhle verbreitert.

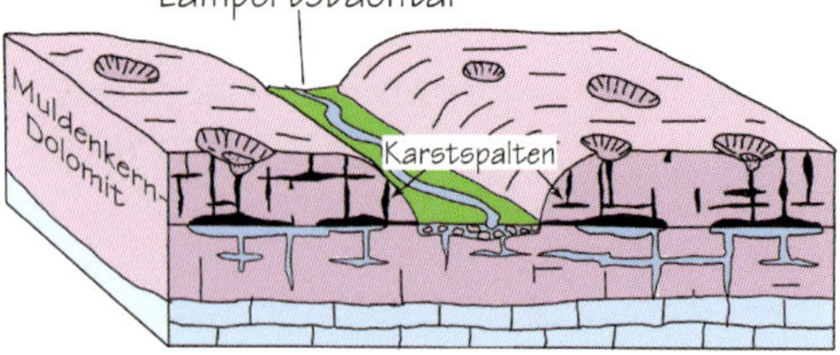

Karst im Lampertsbachtal

6. Naturschutzgebiet Lampertsbachtal

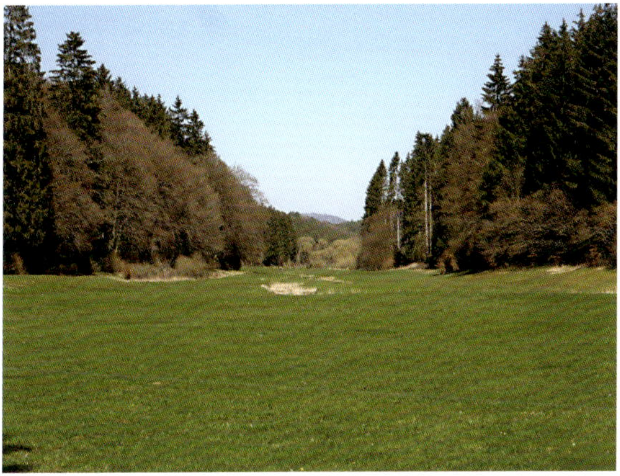

Das Lampertsbachtal folgt dem Muldenkern-Dolomit im Kernbereich der Dollendorfer Kalkmulde. Der Lampertsbach selbst mäandriert hier nicht nur an der Oberfläche. Auch im Untergrund strömt Grundwasser über durch Lösung erweiterte Klüfte in die gleiche Richtung. Das führt zur Bildung von Karsthohlräumen und mit der Zeit auch zum Zusammenbruch und zur Absenkung des ganzen Talbodens auf breiter Fläche.

Der heute 200 bis 300 Meter breite Talboden ist bekannt für seine artenreichen, sommerbunten Wiesen, seine Uferstauden und seine am Rand stehenden Bruch- und Silberweiden. Seine Wiesen werden erst im späten Sommer gemäht. Begleitet wird das Tal auf beiden Seiten von einem für seinen Dolomit-Untergrund typischen hochstämmigen Buchenwald. Nur an wenigen Stellen haben hier noch Reste von monoton wirkenden Fichtenbeständen überlebt.

Wegen seiner zahlreichen, selten gewordenen Pflanzenarten ist das Lampertsbachtal in seiner ganzen Länge Teil des Naturschutzgebiets „Lampertsbachtal und Alendorfer Kalktriften".

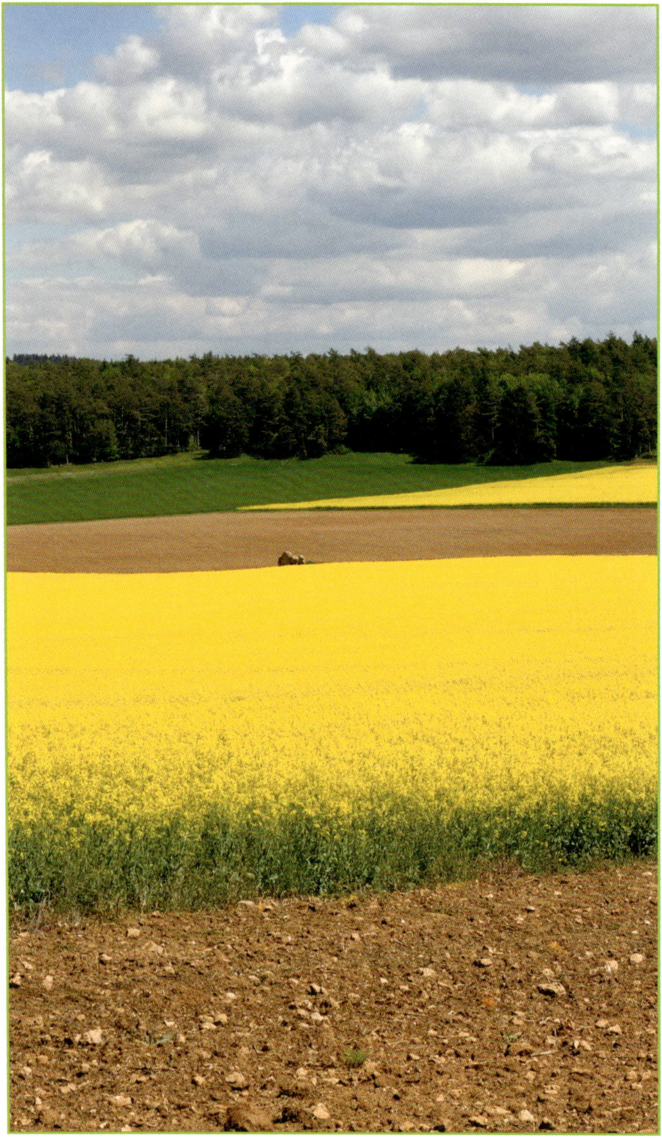

Route 12: Rundwanderung in der Hillesheimer Kalkmulde zum Nohner Wasserfall

Start und Ziel: Parkplatz „Nohner Mühle" an der L 68 von Nohn nach Niederehe

Dauer: 4-5 Stunden

Länge der Wanderung: 12 Kilometer

Höhenunterschiede: 116 Meter

Anfahrt mit öffentlichen Verkehrsmitteln (www.vrt-info.de):
Haltestelle Üxheim-Niederehe, Kirche; von dort circa 370 Meter Fußweg über die Loogher Straße zu Wegpunkt 6/Einstiegspunkt der Wanderung.

Parkmöglichkeit: Parkplatz an der L 68 von Nohn nach Niederehe

Streckenführung:
Die Wanderung führt durch den zentralen Teil der Hillesheimer Kalkmulde. Sie startet am Ahbach an der Nohner Mühle und verläuft zuerst durch Buchenwald und dann Felder und Wiesen in Richtung Niederehe. Von dort geht es weiter in Richtung Kerpen. Ein steiler Aufstieg vor der Ruine der Kerpener Burg führt dann auf die Kalkhochfläche im Kerngebiet der Hillesheimer Mulde. Dort verläuft der Weg wieder durch Buchenwälder und über Felder. Dort sind auch die Kalke des Untergrundes in Klippen und großen Kalksteinbrüchen zu sehen. Einen Höhepunkt der Wanderung stellen am Ende der Nohner Wasserfall und sein Sinterfelsen dar.

GPX-Daten zur Route 12

Bild links: Plateau der Hillesheimer Mulde

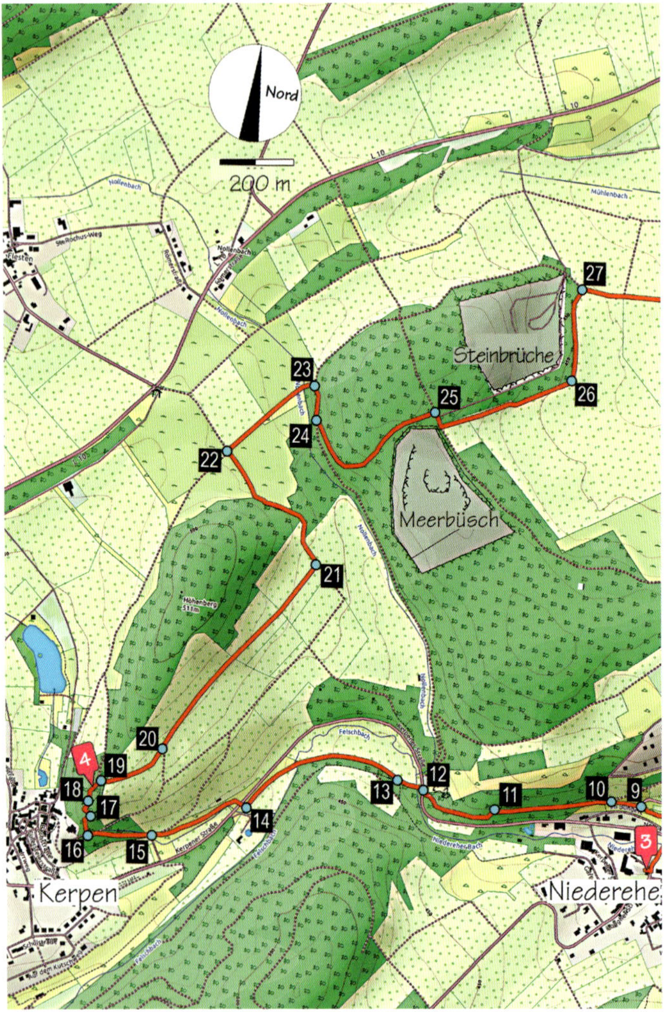
Nord
200 m
Steinbrüche
Meerbüsch
Kerpen
Niederehe
1
2
3
4
5
6
7
8
9
10
11
12
13
14
15
16
17
18
19
20
21
22
23
24
25
26
27

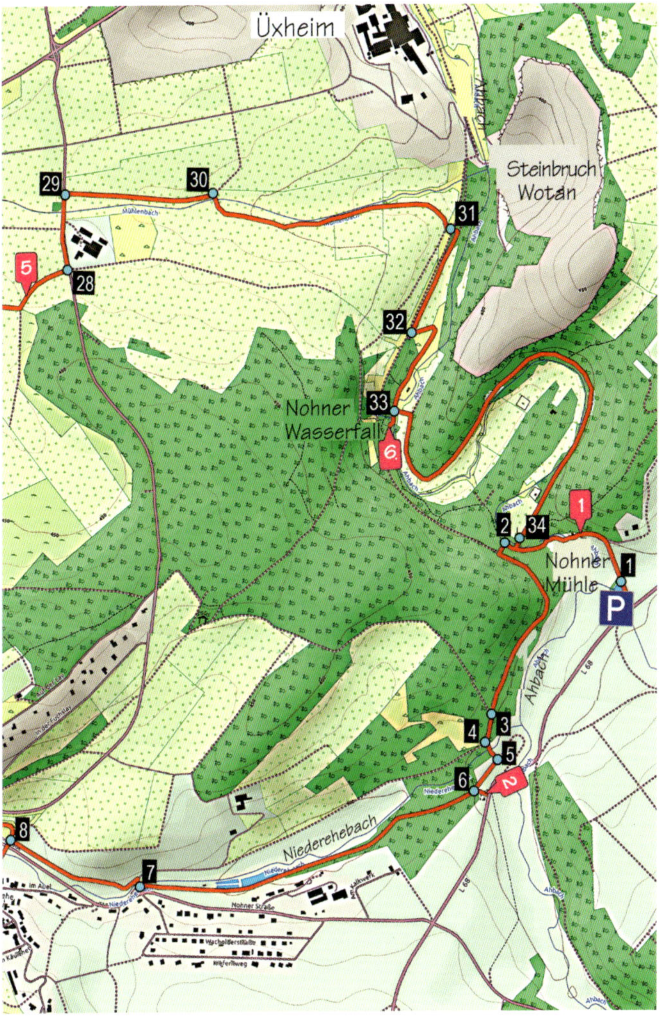
Üxheim
Steinbruch Wotan
Nohner Wasserfall
Nohner Mühle
Niederehebach
Ahbach
Mühlenbach
Nohner Straße
Wacholderstraße
Kiefernweg
L 68
P
1
2
3
4
5
6
7
8
28
29
30
31
32
33
34

Wegweiser

1	Vom Parkplatz aus in das Ahbachtal zur Nohner Mühle und weiter bis zu einer ehemaligen Bahnunterführung auf der linken Wegseite gehen.
2	Links abbiegen, die Unterführung queren und gleich dahinter nach links dem heutigen Rad- und Fußgängerweg folgen.
3	Geradeaus weiter abwärts gehen.
4	Links abbiegen und den Niederehebach queren.
5	Rechts abbiegen und dem Niederehebach aufwärts folgen.
6	Auf einem unscheinbaren Fußpfad nach links einen Abstecher zu einem Kalkofen an der Straße machen und dann dem Niederehebach weiter aufwärts folgen.
7	Auf dem Fahrweg nach links über die Brücke des Niederehebachs gehen und gleich scharf links abbiegen und einem Fußweg auf einem Damm folgen.
8	Auf der Straße einen Abstecher nach links zur Klosterkirche Niederehe machen und auf dem Rückweg auf der Straße bis zu der scharfen Rechtskurve aufwärts gehen.
9	In der Rechtskehre einem Fahrweg geradeaus folgen.
10	Geradeaus weitergehen.
11	Nach links abwärts versetzt dem Fußweg weiter folgen.
12	Die Straße und den Niedereher Bach queren und aufwärts weitergehen.
13	Sich rechts halten und einer ehemaligen Bahntrasse folgen.
14	Die Straße queren und auf einem geteerten Fahrrad- und Gehweg aufwärts gehen.
15	An der Kapelle geradeaus aufwärts bis zur Kerpener Burg gehen.
16	Vor der Burg auf einer Treppe oder daneben einen Weg steil aufwärts gehen und einem schmalen Fußpfad weiter aufwärts folgen.
17	Nach links einem als Eifelpfad ausgeschilderten, schmalen Fußpfad über Treppen aufwärts folgen.
18	Auf der Wiese und dann über den bewaldeten Hügel weiter geradeaus bis zu einem breiten Fahrweg gehen.

Wegweiser

19	Dem Fahrweg nach rechts folgen.
20	Auf dem Wiesenweg geradeaus bis zu dessen Einmündung in einen breiteren Fahrweg gehen.
21	Links abbiegen und bis zur nächsten großen Wegkreuzung gehen.
22	An der Wegkreuzung rechts abbiegen.
23	Wenige Meter nach Queren eines Bachs nach rechts in den Wald gehen.
24	An der Weggabelung sich links aufwärts halten.
25	An der großen Kreuzung rechts gehen und nach wenigen Metern nach links in einen Wiesenweg einbiegen und diesem am Waldrand entlang folgen.
26	Am Ende des Waldes nach links einem Wiesenweg bis zum Ende des Waldrandes folgen.
27	Nach rechts abbiegen und auf dem Wirtschaftsweg bis zur Straße gehen.
28	Auf der Straße circa 200 Meter nach links gehen; nach dem Gehöft rechts abbiegen.
29	Rechts abbiegen und dem Wirtschaftsweg folgen.
30	Dem Weg nach rechts über den Bach folgen.
31	Über eine Brücke eine ehemalige Bahntrasse queren und gleich rechts abbiegen.
32	In der Spitzkehre einen Abstecher geradeaus zur Ruine der Dreimühlenburg machen; auf dem Rückweg dem Weg nach rechts abwärts ins Tal folgen.
33	Von der Ahbachbrücke aus einen Abstecher geradeaus zum Nohner Wasserfall (Dreimühlen-Wasserfall) machen; dann die Brücke queren und dem Fahrweg am Ahbach entlang bis zur nächsten Ahbachbrücke folgen.
34	Die Brücke queren und nach links an der Nohner Mühle vorbei zum Parkplatz zurückkehren.

1. Riffkalksteine an der Nohner Mühle

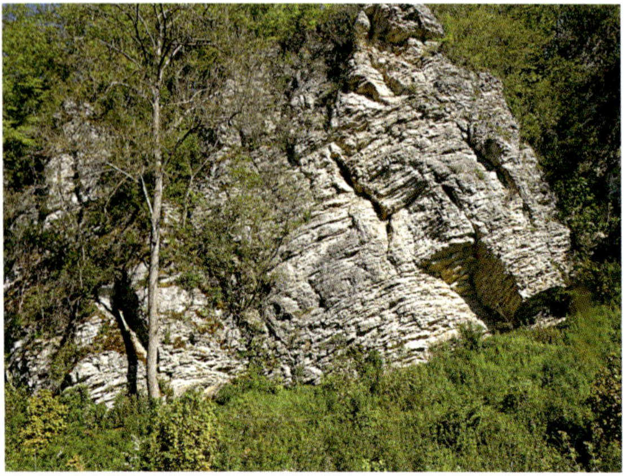

Der Ahbach hat sich tief in die Kalkschichten der östlichen Hillesheimer Mulde eingeschnitten. Die nach Westen geneigten Kalksteinbänke werden nach dem nahe gelegenen Dorf Loogh als Loogh-Schichten bezeichnet. Altersmäßig gehören diese Riffkalksteine der frühen Givet-Stufe der oberen Mitteldevon-Zeit an. Weiter im Norden, in Üxheim, werden sie in großen Steinbrüchen zur Herstellung von Zement, Branntkalk und Splitt abgebaut.

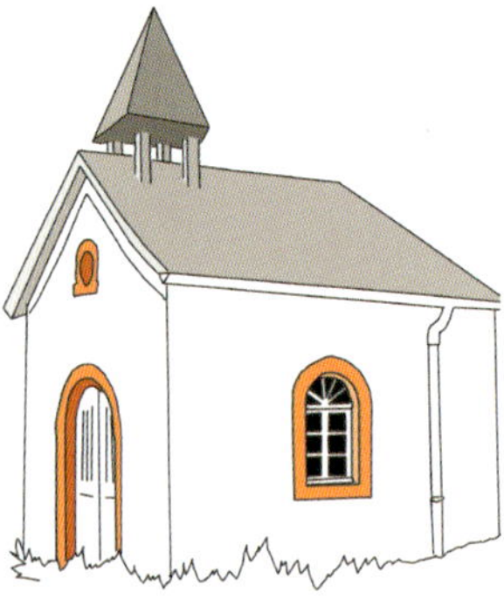

Kapelle an der Nohner Mühle

Eine kleine Kapelle vor der nahe gelegenen Nohner Mühle verdankt ihre Entstehung einem Hochwasser im Jahre 1804, das Scheune und Stallgebäude der Mühle mit sich riss. Um wenigstens ihr Wohngebäude zu retten, gelobten die Mühlenbewohner in ihrer Not, eine kleine Kapelle zur Ehre Gottes zu bauen.

2. Rekonstruktion eines römischen Kalkofens

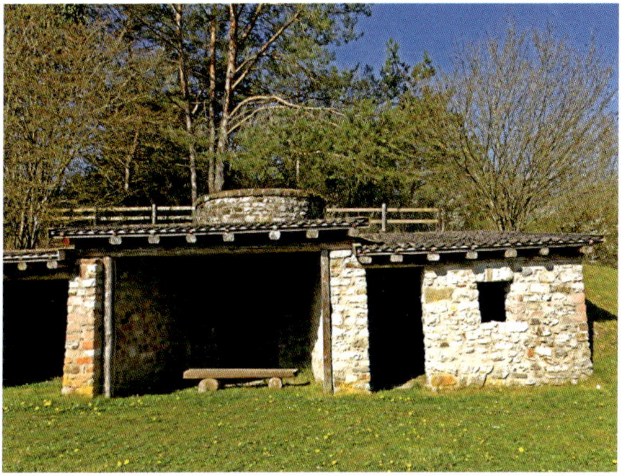

Bei diesem Kalkofen handelt es sich um eine rekonstruierte kleine Kalkbrennerei, wie sie in der Vulkaneifel seit römischer Zeit bis gegen Ende des Zweiten Weltkriegs den örtlichen Bedarf an Bau- und Düngekalk deckte. Es handelt sich um einen Holzbranntofen, der mit Reisigbündeln, sogenannten Schanzen, befeuert wurde. Eine solche Schanzenbefeuerung erreichte meist nur relativ geringe Temperaturen (circa 900 Grad Celsius), sodass in der Regel nur karbonatischer Dolomitstein gebrannt wurde. Dolomitstein setzt schon bei geringeren Ofentemperaturen CO_2 frei.

Solche einfachen Öfen waren in der Regel vier bis sechs Meter hoch. Für eine Ofenfüllung benötigte man circa 450 Zentner kleinstückig gebrochenen Rohstein. Während des Brennvorgangs musste Tag und Nacht Schanze für Schanze Reisig (insgesamt 2.000 bis 3.000 Schanzen) in den Brennraum geschoben werden. Aus den 450 Zentnern Rohstein wurden auf diese Weise 200 bis 250 Zentner Branntkalk gewonnen.

3. Kirche und Kloster in Niederehe

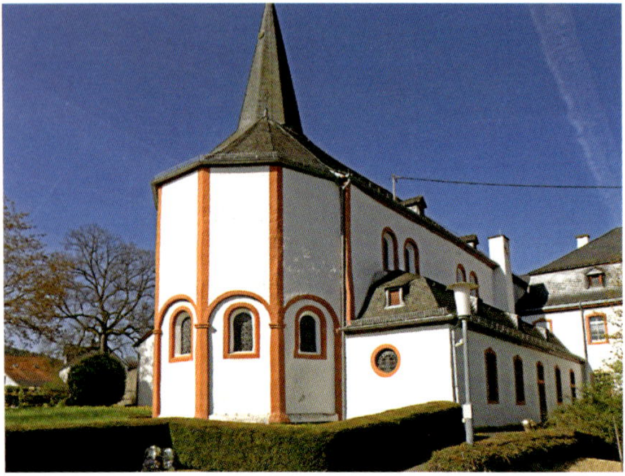

Schon von Weitem ist die Kirche des ehemaligen Augustinerinnenklosters Niederehe zu erkennen. Das Kloster wurde zwischen 1162 und 1175 gegründet. Damals entstand das heute niedrigere Seitenschiff als „Alte Kirche". Diese war dem heiligen Leodegar von Autun geweiht. Das höhere spätromanische Hauptschiff der Kirche entstand als Saalkirche um 1200.

Bis etwa 1500 war das Kloster Niederehe ein Frauenkloster und unterstand dem Kloster Steinfeld. Nach 1500 übernahmen Prämonstratensermönche das Kloster. 1803 wurde es unter Napoleon säkularisiert. Heute ist die Kirche von Niederehe eine Pfarrkirche.

Besonders sehenswert ist die alte Klosterkirche. In ihr befindet sich neben dem Hochgrab Philipps von der Mark und seiner Gattin Katharina ein Chorgestühl von 1530 sowie wertvolle Bildwerke aus dem 17. Jahrhundert.

Herausragendes Kunstobjekt ist eine Barockorgel (Balthasar-König-Orgel) von 1714/15. Sie gilt als die älteste noch bespielbare Orgel des Rheinlands.

4. Die Burg Kerpen

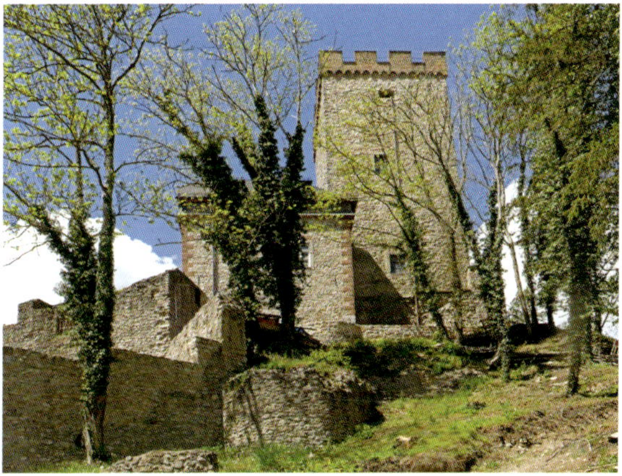

Die Burg Kerpen hat eine bewegte Geschichte hinter sich. Die Anfänge reichen bis in das 12. Jahrhundert zurück. Durch Jahrhunderte war sie Gegenstand von Besitz- und Erbstreitigkeiten. Nach ihrer Zerstörung durch französische Truppen im 17. Jahrhundert dienten ihre Ruinen der einheimischen Bevölkerung als Steinbruch. Seit 1911 gehörte die Burg dem „Eifelmaler" Fritz von Wille (1860-1941), der sie nach seinen Vorstellungen wiederaufbauen ließ.

Fritz von Wille hatte nach dem Ende seines Malerstudiums an der Kunstakademie in Düsseldorf immer wieder die Eifel besucht. Er durchwanderte sie in alle Richtungen und zeichnete und malte ihre Landschaften im Wechsel der Jahreszeiten. Und er hatte Erfolg damit. 1911 ließ sich Fritz von Wille in Kerpen nieder. Dort starb er 1941. Eine Basaltsäule hinter der Burg markiert seine Grabstelle.

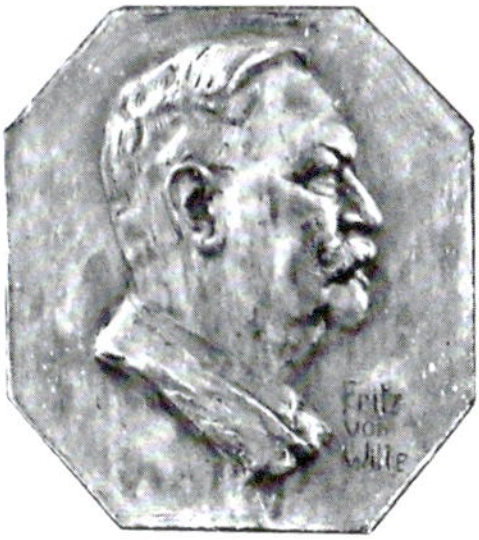

Professor Fritz von Wille
(1880 - 1941)

5. Fossile Korallen im Ackerboden

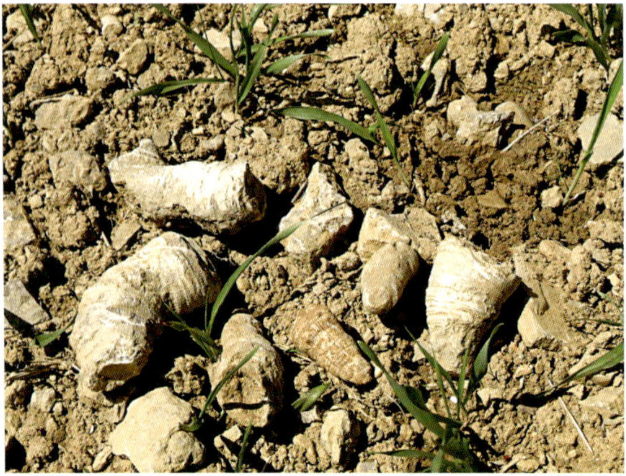

Beim Pflügen der Felder über Kalksteinschichten wird deren oberstes aufgelockertes Gesteinsmaterial mit erfasst und an die Erdoberfläche gebracht. Das gilt auch für seine Fossilien. Hier liegen am Boden verstreut zylindrisch und konisch gestaltete Einzelkorallen aus der Gruppe der Rugosa oder Runzelkorallen. Der Name bezieht sich auf die Runzeln und Wülste an den Außenwänden dieser Korallenformen.

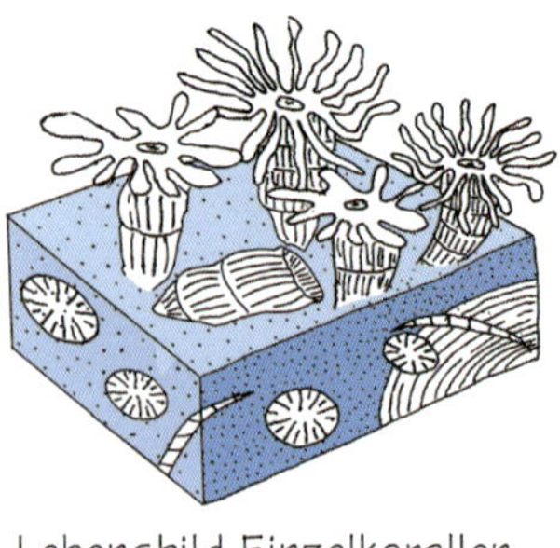

Lebensbild Einzelkorallen der Mitteldevon-Zeit

Diese massiv gebauten, rugosen Korallen lebten auf dem kalkigen Schlammuntergrund vor einem großen Stromatoporen-Korallen-Riff der mittleren Devon-Zeit (Givet-Stufe). In größerer Entfernung vom Riff, das heißt im ruhigeren Wasser, lebten kleinere und grazilere Formen.

6. Kalksinterbildung im Nohner Wasserfall

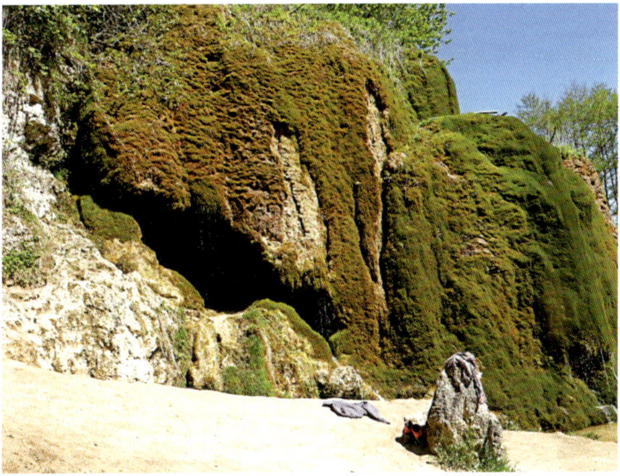

Der Nohner Wasserfall - oft auch als Wasserfall von Dreimühlen bezeichnet - ist eins der spektakulärsten Naturdenkmale der Kalkeifel. Hier stürzt kalkreiches Quellwasser aus fünf Metern Höhe zum Ahbach hinunter und hat mit der Zeit einen 12 Meter langen und zwei bis drei Meter breiten Vorsprung aus Kalksinter abgeschieden. Das Wasser enthält hier wegen eines hohen Kohlensäuregehalts (auch vulkanisches CO_2!) besonders viel gelösten Kalk. Die Kalkabscheidung als Sinterkalk vollzieht sich außer durch Druckentlastung auch durch das Laubmoos *Cratoneuron commutatum*, das flächendeckend auf dem Felsen gedeiht und dem Wasser durch Assimilation CO_2 entzieht.

Hinter dem Nohner Wasserfall verläuft die Trasse der ehemaligen Ahrtalbahn über weitere, ältere Kalksinterhügel. Diese waren schon vor dem Bau der Bahn 1912 vor mehreren im Hang darüber austretenden Quellen entstanden. Beim Bau der Ahrtalbahn hat man diese Quellen zusammengefasst und ihr Wasser durch ein Rohr unter den Bahngleisen als Nohner Wasserfall ins Ahbachtal geleitet. Seither hat sich ein neuer Sinterhügel schon 12 Meter in Richtung Ahbach vorgebaut.

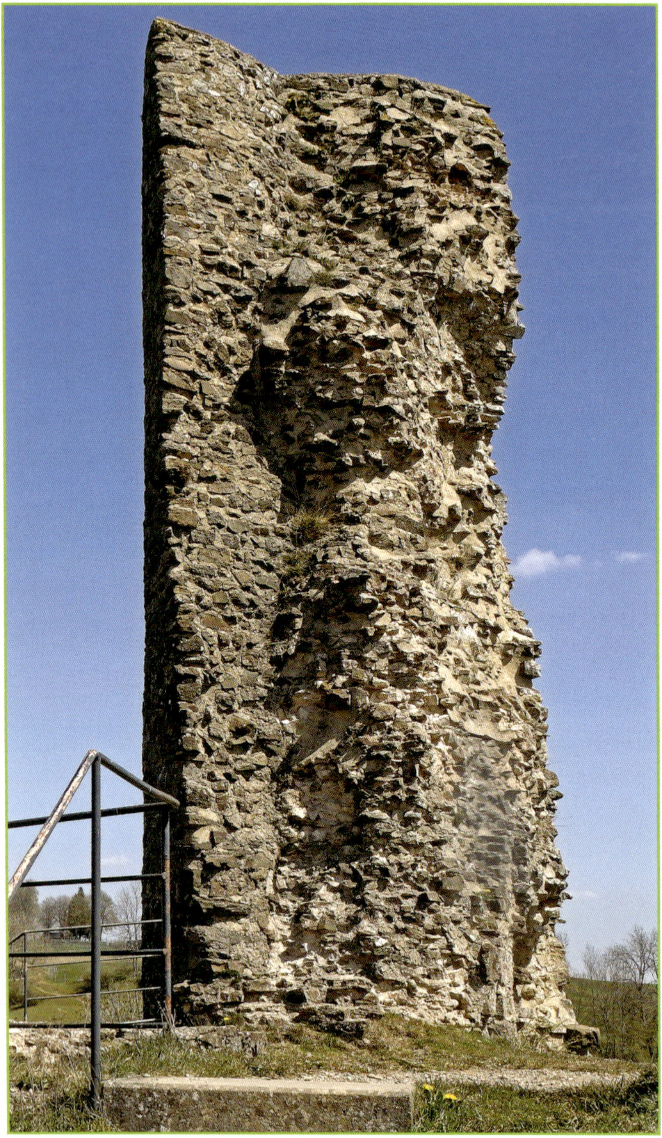

Route 13: Rundwanderung um Kronenburg und den Kronenburger See

Start und Ziel: Parkplatz an der Seeuferstraße in Kronenburghütte

Dauer: 4 Stunden

Länge der Wanderung: circa 12 Kilometer

Höhenunterschiede: 138 Meter

Anfahrt mit öffentlichen Verkehrsmitteln (www.vrt-info.de):
Haltestelle Kronenburghütte, Dahlem (Eifel)

Parkmöglichkeit: Parkplatz an der Seeuferstraße in Kronenburghütte

Streckenführung:
Vom Parkplatz führt der Weg zurück zur neuen Straßenbrücke über die Kyll und von dort durch die Straße In der Hüll zur historischen Kyllbrücke und zur Brigidakapelle. Weiter geht es flussabwärts zwischen der Talaue und ihrem nördlichen Steilhang zur Straße bis zu zwei historischen Kalköfen. Dort quert der Weg die Autostraße B 421 und verläuft in einem großen Bogen durch Wiesen- und Ackerland zurück in Richtung Kronenburg.

Nach einem Rundgang durch die auf einem Felsvorsprung gelegene historische Stadt geht es weiter in Richtung des Kronenburger Sees. Der Stausee ist heute ein beliebtes Freizeitgelände. Vom Ende des Sees führt der Weg weiter in Richtung Hallschlag und von dort über die Höhe zurück zum Parkplatz.

GPX-Daten zur Route 13

Bild links: Ruine Kronenburg

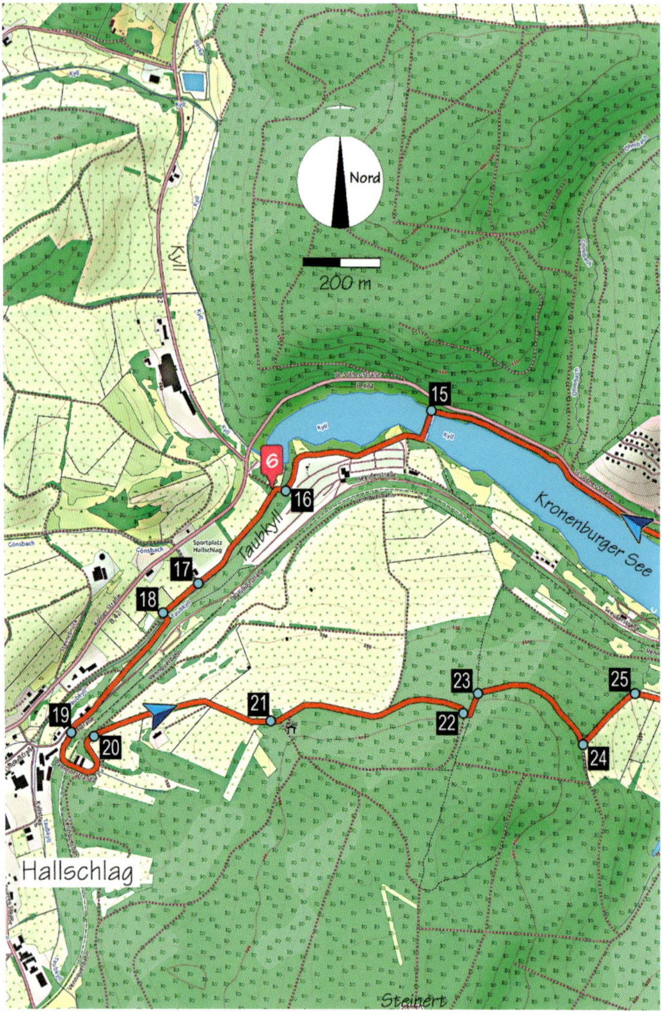
Nord
200 m
Kyll
Kronenburger See
Taubkyll
Hallschlag
Steinert
Sportplatz Hallschlag
Gönsbach
6
15
16
17
18
19
20
21
22
23
24
25

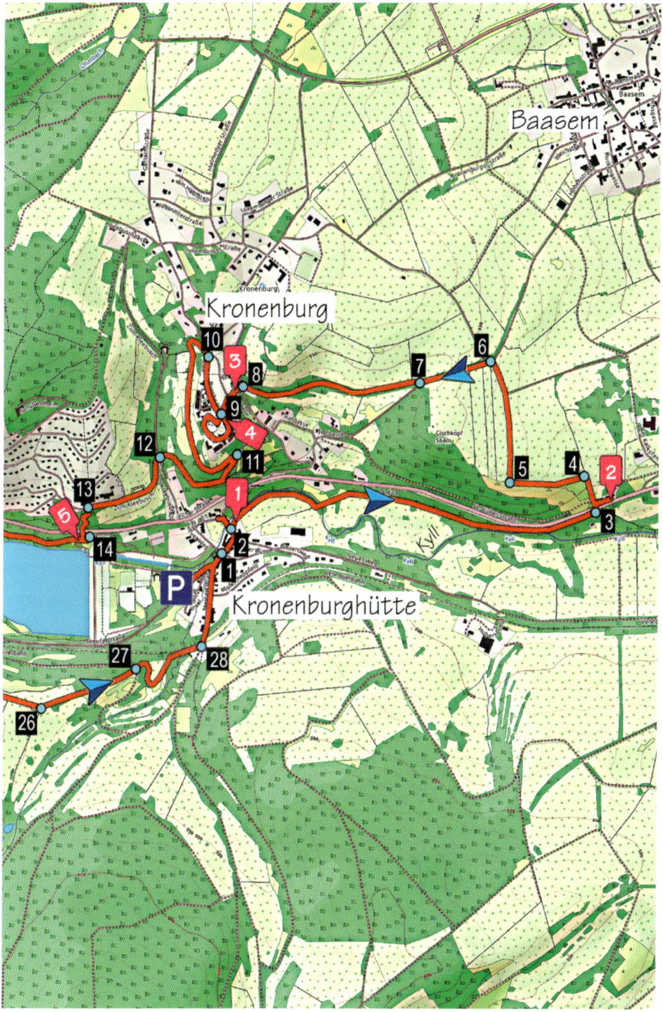
Baasem
Kronenburg
Kronenburghütte
Kyll
P
1
2
3
4
5
6
7
8
9
10
11
12
13
14
26
27
28

Wegweiser

1 Vor der Kyllbrücke durch die Gasse In der Hüll gehen, nach circa 80 Metern nach links zur historischen Kyllbrücke abbiegen.

2 Nach einem Abstecher zur Brigidakapelle von der Kyllbrücke einem Fußweg flussabwärts folgen; dabei unter anderem eine Fußgängerbrücke queren und steile Steintreppen aufwärts gehen.

3 An der Einmündung des Fußwegs in eine breite Hauszufahrt die Straße queren und nach einem Abstecher zum Kalkofen rechts einem Wiesenweg aufwärts folgen.

4 Dem Wiesenweg nach links steil aufwärts weiter folgen und auf der Höhe am Buschrand entlanggehen.

5 Rechts in Richtung eines Jägerstands abbiegen und weiter bis zu einem Teerweg gehen; diesem geradeaus folgen.

6 Links abbiegen und geradeaus weitergehen.

7 An einer Wegkreuzung halb rechts abbiegen und immer in etwa gleicher Höhe bis zur Burgstraße weitergehen.

8 Die Burgstraße queren und auf der Wilhelm-Tell-Gasse aufwärts gehen; in der Spitzkehre der Straße nach links über eine Treppe zur Altstadt aufsteigen.

9 Auf dem Burgbering nach links in Richtung „Schlosshotel Burghaus" gehen und von dort zur Burgruine aufsteigen; über eine winkelige Treppe zum Burgbering zurückkehren und nach links in Richtung Stadttor gehen.

10 Am Ende des Parkplatzes vor dem Stadttor auf einem Fußpfad nach links abwärts gehen; dem Fußpfad durch die Obstbaumwiesen unterhalb der Altstadt folgen.

11 Unterhalb der Gärten des „Schlosshotels Burghaus" in spitzem Winkel nach rechts einem Trampelpfad abwärts folgen; an dessen Ende (Treppe) rechts gehen.

12 Die Straße queren und auf einer Teerstraße in Richtung Kronenburger Eifelpark aufwärts gehen.

13 Nach dem Informationszentrum des Eifelparks nach links auf einer Treppe und einem Fußpfad abwärts gehen und die Autostraße über eine Fußgängerbrücke queren.

14 Nach rechts einem Fußweg entlang dem nördlichen Seeufer bis zum Überlauf des Obersees folgen.

15 Links abbiegen und hinter der Brücke nach rechts abbiegen und am Campingplatz vorbeigehen.

Wegweiser

16	Die Brücke über die Taubkyll queren und gleich nach links am Bach entlanggehen.
17	Auf dem Teerweg weiter geradeaus gehen.
18	Über eine kleine Brücke die Taubkyll queren und weiter oben auf dem Wirtschaftsweg nach rechts gehen.
19	Nach den ersten Häusern nach links unter der Brücke der Vennquerbahn hindurchgehen und auf dem Teerweg im Linksbogen aufwärts gehen.
20	Auf der Höhe rechts einem befestigten Weg aufwärts folgen.
21	Durch das Tor gehen und links vor einer Schutzhütte vorbeigehen; dem Weg vor dem Waldrand und danach durch den Wald geradeaus folgen.
22	In einer Rechtskurve des Forstwegs geradeaus über einen schmalen Fußpfad zu einem anderen Forstweg wechseln; auf diesem circa 70 Meter nach links gehen.
23	Nach rechts einem breiten Forstweg folgen.
24	An der Waldecke nach links abbiegen und dem Weg am Waldrand entlang abwärts folgen.
25	Nach rechts weitergehen.
26	Auf dem Teerweg sich halb links halten.
27	An der Wegkreuzung geradeaus über mehrere Kurven bis zur Steinertstraße hinuntergehen.
28	Auf der Steinertstraße unter der Vennquerbahn hindurchgehen und weiter abwärts bis zum Parkplatz gehen.

1. St. Brigida in Kronenburghütte

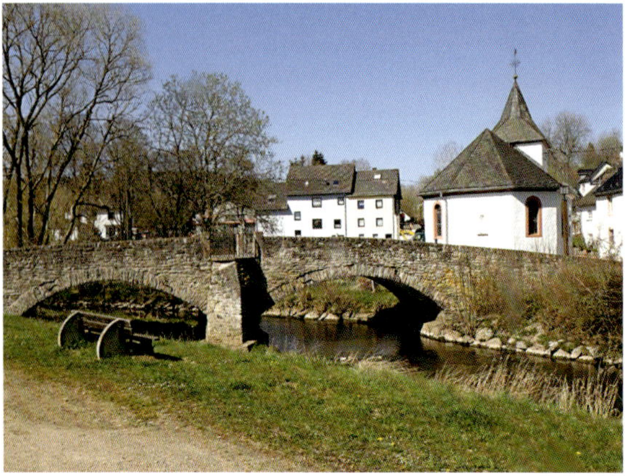

Der Ursprung des Ortsteils Kronenburghütte geht auf eine Eisenhütte zurück, die hier zwischen 1450 und 1859 die Wasserkraft der Kyll für ihr Hammerwerk nutzte. Sie lag wenig oberhalb der historischen Bruchsteinbrücke über die Kyll. Das Eisenerz stammte aus hochprozentig eisenhaltigen Kalksteinen der Heisdorf-Schichten (späte Unterdevon-Zeit) in der Umgebung von Dahlem, Schmidtheim, Lommersdorf und Freilingen.

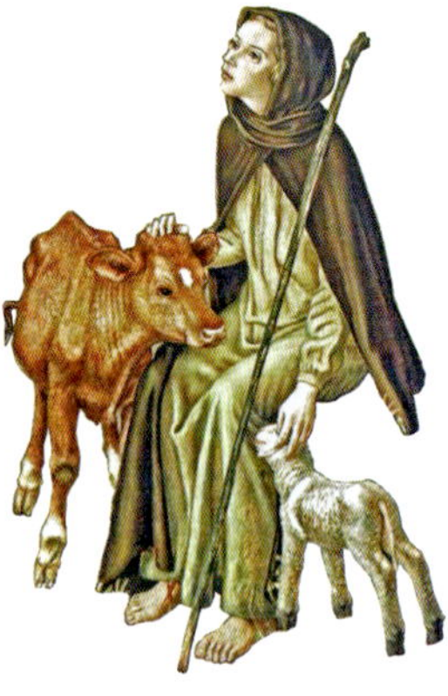

Die „Viehheilige" Brigida

Die noch erhaltene Brigidakapelle wurde um 1734 errichtet. Die heilige Brigida von Kildare war eine irische Heilige. Seit einer verheerenden Viehseuche in der Eifel wird sie in vielen Kapellen als „Viehheilige" verehrt. Sie wird dann immer mit Kuh, Ochse und/oder Lamm gezeigt und hält immer einen Hirtenstab in der Hand, der wie ein Bischofsstab aussieht.

2. Industrielle Kalkerzeugung im Brandenburg

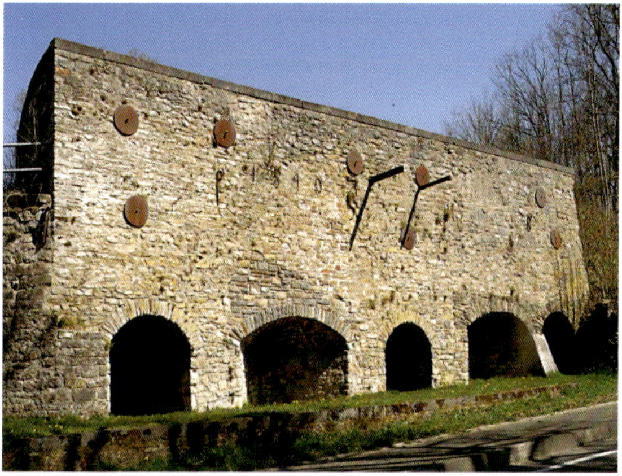

Im Bereich der Eifeler Kalkmulden gab es seit römischer Zeit viele kleinere und größere Kalkbrennereien. Das Kalkgewerbe wurde meist von Bauern für den Eigenbedarf oder für einen Fremdbedarf in den Städten ausgeübt. Erst nach 1850 kam es wegen des höheren Kalkbedarfs, zum Beispiel der Bau- und Stahlindustrie, zu einem Übergang vom Kalkgewerbe zur Kalkindustrie mit verbesserten Technologien und größeren Kalköfen.

Das Kalkwerk Brandenburg entstand im Jahr 1890. Es handelte sich um einen kontinuierlich brennenden Trichterofen mit einen zylindrischen, trichterförmig nach unten zulaufenden Brennschacht. Am Fuß gab es Öffnungen zur Feuerung und zum Abzug des gebrannten Kalks. Seit 1931 wurde das Kalkwerk in eine Doppelofenanlage umgebaut. Bis zu seiner Stilllegung 1979 wurde hier hauptsächlich Düngekalk, aber auch Baukalk und Putzkalk gebrannt.

3. Eine ehemalige Meisterschule für Malerei

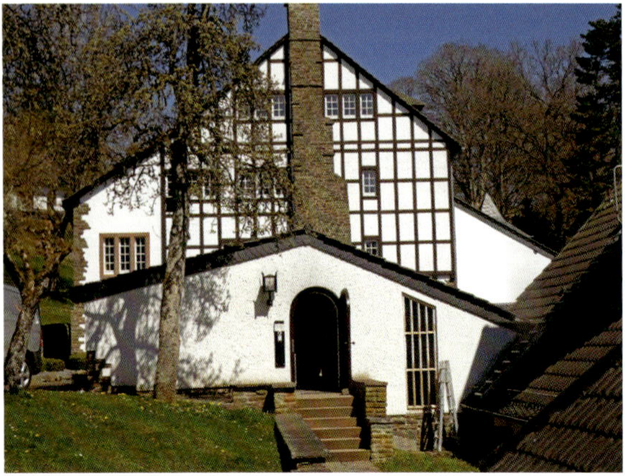

Das heutige Haus für Lehrerfortbildung in Kronenburg hat seinen Ursprung in einer Malerschule des Malers Werner Peiner (1897-1984). Die Gebäude wurden in den Jahren 1937/1938 mit finanzieller Unterstützung des damaligen Reichsministers und Kunstliebhabers Hermann Göring in einer Art „Heimatstil" erbaut.

Als „Hermann-Göring-Meisterschule für Malerei" wurde aus der Malerschule Peiners eine Nebenstelle der Kunstakademie Düsseldorf. Hier sollte Propagandakunst im Sinne des nationalsozialistischen Regimes entstehen. Mit dem Bau der HGM flossen auch erhebliche Mittel zur Modernisierung ihres Umfeldes nach Kronenburg. Damals entstand das bis heute erhaltene, mittelalterlich anmutende Dorfensemble. Heute dienen die Gebäude der ehemaligen Meisterschule als Tagungsstätte des Landes Nordrhein-Westfalen für die Fortbildung von Lehrerinnen und Lehrern.

4. Kronenbergs historische Altstadt

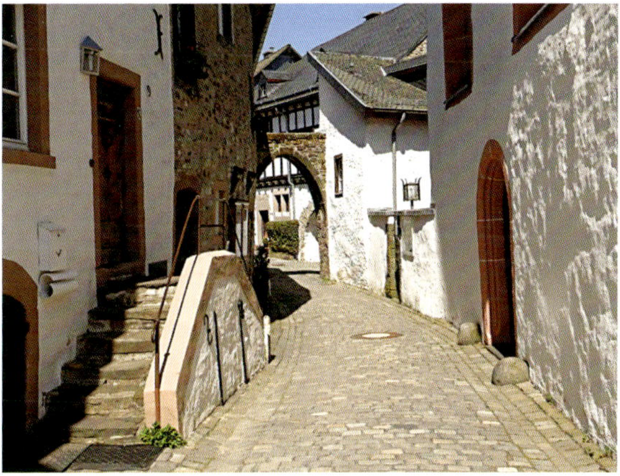

Bei Denkmalschützern gilt der Ortskern von Kronenburg als Burg-Tal-Siedlung: eine Burg mit einem tiefer liegenden mittelalterlichen Burgflecken. Von der ehemals stattlichen Burganlage aus dem 15./16. Jahrhundert besteht nur noch eine Ruine. Die überwiegend im 17. und 18. Jahrhundert entstandenen Häuser des Burgfleckens sind meist mehrteilige Hofanlagen in Fachwerk- und Bruchsteinbauweise. Die wenigen Neubauten haben sich an diese Bauweise angepasst.

Eng in die Stadtmauer eingebunden ist die Kirche St. Johann Baptist. Sie ist eine zweischiffige „Einstützenkirche". Beide Kirchenschiffe haben ein gemeinsam überspannendes Gewölbe, das von einer einzigen Mittelstütze mit strahlenförmig ausgehenden Rippen getragen wird.

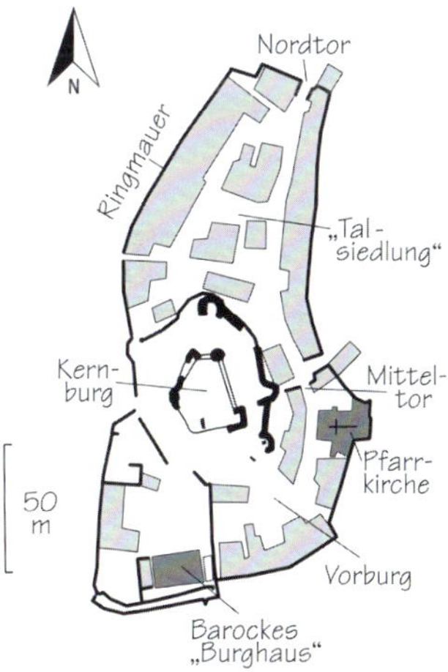

Grundriss Kronenburg

5. Kronenburger Stausee

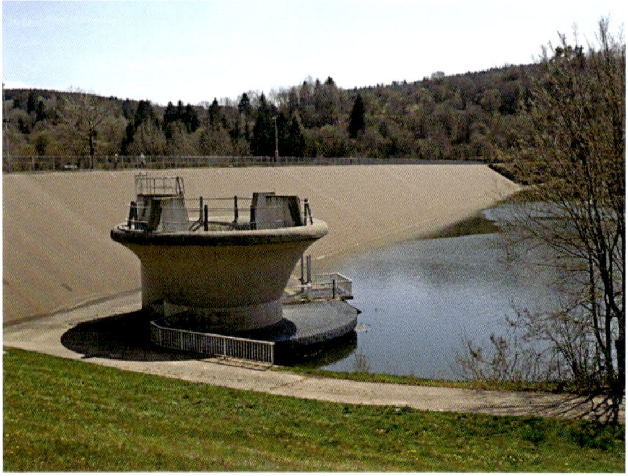

Der 19 Meter hohe und 325 Meter lange Staudamm des Kronenburger Sees wurde in den 1970er-Jahren erbaut. Er ist keine Trinkwassersperre, sondern dient ausschließlich dem Hochwasserschutz. Der Untergrund des Einzugsgebiets der oberen Kyll und der Taubkyll besteht bis hierher fast ausschließlich aus wasserundurchlässigen Tonschiefer-Sandstein-Folgen der Unterdevon-Zeit.

Plötzlich anfallende Regen- oder Schmelzwassermengen können in ihnen kaum versickern. Deshalb treten immer wieder kurzfristige Hochwasserspitzen auf und bedrohen die weiter unterhalb im Kylltal liegenden Ortschaften. Die Höhe des Staudamms ist deshalb deutlich höher bemessen, als für die Anlage eines Trinkwasserreservoirs oder eines Freizeitsees nötig gewesen wäre.

Der Nordhang des Kronenburger Sees entspricht einem ehemaligen Prallhang der Kyll. Das Seeufer steigt hier entsprechend steil an. Im Gegensatz dazu bietet das nur langsam ansteigende Ufer auf der Gegenseite Platz für Liegewiesen, ein Strandbad mit Wasserseilgarten, Kinderspielplätze, einen Kiosk, einen Bootsverleih und eine Surf- und Segelschule.

6. Überreste des Westwalls in Grenznähe

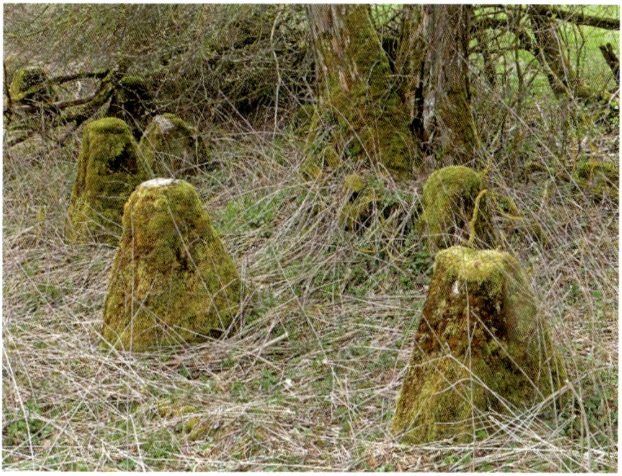

Um das Deutsche Reich gegen den Westen zu sichern, entstand zwischen 1936 und 1940 der „Westwall". Zu seinen sichtbaren Überresten gehören auch in der westlichen Hocheifel heute noch Bunker und Höckerlinien. Letztere sollten mit ihren in Reihen angeordneten Betonhöckern („Drachenzähnen") den Durchbruch von Kampfpanzern verhindern. Der Bau des Westwalls brachte Arbeit, viele fremde Menschen, aber auch einigen Wohlstand in die Eifeldörfer. Die Arbeit am Wall wurde sehr gut bezahlt und die vielen Gastarbeiter mussten essen, schlafen und zur Arbeitsstelle transportiert werden Viele Eifeler verdienten am Bau des Westwalls mehr als mit ihrer Landwirtschaft. Es kam zur Neugründung von Fuhrunternehmen und Handwerksbetrieben. Die Dorfgaststätten profitierten von der Freizeit der Fremdarbeiter, und die Medien der Großstädte entdeckten die Westeifel.

Doch nach der raschen Besetzung Belgiens und Frankreichs durch die deutsche Wehrmacht 1940 verlor der Westwall seine Bedeutung als Verteidigungslinie. Das Inventar der Bunker wurde zum neuen Atlantikwall verlagert. Am 4. März 1945 wurde das zu 80 Prozent zerstörte Dorf Hallschlag von den Amerikanern besetzt.

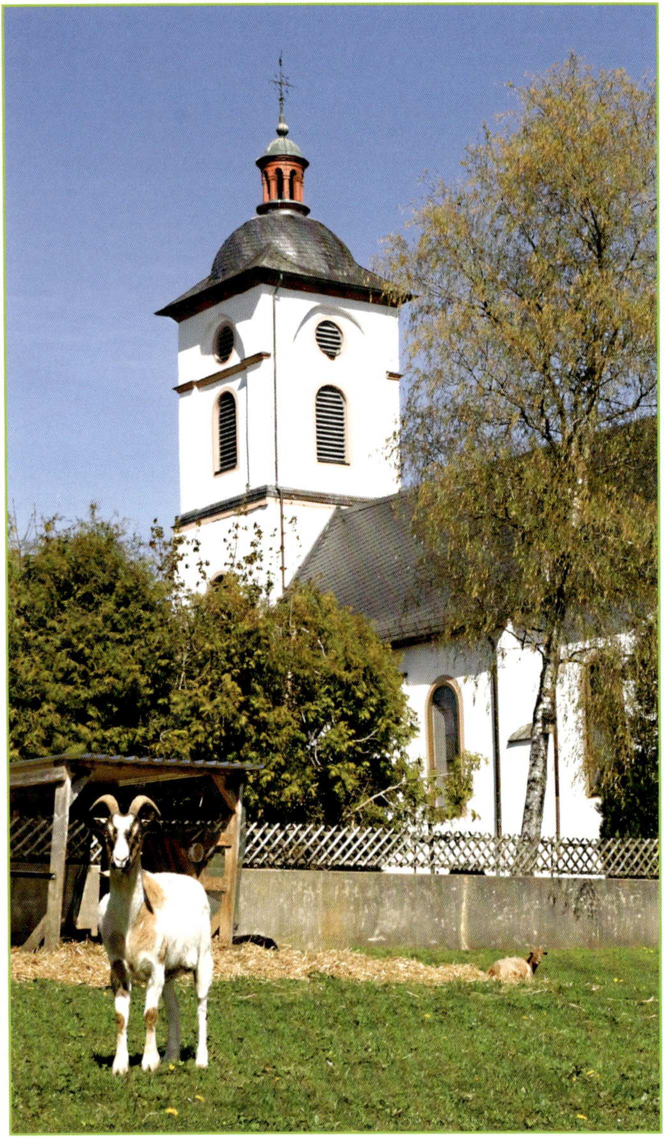

Route 14: Rundwanderung zwischen Steffeln, Duppacher Weiher und Auel

Start und Ziel: Wanderparkplatz „Vulkangarten“ in Steffeln

Dauer: 4 Stunden

Länge der Wanderung: circa 11 Kilometer

Höhenunterschiede: 94 Meter

Anfahrt mit öffentlichen Verkehrsmitteln (www.vrt-info.de):
Haltestelle Steffeln, Pfarrkirche Sankt Michael; von dort circa ein Kilometer Fußweg über die Bachstraße, die Bohnengasse und die Waldstraße zum Wanderparkplatz.

Parkmöglichkeit: Wanderparkplatz „Vulkangarten“ in Steffeln

Streckenführung:
Im „Vulkangarten“ Steffelnkopf sind in einer parkähnlich umgestalteten, ehemaligen Asche- und Lavagrube viele interessante Phänomene eines quartärzeitlichen Vulkanausbruchs zu studieren. Von dort geht es über Felder und Wiesen weiter zur Mineralquelle „Steffelner Drees“ und danach zum sogenannten Eichholzmaar.

Der Weg führt weiter zur Ausgrabungsstelle einer römischen Villenanlage in Duppach-Weihermühle und von dort in einem großen Bogen über das heute trockene Weihermühle-Maar und die Hochfläche nach Auel. Von dort geht es über die Felder um den Küllenberg nach Steffeln zurück und weiter zum Parkplatz.

GPX-Daten zur Route 14

Bild links: Pfarrkirche Auel

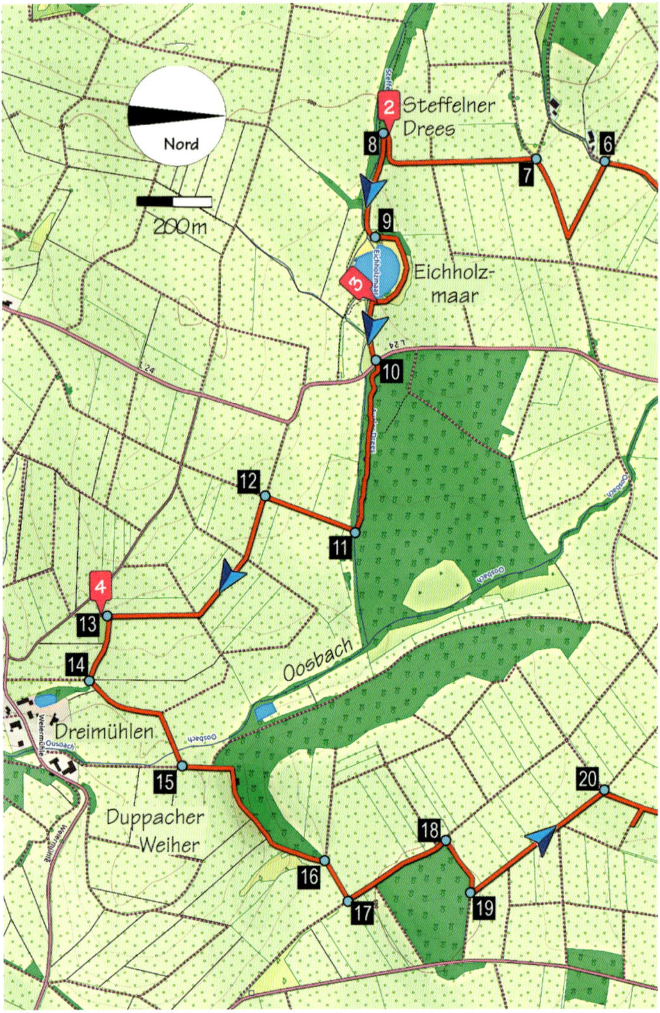

Nord
200m
Steffelner Drees
Eichholz-maar
Oosbach
Dreimühlen
Duppacher Weiher
2
3
4
6
7
8
9
10
11
12
13
14
15
16
17
18
19
20

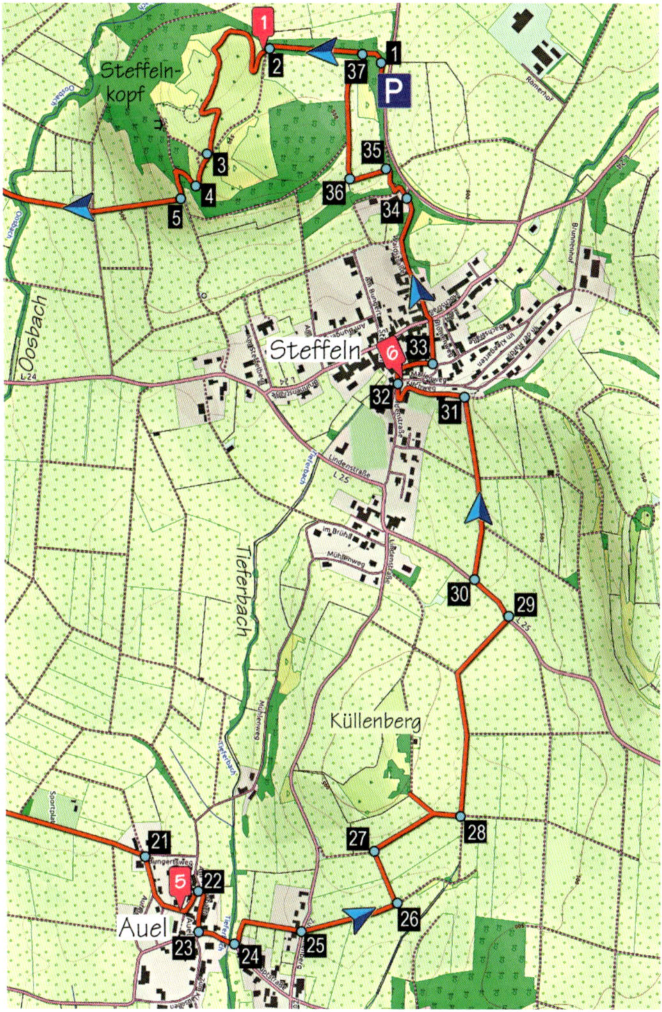
Steffeln-
kopf
Steffeln
Oosbach
Tieferbach
Küllenberg
Auel
L 24
L 25
P
1
2
3
4
5
6
21
22
23
24
25
26
27
28
29
30
31
32
33
34
35
36
37

Wegweiser

1	Am Ende des Parkplatzes einem breiten Aschenweg nach links aufwärts folgen.
2	Durch ein Tor in den Vulkangarten eintreten und dort dem Besucherweg durch die ehemalige Aschengrube folgen.
3	Wieder auf der Hochfläche angekommen, geradeaus über eine freie Fläche gehen und den Vulkangarten durch eine kleine Pforte verlassen.
4	Einem Aschenweg durch zwei Kurven abwärts folgen.
5	Scharf rechts in einen Wiesenweg mit den Hinweisschildern „Eichholzmaar" und „Mineralquelle" abbiegen; einen Teerweg und den Oosbach queren.
6	Vor einer Scheune links auf einen Teerweg abbiegen und nach 200 Metern scharf rechts abbiegen.
7	Nach links in einen Wiesenweg abbiegen und diesem bis zur Steffelner Mineralquelle folgen.
8	Unmittelbar vor der Mineralquelle nach links einem schmalen Fußpfad bis zum Eichholzmaar folgen.
9	Das Eichholzmaar links umrunden und auf der gegenüberliegenden Seite nach links in Richtung Straße verlassen.
10	Die Straße queren und einem schmalen Fußpfad parallel zum Bach durch den Auwald folgen.
11	Von der Brücke aus rechts einem Wiesenweg aufwärts folgen.
12	Auf dem Querweg nach links abbiegen; dem Feldweg geradeaus über eine Wegkreuzung folgen und an der nächsten Weggabelung rechts gehen.
13	Vor der Informationsstelle „Römische Villenanlage" auf einem Wiesenweg nach links abwärts gehen.
14	Auf dem Querweg nach links gehen; nach circa 200 Metern sich rechts halten und den Oosbach queren.
15	Auf dem Wirtschaftsweg nach links gehen; nach circa 100 Metern sich rechts halten und auf einem Wiesenweg am Waldrand entlang aufwärts gehen.
16	Am Ende des Waldes auf einem Wirtschaftsweg sich rechts halten.
17	Auf dem Wirtschaftsweg links abbiegen.
18	Am Ende eines Wäldchens an einer Bank rechts abbiegen.
19	Gleich nach einer Wegkurve links auf einem Wiesenweg abwärts bis zum Teerweg gehen.

Wegweiser

20	Auf dem Teerweg nach rechts gehen und nach einem Abstecher zu einer kleinen Kapelle in Richtung Auel weitergehen.
21	Nach den ersten Häusern in Auel nach rechts in Richtung Kirche gehen und vor der Kirche abwärts zur Dorfstraße gehen.
22	Auf der Dorfstraße rechts abbiegen und bis zur nächsten Straßenkreuzung gehen.
23	An der Kreuzung nach links gehen und die Brücke über den Tieferbach queren.
24	Unmittelbar hinter der Tieferbachbrücke in einen schmalen Wiesenweg nach links abbiegen, diesem circa 70 Meter parallel zum Tieferbach folgen und dann nach rechts aufwärts gehen.
25	Die Straße Zum Killenberg queren und auf einem Wirtschaftsweg geradeaus gehen.
26	An einer Fichte mit Blechschuppen einem Wiesenweg nach links aufwärts folgen.
27	Am Ende des Wiesenwegs rechts gehen und nach einem Abstecher zum Steinbruch am Küllenberg sich rechts halten.
28	An einer Wegkreuzung links abbiegen und dem Weg immer geradeaus folgen; circa 200 Meter vor der Landstraße L 24 sich rechts halten.
29	Auf der Landstraße circa 130 Meter nach links gehen und dann in einen Wiesenweg nach rechts einbiegen.
30	Auf diesem Wiesenweg über eine Kreuzung eines Teerwegs hinweg immer geradeaus gehen.
31	Auf der Teerstraße nach links abwärts zur Kirche gehen; auf der Südseite der Kirche eine breite Treppe hinuntergehen.
32	Am Fuß des Kirchbergs zuerst geradeaus und dann rechts in die Bachstraße gehen.
33	Nach links der Bohnengasse folgen, die Hochstraße queren und dem Wegweiser „Vulkangarten" in die Waldstraße folgen.
34	Unmittelbar vor dem Ende der Waldstraße links abbiegen und einem schmalen Fußpfad steil aufwärts auf ein Wiesengelände folgen.
35	Auf einen Feldweg nach links gehen.
36	Nach rechts abbiegen und dem Feldweg durch Wiesen bis zum Aschenweg folgen.
37	Nach rechts zum Parkplatz zurückkehren.

1. Früher Lavagrube, heute Vulkangarten Steffelnkopf

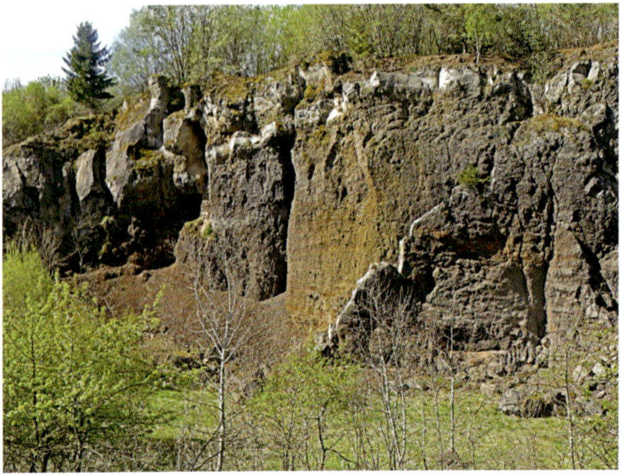

In der ehemaligen „Lavagrube" des Steffelnkopfs ist in einer hohen Wand aus vulkanischer Asche und darüber mehreren Basaltlagen die jüngste Phase der Ausbruchsgeschichte eines Steffelnkopf-Vulkans dokumentiert. Sie reicht mehr als 100.000 Jahre zurück. Am Anfang hatte ein erster Maarausbruch einen Aschering erzeugt. In einer zweiten Ausbruchsphase bildete sich über der Mitte dieses Maars der heute in der Wand angeschnittene Schlackenkegel mit einzelnen, nach Osten abfließenden Lavaströmen.

Ursprünglich wurde in der „Lavagrube" hauptsächlich vulkanische Asche abgebaut. Aus den Basaltlaven und Schweißschlacken der Lavaströme wurden bis ins 18. Jahrhundert hinein Mühlsteine geschlagen. Heute führen Rundwege mit kommentierenden Hinweisschildern durch das Innere des Vulkans.

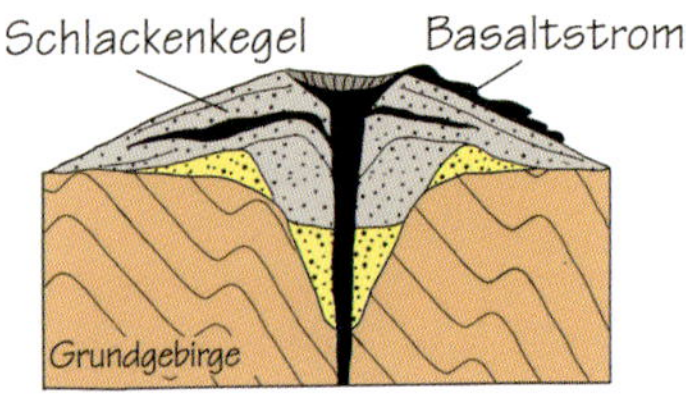

Aschenvulkan mit initialem Maar

2. Mineralwasserquelle Steffelner Drees

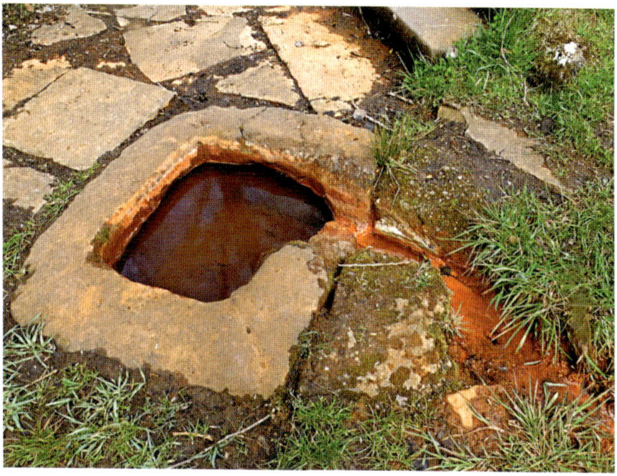

Mineralquellen mit viel gelöstem Kohlendioxid (CO_2) werden im Volksmund der Eifel als „Dreis" oder „Drees" bezeichnet. Das Steffelner Drees im Taleinschnitt des Gussbachs weist neben einem erhöhten Gehalt an Kalzium, Magnesium und CO_2 vor allem auch einen erhöhten Eisengehalt auf. Das mit CO_2 angereicherte Grundwasser hat auf seinem Weg durch unterdevonische Schiefer und Sandsteine dieses Eisen gelöst. Beim Austritt ins Freie schlägt sich das Eisen nach CO_2-Verlust und Sauerstoffzutritt als Roteisen (Hämatit) nieder.

Im weiteren Verlauf der Wanderung kommt man auch am Aueler Drees vorbei. Auch dieser ist eine natürliche Mineralwasserquelle, in der CO_2-haltiges Wasser mit einem hohen Eisen- und Mangangehalt zutage tritt.

3. Das kleine Eichholzmaar

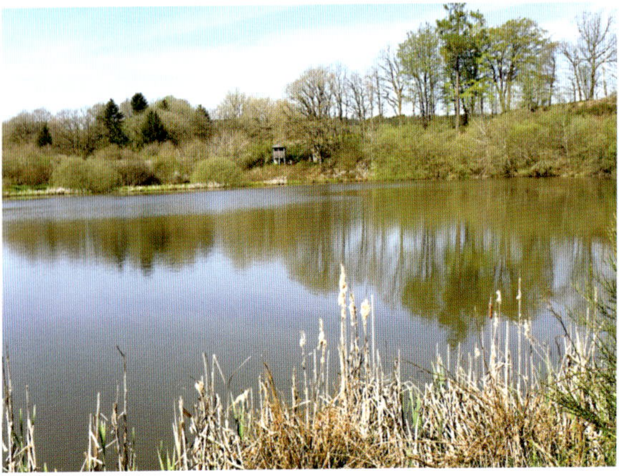

Seit alter Zeit wird in der Eifel eine dauernd feuchte Stelle oder ein kleiner See als Maar bezeichnet. In der westlichen Vulkaneifel wird diese Bezeichnung speziell für vulkanisch erzeugte Trichter oder wannenförmige Senken mit einem flachen Ring aus vulkanischem Lockermaterial verwendet. Das Eichholzmaar ist eine solche heute durch Anstau mit Wasser gefüllte Geländesenke. Sie ist mit 20 Metern Sediment gefüllt.

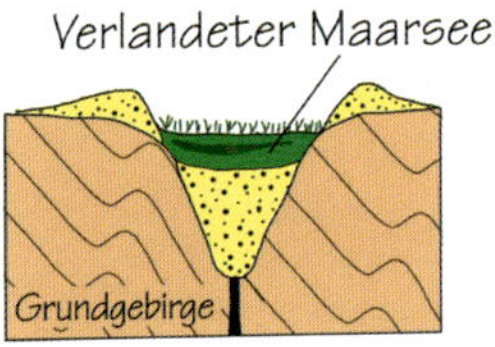

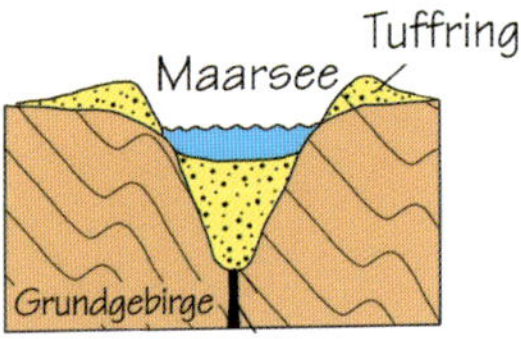

Eine Forschungsbohrung in den Maarsedimenten ergab, dass diese in 12 Metern Tiefe auch Aschenablagerungen des Laacher-See-Ausbruchs vor 12.900 Jahren enthalten. Die Entstehung dieses kleinen Eichholzmaars ist also älter. In der weiteren Umgebung des Eichholzmaars liegen weitere, meist größere, verlandete Trockenmaare, unter anderem das Steffelner Maar, das Laarer Maar, das Aueler Maar und das Duppacher Maar.

4. Römische Ausgrabungen an der Weihermühle

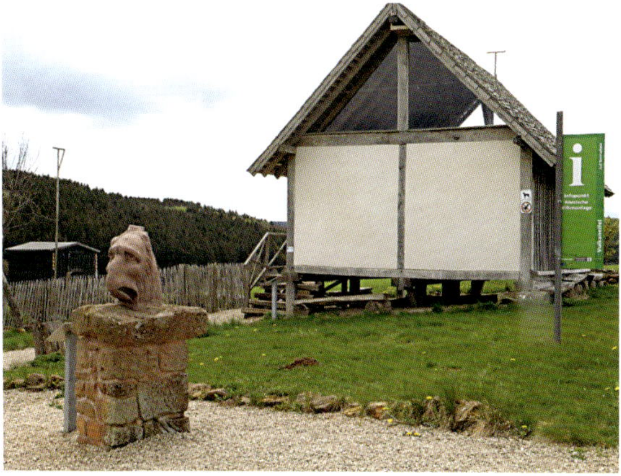

Oberhalb der Weihermühle wurden Wohn- und Stallgebäude eines römischen Gutshofs, eine Eisenschmelze und ein monumentales, römisches Gräberfeld ausgegraben. Die Villenanlage lag nahe an der wichtigen römischen Fernstraße Via Agrippa von Köln nach Trier, die hier auf der Anhöhe verlief. Sie war zwischen dem ersten und dem Beginn des fünften Jahrhunderts nach Christus bewohnt.

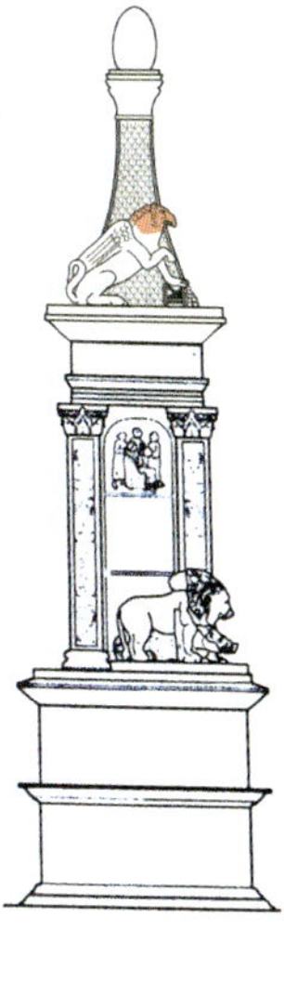

Römisches Grabmal mit dem Greifenkopf

Heute findet man in der Nachbildung eines römischen Speichergebäudes Informationen zur Anlage der Villa und zur Grabungsgeschichte.

Vor dem Speicher ist die riesige Replik eines Greifenkopfs aus Buntsandstein aufgestellt. Zusammen mit einem weiteren Greifen und zwei Löwen war er Teil eines über 10 Meter hohen, prächtigen Grabmals der Besitzerfamilie.

5. Die Kirche St. Maria in Auel

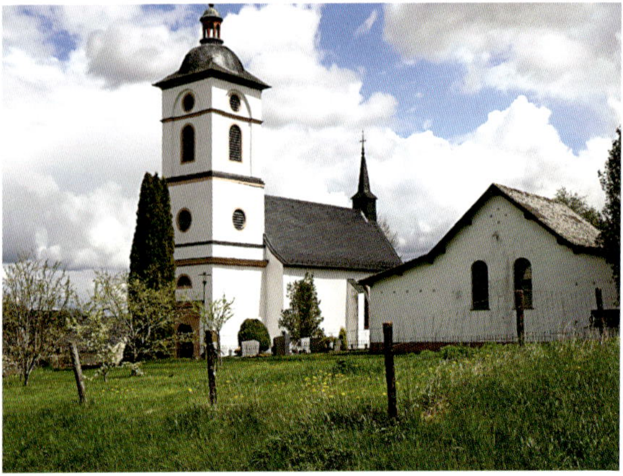

In dem kleinen Dorf Auel kreuzen sich die alte römische Militärstraße von Trier nach Köln und ein wichtiger mittelalterlicher Handelsweg von Malmedy nach Koblenz. Vielleicht war das der Grund, dass Auel sich seit dem späten Mittelalter zu einem bedeutenden Wallfahrtsort entwickelte. Belegt sind Flurprozessionen („Hagelfeiern") aus der Zeit vom 16. bis zum 19. Jahrhundert, die in der Aueler Kirche ihren Abschluss fanden.

Bereits seit dem 15. Jahrhundert besaß Auel eine kleine, im gotischen Stil gebaute Wallfahrtskirche. Im 16. Jahrhundert wurde sie durch den Aueler Pfarrer Michael Baur, einen früheren Oberst, der durch Heirat zu Wohlstand gelangt war, auf mehr als das Doppelte vergrößert. Auch das Original der Statue des heiligen Nepomuk, die bis heute die Brücke über den Tieferbach bewacht, war eine Stiftung von Pfarrer Baur.

Die Kirche St. Maria von Auel gilt heute als Kulturdenkmal.

6. Palagonittuffe am Steffelner Kirchberg

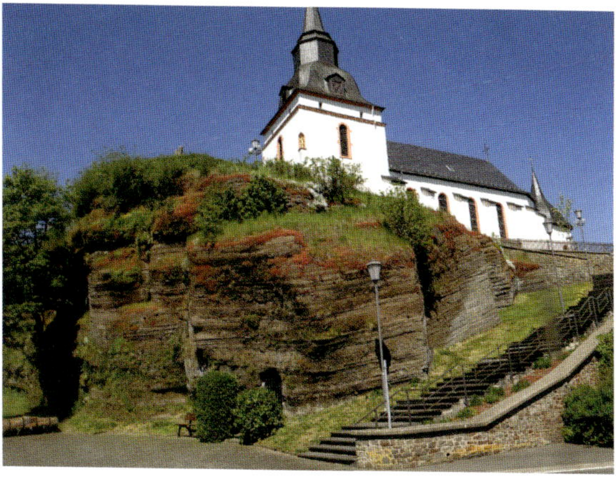

Als Palagonittuff bezeichnet man vulkanische Basaltasche, die nach ihrem Flug durch die Luft in noch heißem Zustand ins Wasser fiel, und deren Partikel sich unter Aufnahme von Wasser in eine helle, glasartige Substanz umwandelten. Die Aschepartikel werden dadurch so fest miteinander verbunden, dass der Tuff als Werkstein aus dem anstehenden Fels herausgesägt werden kann.

Die Matthiaskirche von Steffeln steht auf dem Rücken eines mächtigen Palagonittuffs. Dessen Schichtung ist nach Westen geneigt. Das Material seiner Asche stammt deshalb wohl aus östlicher Richtung. Die entsprechende Ausbruchstelle wird östlich von Steffeln in einem heute feuchten Wiesengelände vermutet.

Seit römischer Zeit bis zum Ende des 18. Jahrhunderts wurden die Palagonittuffe am Kirchberg von Steffeln als Werksteine abgebaut. Im Mittelalter wurden sie hier und im benachbarten Küllenberg auch als „Backofensteine", also für den Bau von Backöfen geeignete Werksteine, gebrochen. Selbst Bildhauerarbeiten aus dem 16. bis 18. Jahrhundert bestehen aus diesem grobkörnigen Gestein.

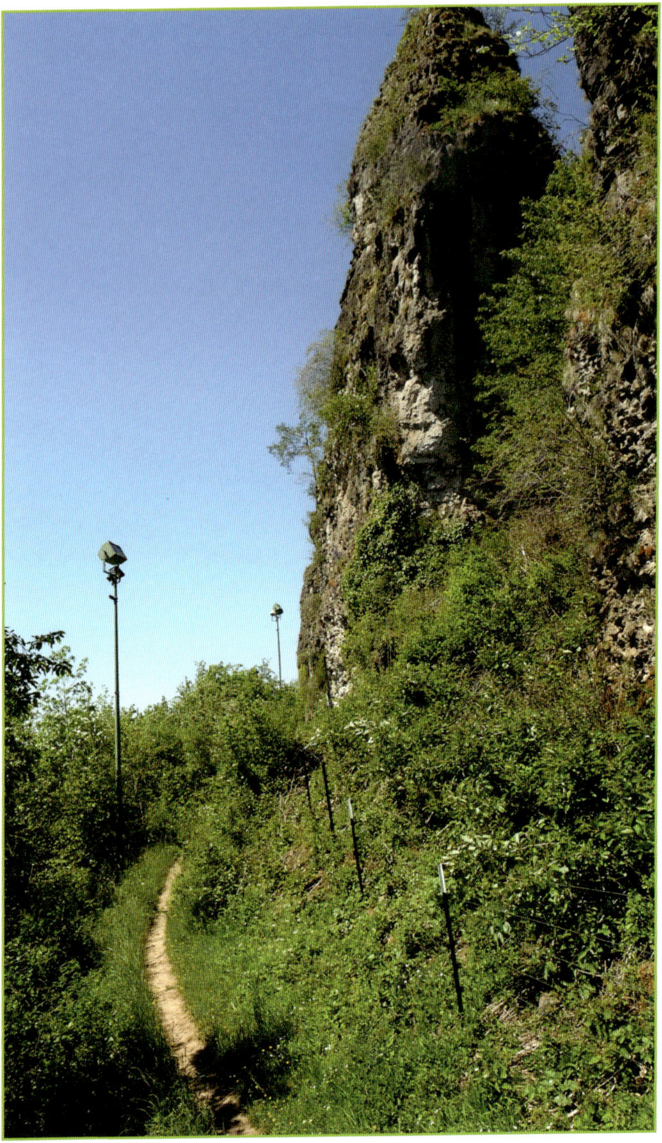

Route 15: Rundwanderung in den „Gerolsteiner Dolomiten"

Start und Ziel: Parkplatz des Adler- und Wolfsparks Kasselburg, Gerolsteiner Straße 45, 54570 Pelm

Dauer: 3 Stunden

Länge der Wanderung: circa acht Kilometer

Höhenunterschiede: 117 Meter

Anfahrt mit öffentlichen Verkehrsmitteln (www.vrt-info.de): Haltestelle Gerolstein, Lindenstraße; von dort circa 500 Meter Fußweg zur Munterley (Einstieg in die Wanderung bei Wegpunkt 17).

Parkmöglichkeit: Parkplatz des Adler- und Wolfsparks Kasselburg, Gerolsteiner Straße 45, 54570 Pelm

Streckenführung:
Der Weg führt über den nahe gelegenen Vulkanberg Kasselburger Hahn an den Rand des breiten Gerolsteiner Maars. Dann geht es aufwärts auf die Hochfläche der „Gerolsteiner Dolomiten" zur sogenannten Papenkaule. Von dort führt der Weg zu steilen Dolomit-Felswänden mit der Buchenlochhöhle und weiter zur Munterley, einem Aussichtsfelsen hoch über Gerolstein.

Dann geht es am Fuß der Munterley-Felswand nach Osten. Dort sind die keltisch-römische Kultstätte „Juddekirchhof" und der Vulkan Kreuzkaul weitere Stationen vor der Rückkehr zum Parkplatz.

GPX-Daten zur Route 15

Bild links: Dolomitklippen der Munterley

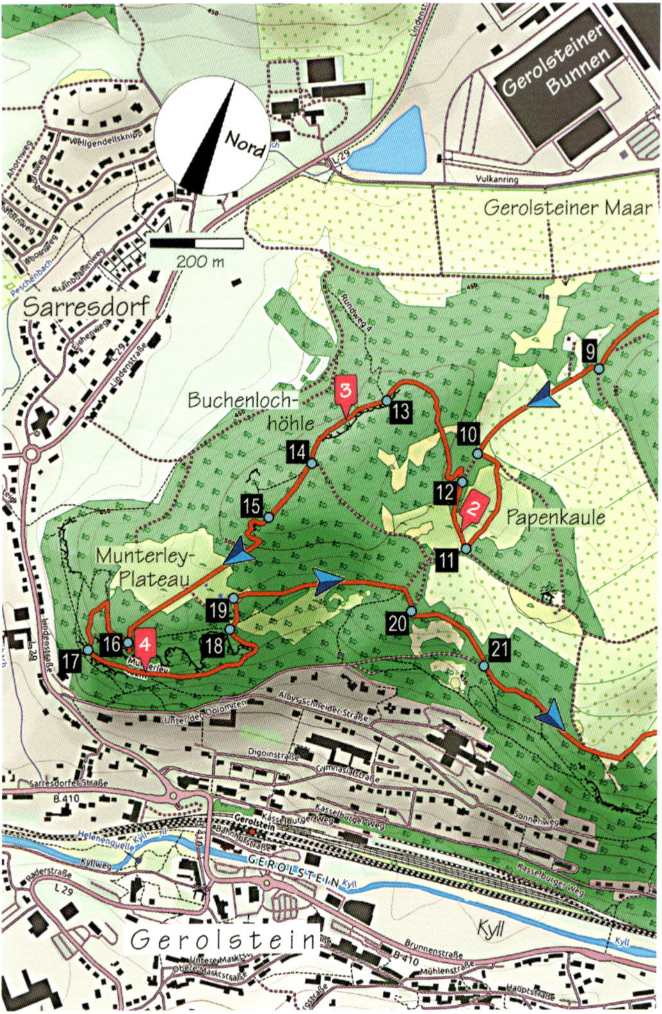
Gerolsteiner Bunnen
Nord
200 m
Vulkanring
Gerolsteiner Maar
Sarresdorf
Buchenloch-
höhle
Papenkaule
Munterley-
Plateau
9
10
11
12
13
14
15
16
17
18
19
20
21
2
3
4
Gerolstein
Kyll

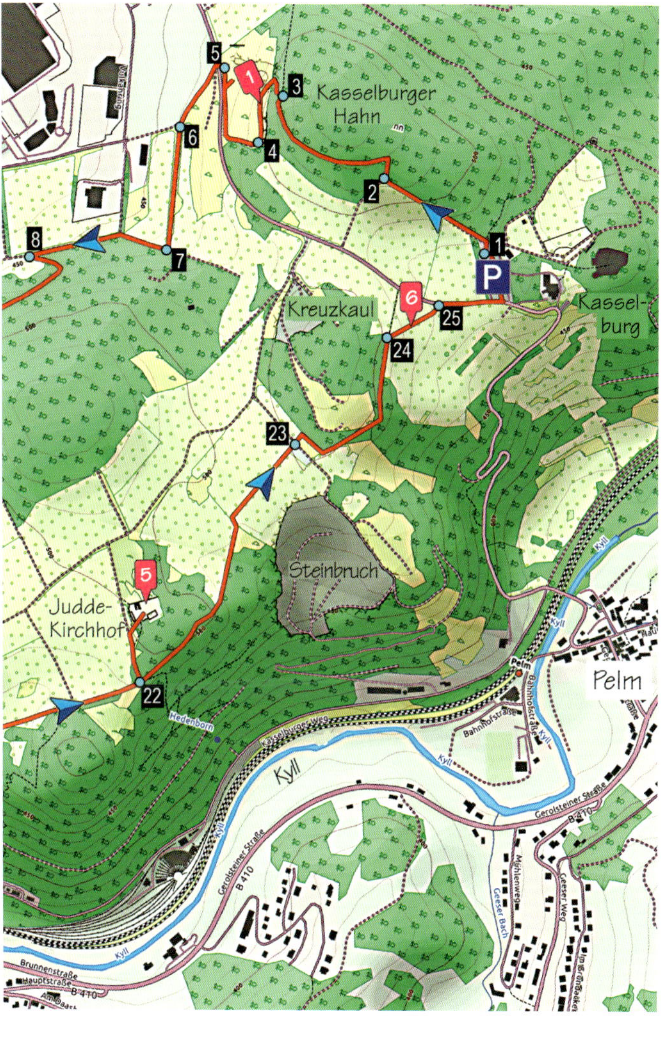
Kasselburger Hahn
Kreuzkaul
Kassel-burg
Steinbruch
Judde-Kirchhof
Pelm
Kyll
Hedenborn
Kasselburger Weg
Bahnhofstraße
Gerolsteiner Straße
B 410
Mühlenweg
Geeser Bach
Geeser Weg
Brunnenstraße
Hauptstraße
P
1
2
3
4
5
6
7
8
22
23
24
25

Wegweiser

1	Am Ende des Parkplatzes links am Waldrand aufwärts gehen.
2	Rechts in den Wald einbiegen und dem Fußweg im Linksbogen bis zu einer Treppe folgen.
3	Die Treppe nach links hinunter zu einer ehemaligen Aschegrube gehen.
4	Dem Fahrweg aus der Aschegrube bis zu seiner Einmündung in die Straße folgen.
5	Die Straße queren und auf dem Fahrweg nach links gehen.
6	Dem Wiesenweg geradeaus bis zum Waldrand folgen.
7	Rechts abbiegen und am Waldrand entlang bis zu einem breiten Wirtschaftsweg gehen.
8	Scharf links abbiegen und dem Wirtschaftsweg im Bogen aufwärts folgen.
9	In der weiten Linkskurve des Wirtschaftswegs rechts abbiegen.
10	An der Wegkreuzung links abbiegen und nach wenigen Metern auf einem schmalen Fußpfad die Papenkaule queren.
11	Am oberen Rand der Papenkaule sich scharf rechts halten.
12	Dem ersten Abzweig nach links im Zickzack aufwärts folgen; dem Weg über viele Kurven bis zu den steilen Felswänden vor der Buchenlochhöhle folgen.
13	An der Buchenlochhöhle vorbeigehen und den Wegstufen aufwärts folgen.
14	Halb rechts weitergehen.
15	Geradeaus weitergehen.
16	Von der Munterley nach rechts über mehrere Zickzackkurven absteigen.
17	Unmittelbar nach der Einmündung eines Pfads von rechts einem schmalen Fußweg nach links aufwärts folgen.
18	Nach dem Zickzackanstieg des Wegs auf dem Höhenweg wenige Meter nach links gehen und dann nach rechts abbiegen.
19	Auf einem Querweg nach rechts bis zur Straße gehen.

Wegweiser

20	Auf der Straße bis zu einer scharfen Rechtskehre abwärts gehen; dort auf einem Fußweg geradeaus weitergehen.
21	Weiter geradeaus gehen.
22	An einer Gedenkstelle für einen amerikanischen Flieger einen Abstecher 150 Meter nach links aufwärts zu einer keltisch-römischen Kultstätte machen; zurückkehren und weiter geradeaus gehen.
23	Am Eingangstor des Steinbruchgeländes geradeaus weitergehen.
24	Circa 100 Meter vor der Straße einem Wiesenpfad nach rechts abwärts in Richtung Parkplatz und Kasselburg folgen.
25	Entlang der Straße nach rechts zum Parkplatz zurückkehren.

1. Tuffablagerungen am Kasselburger Hahn

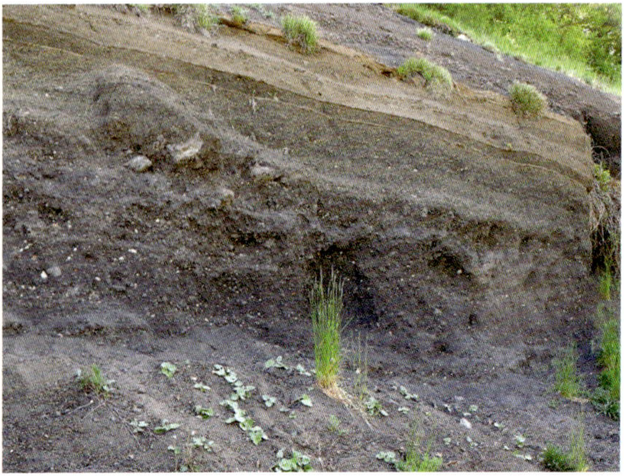

In der Eifel heißt jede Grube, in der vulkanisches Material abgebaut wird, Lavagrube, gleichgültig, ob hier Basalt oder vulkanisches Lockermaterial abgebaut werden. Hier in den Böschungen des oberen Teils der Grube Kasselburger Hahn sind flach liegende, deutlich geschichtete, grob- und feinkörnige Lagen vulkanischer Aschen und Stäube angeschnitten. Sie sind unterschiedlich stark verfestigt. Ihre Farbe richtet sich nach ihrer Zusammensetzung.

Gröbere Aschelagen enthalten auch kleine oder größere Bruchstücke von unterdevonischen Sandsteinen aus dem Schlotbereich, die zusammen mit den Lavatröpfchen herausgeschleudert wurden. Jede Aschenlage ist das Ergebnis eines explosiven vulkanischen Ereignisses.

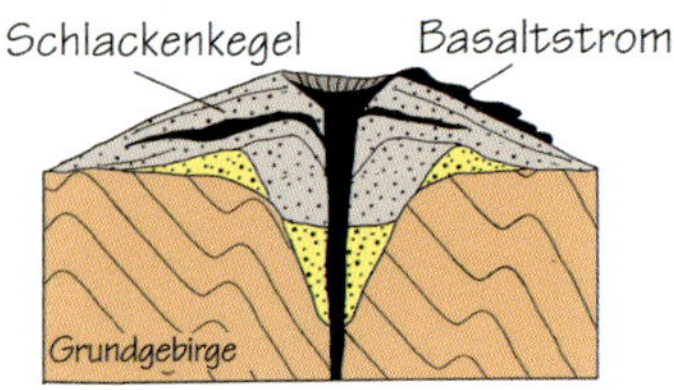

Aschenvulkan mit initialem Maar

2. Vulkanischer Kessel Papenkaule

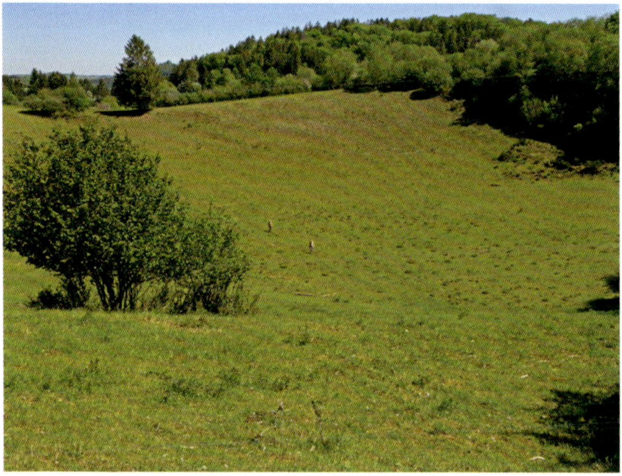

Die „Papenkaule" (Pfaffenkuhle) ist eine ovale, schüsselförmige Senke, circa 30 Meter tief und 80 bis 140 Meter im Durchmesser. Umgeben ist die Senke von einem niedrigen Wall aus vulkanischem Lockermaterial. Der Krater der Papenkaule entstand vor rund 10.000 Jahren durch eine vulkanische Gasexplosion.

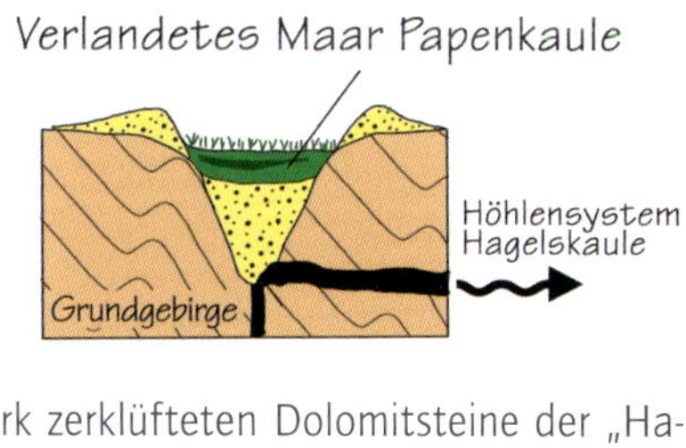

Nach der Explosion drang Lava in dem neu entstandenen Schlot auf. Sie erreichte aber nicht die Oberfläche, sondern fand für ihren Austritt einen geeigneteren Weg zur Seite in die tiefer gelegenen, stark zerklüfteten Dolomitsteine der „Hagelskaule" weiter westlich. Von dort floss sie als breiter, 1.100 Grad Celsius heißer, glühender Lavastrom in eine Senke nach Süden in Richtung Kylltal. Die Papenkaule ist also kein echtes Maar, sondern der Krater eines verhinderten Schichtvulkans.

3. Steinzeitliche Zufluchtstätte Buchenlochhöhle

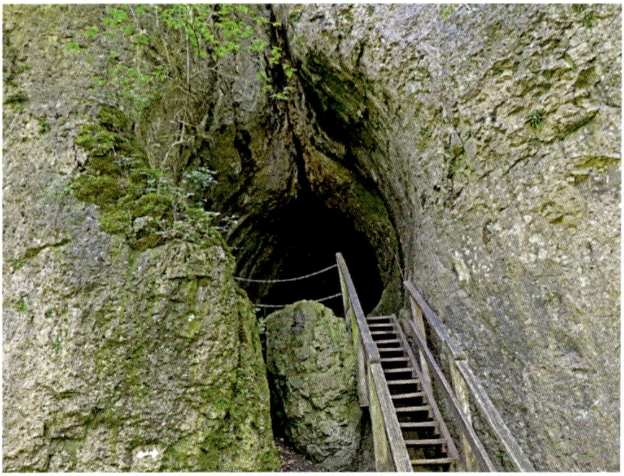

Nach Westen bricht das Munterley-Plateau mit steilen Felswänden aus massigen Dolomitsteinen der Mitteldevon-Zeit ab. Beherrschendes Merkmal der steilen Felswände sind vertikale, tektonische Klüfte, die oft durch Gesteinslösung zu mehr oder weniger breiten Spalten und zu Höhlen erweitert sind. Die Buchenlochhöhle ist eine solche Spaltenhöhle von 19 Metern Länge und bis zu sechs Metern Breite mit zwei schlauchförmigen Seitenkammern in ihrem hinteren Teil. Sie wurde in den 1880er-Jahren entdeckt und erforscht.

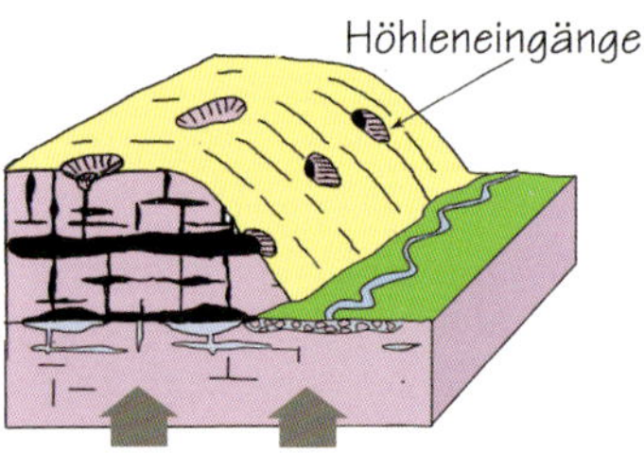

Karsthöhlen im Munterley-Plateau

In verschiedenen Lehm- und Brandschichten fanden sich Knochenreste und Feuerstein- und Quarzwerkzeuge. Sie lassen darauf schließen, dass in der Höhle auch Menschen Zuflucht gesucht haben. Die Artefakte stammen aus der Mittleren Altsteinzeit (mehr als 30.000 Jahre vor heute).

4. Die Herkunft des Gerolsteiner Mineralwassers

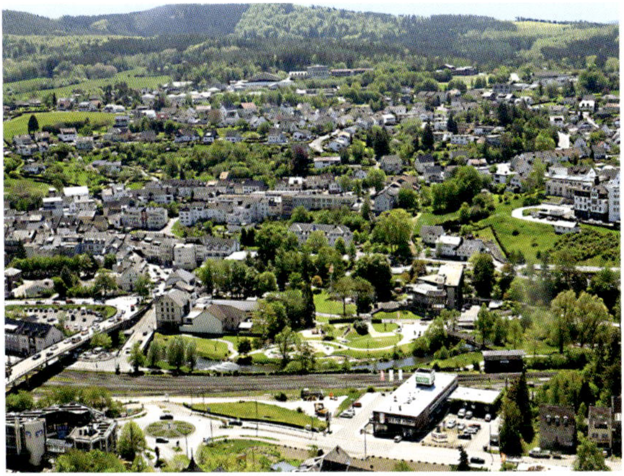

Von einer Aussichtsplattform der Munterley blickt man von oben auf die Stadt Gerolstein. Hinter der Eisenbahnlinie erkennt man die Kyll und dahinter den Kyllpark. In diesem Kyllpark ist eine der zahlreichen Gerolsteiner Mineralwasser- und Kohlensäurequellen, die Helenenquelle, öffentlich zugänglich.

Die Hauptbildungsbereiche des Gerolsteiner Mineralwassers liegen zwischen Gerolstein, Pelm und Esslingen. Dort besteht der Untergrund aus kalkig-dolomitischen Gesteinen der Mitteldevon-Zeit. Sie liefern den Mineralbestand der Gerolsteiner Mineralwässer vom Typ „Ca-Mg-Hydrogenkarbonat-Säuerling" (CO_2-Gehalt: 1,49 mg/l). Die Säuerlinge mit dem größten Hydrogenkarbonatgehalt liegen im Bereich von tektonischen Störungen, entlang denen Kohlendioxid (CO_2) vulkanischen Ursprungs nach oben steigt und zur verstärkten Lösung von Kalzium und Magnesium aus den Karbonatgesteinen beiträgt. Eines der Hauptfelder der Gerolsteiner Brunnenbetriebe liegt im Umfeld des Kyllparks der Stadt Gerolstein. Die Brunnen fördern dort Mineralwasser aus Tiefenbereichen zwischen 30 und 200 Metern.

5. Dolomitfelsen der „Gerolsteiner Dolomiten"

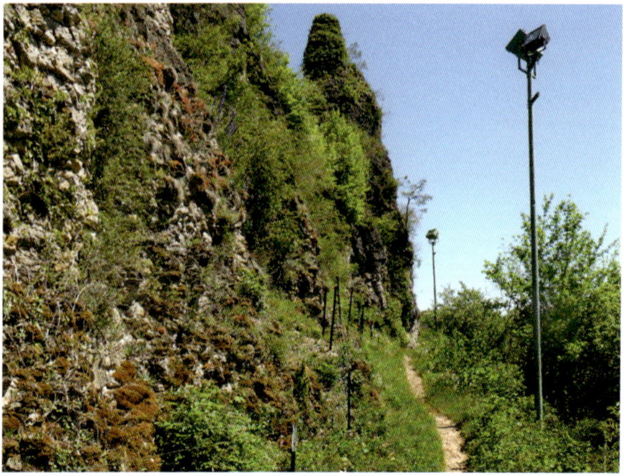

Die Südseite der Munterley erinnert mit ihren hohen und steilen Felswänden aus Dolomitstein und dazwischen schluchtartigen Einschnitten an die Dolomiten der Südalpen. Das hat der Munterley im vorigen Jahrhundert die Bezeichnung „Gerolsteiner Dolomiten" eingebracht. Entstanden sind die Dolomitfelsen aus massiven Stromatoporen- und Korallen-Riffkalksteinen der jüngeren Mitteldevon-Zeit (Givet-Stufe). Deren kaum zu erkennende Bankung ist hier flach nach Norden geneigt. Landschaftsprägend ist heute ihre steil stehende Klüftung.

Auch hier auf der Südseite des Munterley-Plateaus trifft man immer wieder auf Felsspalten, die zu kleinen Höhlen erweitert sind. So wurde zwischen 1969 und 1972 hinter einem heute nicht mehr zugänglichen Teil der Felswand eine von Menschen als Wohnplatz genutzte Höhle entdeckt. Diese als Magdalenenhöhle bekannt gewordene Höhle wurde vor allem durch ihre einzigartigen Schmuckstücke aus Elfenbein bekannt. Aufgrund der daneben gefundenen Steinwerkzeuge werden sie der späten Altsteinzeit (vor 12.000 Jahre vor heute) zugerechnet.

6. Die keltisch-römische Kultstätte Juddekirchhof

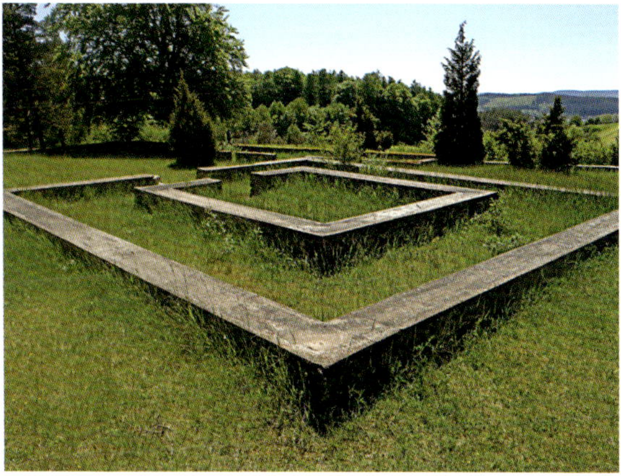

In einem großen, von einer niedrigen Mauer umgebenen Areal sind die Grundmauern verschiedener Gebäude einer ehemaligen römischen Kultstätte restauriert. Verehrt wurde hier eine keltische Göttin (Matrone) Caiva (Caiva Dea). Eine Weihetafel gibt Auskunft darüber, dass der Tempel im Jahr 124 nach Christus von einem Römer namens Marcus Victorius Polentius gestiftet wurde, vermutlich als Dank für eine siegreiche Schlacht.

Die Kultstätte wird heute im Volksmund „Juddekirchhof" genannt. Der Name lässt sich ableiten von „Joddekirchhoff", das heißt „Hof um die Kirche (Heiligtum) der Jodd", wobei „Jodd" gleichbedeutend mit „Taufpatin" ist. Damit war wohl die Matrone Caiva gemeint. Nach der Zerstörung durch die Franken im sechsten Jahrhundert sind heute nur Fundamente und Reste der Umfassungsmauern des Tempelbezirks erhalten.

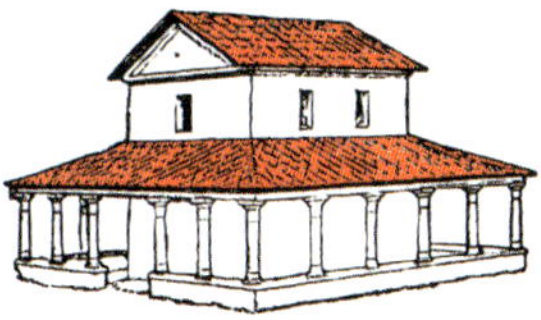

Rekonstruktion der Tempelanlage

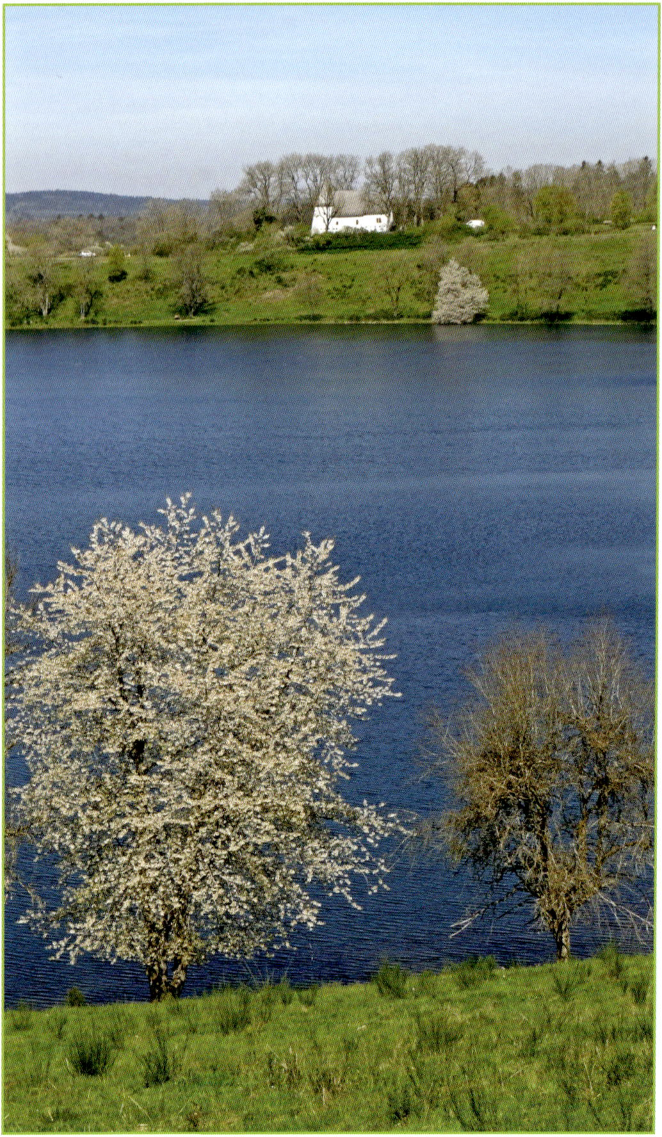

Route 16: Rundwanderung um die Dauner Maare

Start und Ziel: Parkplatz neben dem Waldcafé „Gemündener Maar"

Dauer: 4-5 Stunden

Länge der Wanderung: 11 Kilometer

Höhenunterschiede: 178 Meter

Anfahrt mit öffentlichen Verkehrsmitteln (www.vrt-info.de):
Haltestelle Gemünden (Daun), Maarstraße; von dort circa 430 Meter Fußweg über die Maarstraße zum Parkplatz neben dem Waldcafé.

Parkmöglichkeit: Parkplatz neben dem Waldcafé „Gemündener Maar"; weitere Parkplätze an der Landstraße von Daun nach Schalkenmehren auf der Anhöhe zwischen dem Weinfelder und dem Schalkenmehrener Maar.

Streckenführung:
Die Wanderung beginnt am Gemündener Maar (406 Meter über NN) mit einem längeren Aufstieg zum Mäuseberg (561 Meter über NN) mit dem Dronke-Aussichtsturm. Von dort umrundet der Weg zuerst das Weinfelder Maar und dann das Schalkenmehrener Doppelmaar. Von Schalkenmehren aus geht es zurück zum Weinfelder Maar und dann über Wiesen und Felder in die Wälder des Winkelbachtals mit dem Schalkenmehrener Drees. Wo der Winkelbach in die Lieser mündet, trifft der Wanderweg auf den Lieserpfad von Daun nach Wittlich und folgt diesem zurück zum Gemündener Maar.

GPX-Daten zur Route 16

Bild links: Das Weinfelder Maar

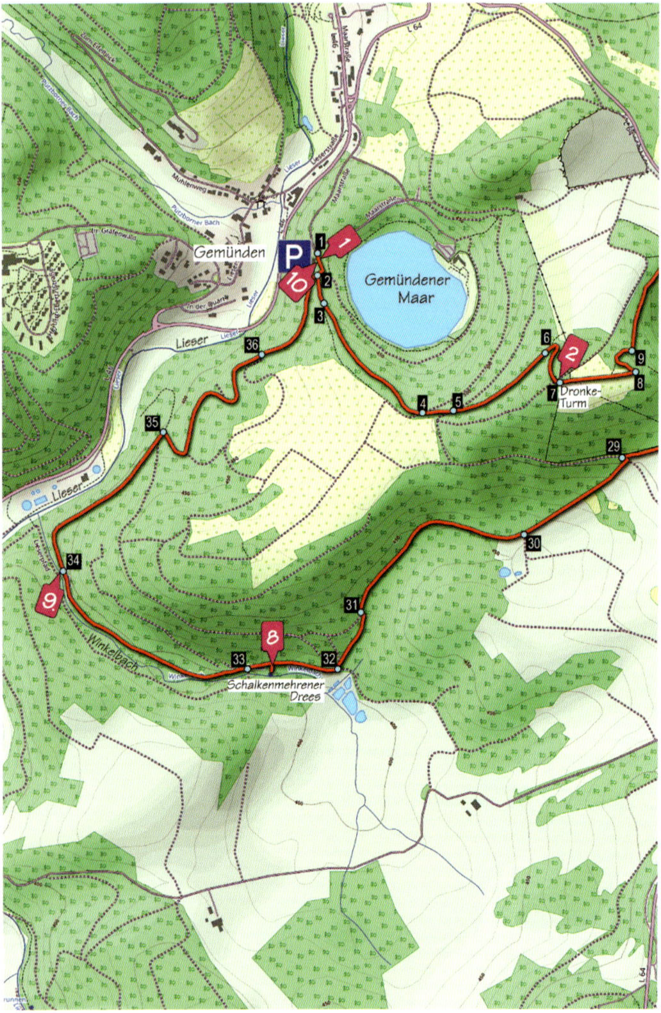
Gemünden
P
Gemündener Maar
Dronke-Turm
Schalkenmehrener Drees
Lieser
Winkelbach
Mühlenweg
Pützborner Bach
Maarstraße
L 64
1
2
3
4
5
6
7
8
9
10
29
30
31
32
33
34
35
36

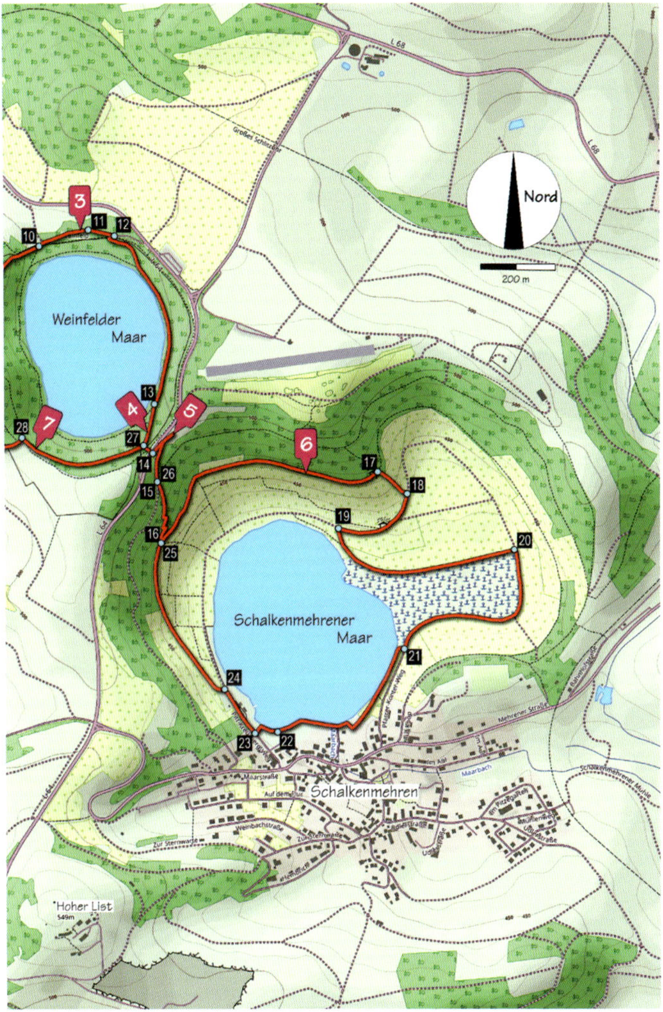
L 68
Großes Schlösschen
Nord
200 m
Weinfelder Maar
Schalkenmehrener Maar
Schalkenmehren
Mehrener Straße
Maarbach
Schalkenmehrener Mühle
Maarstraße
Auf dem Flur
Weinbachstraße
Zur Sternwarte
Hoher List
549m
L 64
3
4
5
6
7
10
11
12
13
14
15
16
17
18
19
20
21
22
23
24
25
26
27
28

Wegweiser

1	Vor dem See des Gemündener Maars nach rechts und nach 20 Metern rechts aufwärts gehen.
2	Am Wegweiser nach links weiter aufwärts gehen.
3	Sich links halten.
4	Einen breiten Fahrweg queren und dem Fußpfad weiter aufwärts folgen.
5	Einen zweiten Weg queren und dem Fußpfad weiter aufwärts folgen.
6	Der Rechtskurve folgen und bis zum Dronke-Turm aufwärts gehen.
7	Vom Dronke-Turm aus einem breiten Weg durch ein Gatter bis zu einer Gruppe von Sitzbänken folgen.
8	Von den Bänken aus nach links in einer Wegschleife abwärts gehen.
9	Links abbiegen.
10	Das Gatter queren und geradeaus zur Weinfelder Kirche gehen.
11	Den Kirchhof queren und auf einem sehr breiten Weg circa 100 Meter weitergehen.
12	Nach rechts ein Gatter queren und dem Weg entlang der Ostseite des Weinfelder Maars folgen.
13	Nach links aufwärts gehen; oben das Gatter in Richtung Straße queren.
14	Die Straße queren und dem Carl-Carstens-Weg nach rechts abwärts folgen.
15	An der Weggabelung halb links abwärts gehen.
16	Dem Querweg nach links um das Schalkenmehrener Maar folgen.
17	An einer Schutzhütte rechts abwärts gehen.
18	Dem Teerweg nach rechts in Richtung Schalkenmehrener Maar abwärts folgen.
19	Links auf einen Feldweg abbiegen und am Trockenmaar entlanggehen.
20	Nach rechts dem Teerweg um das Trockenmaar herum bis kurz vor die Häuser von Schalkenmehren folgen.

Wegweiser

21	An einer Schranke nach rechts auf einen schmalen Seeweg abbiegen und diesem bis zu einem Campingplatz folgen.
22	Vor dem Campingplatz weiter geradeaus gehen und auf einer Treppe bis zu einer Teerstraße aufsteigen.
23	Auf der Teerstraße nach rechts an einem Bootsanleger vorbeigehen.
24	Circa 100 Meter nach dem Bootsanleger nach links einem Fußweg aufwärts folgen.
25	Auf dem schon vom Hinweg bekannten Fußpfad nach links aufwärts gehen.
26	Auf dem schon vom Hinweg bekannten Weg halb rechts aufwärts bis zur Straße gehen und diese queren.
27	Geradeaus das Gatter queren und nach links auf dem Maar-Rundweg weitergehen.
28	Auf der Hochfläche links ein Gatter queren und auf einem Wiesenweg abwärts gehen.
29	Auf dem Querweg 10 Meter nach links gehen und dann gleich wieder nach rechts einem schmalen Wiesenpfad abwärts folgen.
30	An einer Wegkreuzung geradeaus im Wald weitergehen.
31	Vor einer weiten Rechtskurve einem Wegweiser nach links ins Tal folgen.
32	An einer großen Wegkreuzung einem breiten Forstweg nach rechts abwärts folgen.
33	Geradeaus weitergehen.
34	An der Abzweigung des Lieserpfads nach links auf dem Hauptweg weiter geradeaus gehen.
35	Dem breiten Weg in der Rechtskurve und dann in der Linkskurve weiter folgen.
36	An der Schranke geradeaus bis zum Wegweiser gehen und von dort zum Parkplatz zurückkehren.

1. Das Gemündener Maar

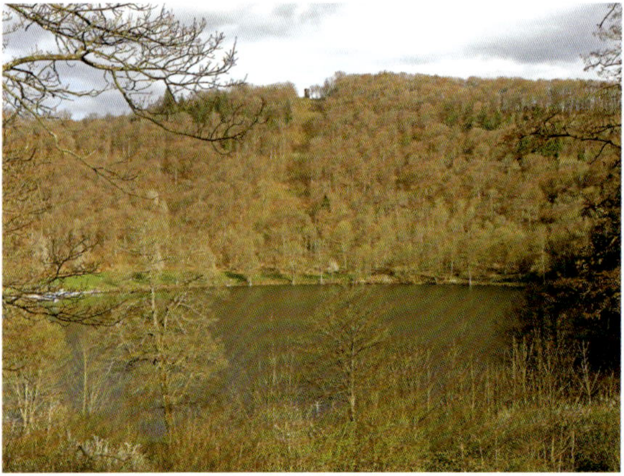

Der tiefe Trichter des Gemündener Maars ist von der Ostflanke des Liesertals angeschnitten. Deshalb liegt sein Seespiegel mit 406 Metern über dem Meeresspiegel deutlich tiefer als der des Weinfelder Maars und der des Schalkenmehrener Maars. Der See selbst ist etwa 308 Meter tief. Seine steilen Flanken zur Bergseite hin bestehen aus Unterdevon-Gesteinen und sind mit Buchen bestanden. In einer Tuffgrube nördlich des Weinfelder Maars überlagern die nach Nordosten ausgeworfenen Tuffe des Gemündener Maars die des Schalkenmehrener Maars und werden selbst von den Tuffen des Weinfelder Maars bedeckt.

Aus dieser Position zwischen zwei datierten Maarausbrüchen schätzt man das Alter des Gemündener Ausbruchs auf 10.750 Jahre vor heute. Heute werden Teile des Sees als Naturfreibad genutzt, wodurch Gewässerschutz natürlich benachteiligt wird.

2. Aussichtsturm und Denkmal Dronke-Turm

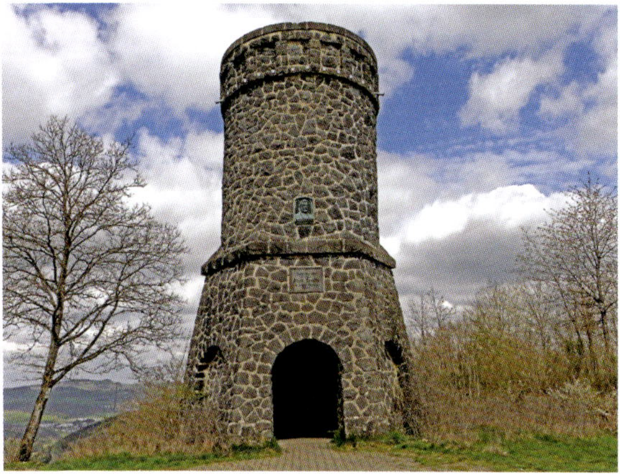

Hoch über dem Gemündener Maar steht auf dem Mäuseberg (561 Meter) ein aus schwarzen Basaltsteinen gemauerter, 12 Meter hoher Aussichtsturm, der „Dronke-Turm". Er wurde 1909 gebaut und ist nach dem Trierer Gymnasialdirektor Dr. Adolf Dronke (1837-1898) benannt. Auf dessen Anregung hin war 1888 in Bad Bertrich der „Eifelverein" gegründet worden und Dronke war sein erster Vorsitzender. Vorrangiges Ziel des Eifelvereins war damals die Erschließung der dünn besiedelten und strukturschwachen Eifel in landwirtschaftlicher, gewerblicher und wissenschaftlicher Hinsicht.

Im Inneren des Dronke-Turms führt eine Metalltreppe auf einen Rundgang hinauf. Auf dessen Außenmauern sind Bronzeschilder angebracht, die auf markante Aussichtspunkte der Vulkaneifelumgebung hinweisen. Der Aussichtsturm ist jederzeit frei zugänglich.

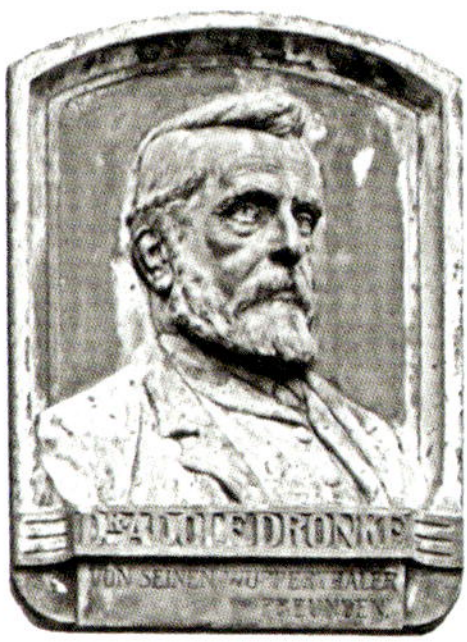

Dr. Adolf Dronke (1837 - 1898)

3. Weinfelder Kapelle und ihr Friedhof

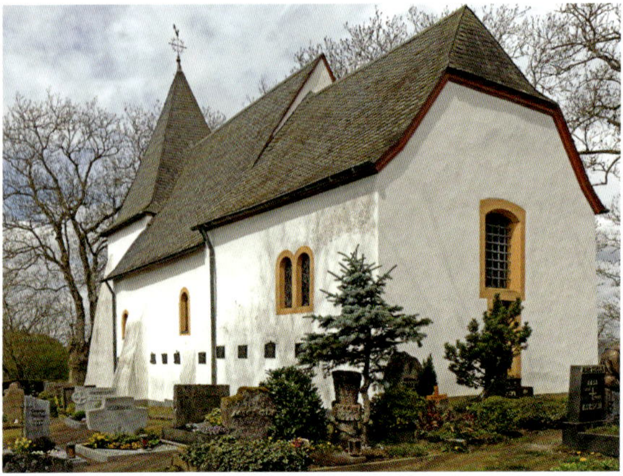

Die kleine Kirche und der Friedhof oberhalb des Weinfelder Maars gehörten zu einem vor Jahrhunderten – wohl in Pestzeiten – aufgegebenen Dorf Weinfeld. Schon in römischer Zeit soll an dieser Stelle eine Villa gestanden haben. Das Kirchlein über dem See war immer schon ein beliebtes Motiv für Landschaftsmaler und gilt auch heute noch als eine Attraktion für Spaziergänger, Wanderer und Fotografen. Die Kirche und der Friedhof werden heute von der Kirchengemeinde Schalkenmehren genutzt und gepflegt. Im Eingang der Kirche kann man mit einem Zugseil eine Glocke anschlagen und sich etwas dabei wünschen.

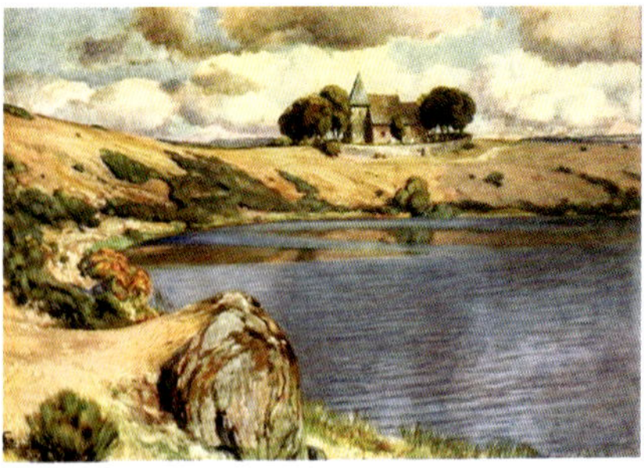

Fritz von Wille: Das Weinfelder Maar

4. Das Weinfelder Maar, auch Totenmaar genannt

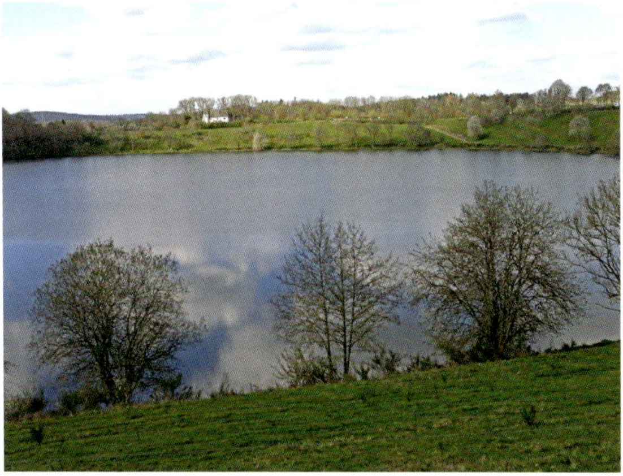

Das Weinfelder Maar ist ein fast kreisförmiger Trichter mit einem oberflächennahen Durchmesser zwischen 575 und 625 Metern. Der Trichter entstand durch eine Wasserdampfexplosion infolge des Zusammentreffens von kühlem Grundwasser mit heißem Magma in mehreren hundert Metern Tiefe. Seine Auswurfmassen (Tuffe) verteilten sich nach Westen über den Mäuseberg, nach Süden und Osten über das bereits existierende Schalkenmehrener Maar. Dort fanden sie sich in einer Torfschicht, deren Alter mit 10.500 Jahre vor heute bestimmt wurde. Das Weinfelder Maar ist also jünger. Es ist das jüngste der vier Dauner Maare.

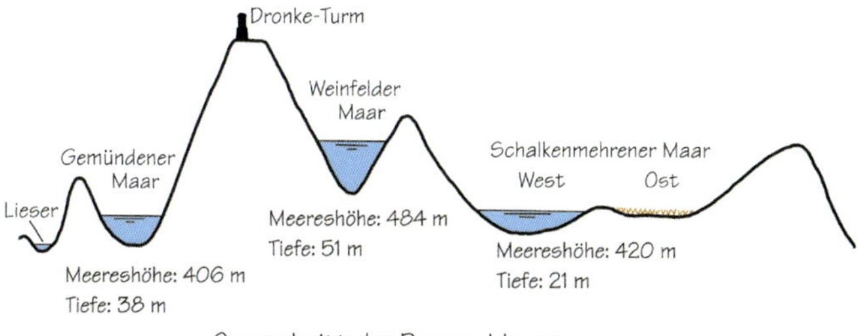

Querschnitt der Dauner Maare

5. Schalkenmehren und sein Maarsee

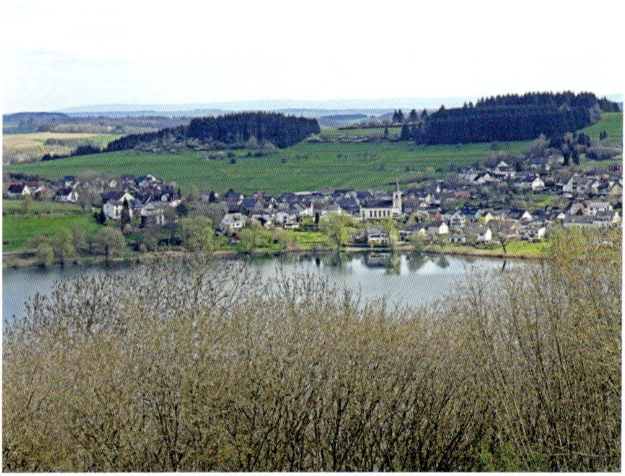

Das Schalkenmehrener Doppelmaar ist in seinem westlichen Teil ein flaches Seebecken, das von Feldern, Obstwiesen und im Süden auch von den Häusern von Schalkenmehren umgeben ist. Der maximal 20 Meter tiefe See hat keinen externen Zufluss. Er wird ausschließlich durch das Niederschlagwasser des umgebenden Maarkessels gespeist. Sein ursprünglich oligotropher (nährstoffarmer) Charakter ist deshalb heute durch vom Menschen verursachte Nährstoffeinträge verloren gegangen.

Der Schalkenmehrener See ist heute ein artenreiches Fischgewässer. Er ist von einem mehrere Meter breiten Saum von Schilfröhricht umgeben. Einen Ausgang besitzt der See in dem nach Süden abfließenden Maarbach.

Neben dem Schalkenmehrener See besteht im östlichen, trockenen Teil dieses Doppelmaars ein von Buschwerk umgebenes Flachmoor. Auch dieses war ursprünglich ein mit Wasser gefülltes Maar, das aber nach der Explosion des westlichen Maars mit dessen Tuffen zugeschüttet wurde. In der Folge entwickelte sich hier im Osten ein Flachmoor mit einer bis zu acht Meter dicken Torfschicht.

6. Ein Schalkenmehrener Trockenmaar

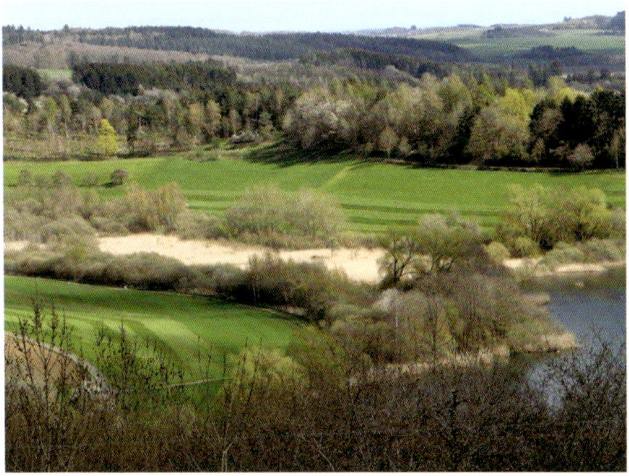

Der größere Ostteil der Schalkenmehrener Maarsenke wird heute landwirtschaftlich genutzt. Die aus den Tuffauswürfen des westlichen - jüngeren - Maartrichters hervorgegangenen Böden sind besonders fruchtbar. Nur in der wenig tiefer liegenden Mitte dieser östlichen Maarsenke besteht noch ein flaches Niedermoor. Sein äußerer Saum ist mit Moorweiden bestanden. Zur Mitte hin wird das Moor von Schilf beherrscht. Bulten und Schlenken deuten hier einen ersten Schritt in Richtung Hochmoor an.

Nach pollenanalytischen Datierungen des Torfs dieses Moors sind die in ihm enthaltenen, letzten Tuffauswürfe aus dem westlichen Schalkenmehrener Maar vor etwa 11.000 Jahren erfolgt.

Eine weitere, heute landwirtschaftlich genutzte Senke nördlich des Schalkenmehrener Trockenmaars lässt sich als dritter - ältester - Explosionstrichter in der Schalkenmehrener Senke deuten.

7. Historische Ginsterheiden

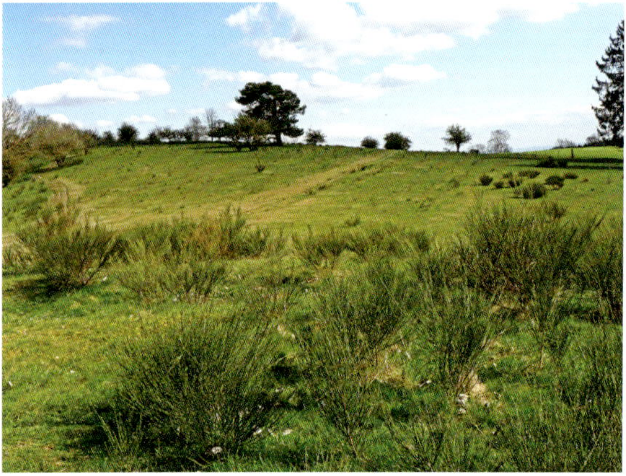

Bis in das letzte Jahrhundert hinein war im Umfeld der Dauner Maare die Ginsterheide weit verbreitet. Ihre Blüte hat der Eifelmaler Fritz von Wille damals in vielen Gemälden eindrucksvoll festgehalten. Bedingt durch die Aufgabe der Beweidung mit Schafen und Ziegen wurde die Heide später – besonders in den Steilhängen der Maartrichter – durch teilweise dichtes Buschwerk und Buchenwald ersetzt.

Zum Erhalt der historischen Kulturlandschaft der Ginsterheiden weiden heute Ziegen und Esel auf einem umzäunten Gelände um das Weinfelder Maar herum. Sie sollen die Fläche auf natürliche Weise freihalten. Die Esel sorgen dafür, dass die Wiesen flach bleiben, die Ziegen knabbern an Gestrüpp und Büschen und halten dadurch die Sicht auf die Landschaft frei. Auf diese Weise hat man heute von den Wegen durch das Weidegebiet einen ungehinderten Blick auf die Maare und deren weites Umfeld mit seinen Feldern und Wiesen.

8. Mineralquelle Schalkenmehrener Drees

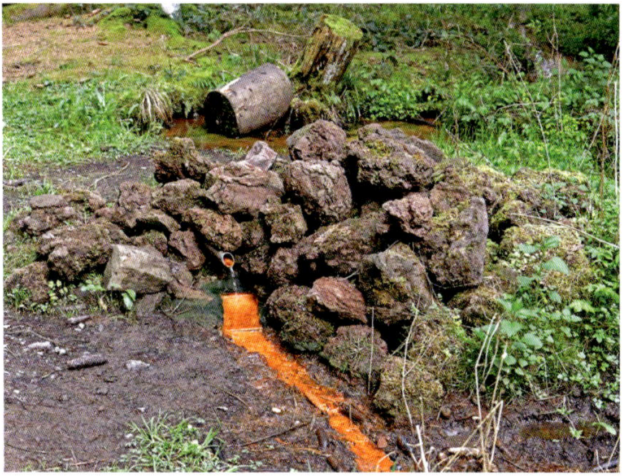

Mineralquellen mit einem hohen Gehalt an gelöstem Kohlendioxid (CO_2) werden in der Eifel als „Drees“ bezeichnet. Im Talgrund des Winkelbachs, eines Nebenbachs der Lieser, tritt in diesem neu gefassten Schalkenmehrener Drees CO_2-reiches Mineralwasser an die Oberfläche. Bei Luftzutritt wird sein in der Tiefe aufgenommenes Eisen in Form von rotbraunem Eisenoxid und Eisenhydroxid ausgefällt. Die lange Zeit in Vergessenheit geratene Quelle wurde 1990 „wiederentdeckt“ und im Jahr 2020 in einem Steigrohr neu gefasst.

Der Schalkenmehrener Drees ist eine von vielen Kohlendioxid führenden Mineralwasserquellen in den Tälern der Lieser und ihrer Nebenbäche. Diese Täler folgen tektonischen Störungslinien, entlang derer die Gesteine des Untergrundes zerbrochen sind und in denen der Aufstieg von aus der Tiefe stammendem Kohlendioxid und Mineralstoffen auf diese Weise möglich war.

Die meisten Mineralquellen liegen im Liesertal südlich von Daun. Sie unterscheiden sich in ihrer Zusammensetzung und Konzentration kaum. Hydrochemisch handelt es sich um „eisenhaltige Natrium- und Magnesium-Hydrogenkarbonat-Säuerlinge“. Die bekannteste ist die staatlich anerkannte Dunaris-Heilquelle in Daun.

9. Premiumwanderweg Lieserpfad

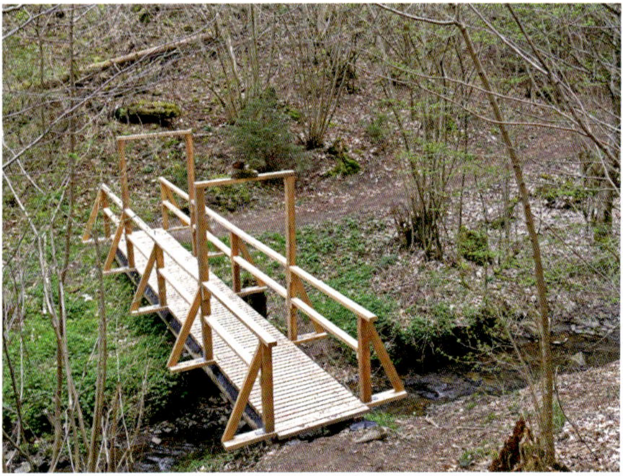

Über eine kleine Holzbrücke links verläuft der Premiumwanderweg „Lieserpfad". Ihm folgt auch der weitere Rückweg bis zum Parkplatz am Gemündener Maar. Die Lieser ist ein fast 74 Kilometer langer nördlicher Zufluss der Mosel. Sie entspringt in der Hocheifel bei Boxberg und hat sich zwischen Daun, Manderscheid und Wittlich tief in den aus gefalteten Tonschiefern und Sandsteinen der Unterdevon-Zeit bestehenden Untergrund eingeschnitten.

Der Lieserpfad begleitet den Fluss auf schmalen Stegen und auf Forstwegen von der Quelle bei Boxfeld in der Hocheifel über Daun und Manderscheid bis zur Mosel als Streckenwanderweg in vier Etappen. Die zusammen 42 Kilometer von Daun nach Manderscheid sowie Manderscheid bis Wittlich werden als Oberer und Unterer Lieserpfad bezeichnet. Sie gelten unter anderem wegen der Burgen und historischen Mühlen als besonders schöne Wegstrecken.

10. Ein Moltke-Denkmal von 1894

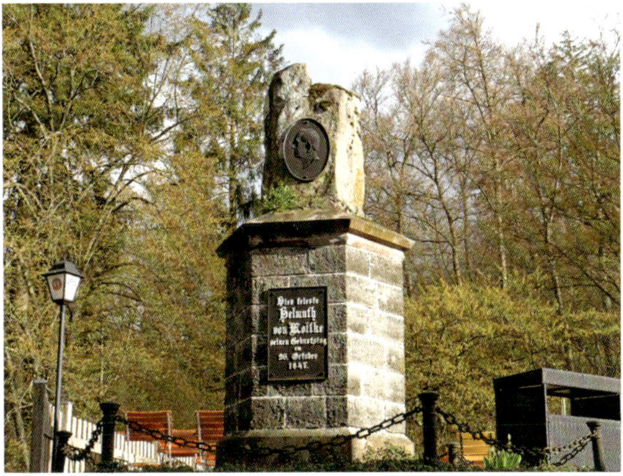

Das Denkmal für den preußischen Generalfeldmarschall Helmuth Karl Bernhard von Moltke wurde von Dauner Bürgern aus Anlass von dessen Tod 1891 im Jahr 1894 errichtet. Es erinnert an einen Besuch Moltkes am 26.10.1847 in Daun. Das aus Basalt errichtete Denkmal zeigt ein bronzenes Relief Graf Moltkes und auf einer Tafel die Widmung: „Hier feierte Helmuth von Moltke seinen Geburtstag am 26. Oktober 1847."

Der preußische Generalfeldmarschall Helmuth von Moltke gehörte zu den erfolgreichsten Feldherren seiner Zeit. Einige seiner Strategie- und Taktikprinzipien werden heute auch im Wirtschaftsmanagement angewendet. Auch die heutige Bundeswehr folgt den von Moltke eingeführten modernen Führungsmethoden.

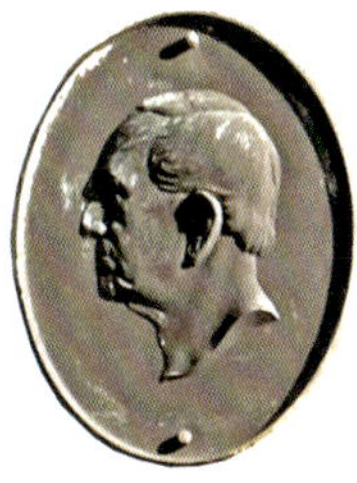

Helmuth Graf Moltke
(1800 - 1891)

BILDNACHWEIS

Bilder, Umschlag und Innenteil:	Roland Walter
Karten:	Roland Walter
Layout und Umschlaggestaltung:	Dafni Perrou
Satz:	info@satzstudio-hilger.de
Lektorat:	Dr. Irmgard Jaeger

WEITERE TITEL DER REIHE

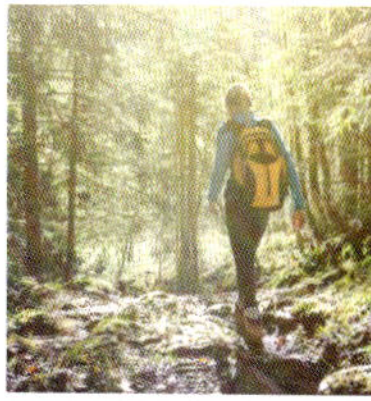

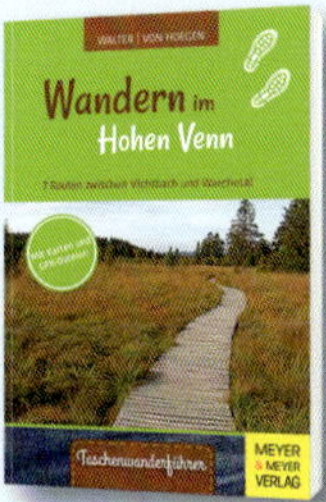

Wandern im Hohen Venn

ISBN 978-3-8403-7855-3

€ [D] 16,00/[A] 16,50

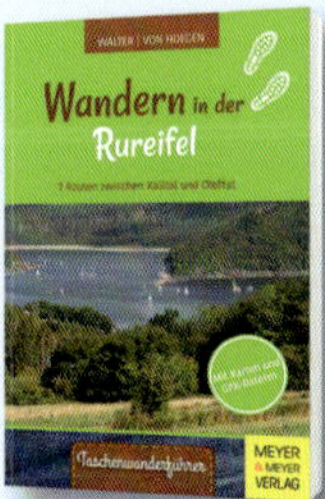

Wandern in der Rureifel

ISBN 978-3-8403-7856-0

€ [D] 16,50/[A] 16,50

Preisänderungen vorbehalten und Preisangaben ohne Gewähr! Bild oben links © AdobeStock

MEYER & MEYER Verlag
Von-Coels-Str. 390
52080 Aachen

Telefon 02 41 - 9 58 10 - 25
Fax 02 41 - 9 58 10 - 10
E-Mail vertrieb@m-m-sports.com
Website www.dersportverlag.de

MEYER & MEYER VERLAG

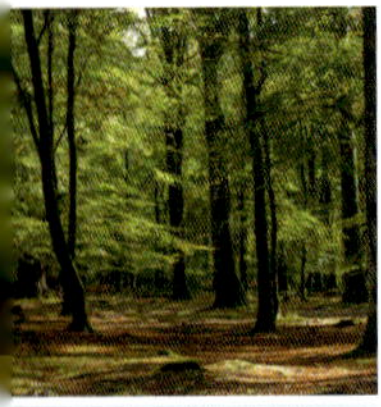

WEITERE TITEL DER REIHE

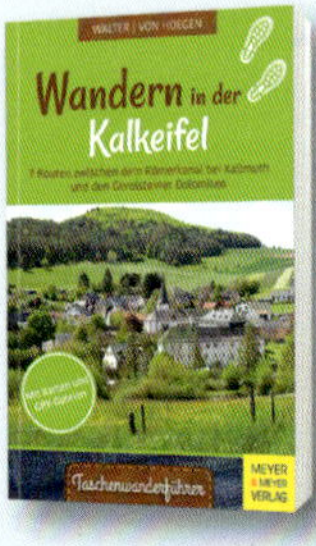

Wandern in der Kalkeifel

ISBN 978-3-8403-7791-4

€ [D] 14,00/[A] 14,40

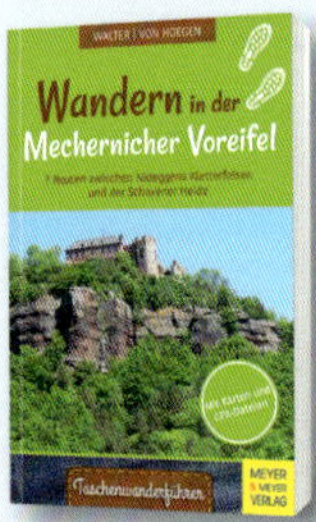

Wandern in der Mechernicher Voreifel

ISBN 978-3-8403-7792-1

€ [D] 14,00/[A] 14,40

Preisänderungen vorbehalten und Preisangaben ohne Gewähr! Bild oben links © AdobeStock

MEYER & MEYER VERLAG

MEYER & MEYER Verlag
Von-Coels-Str. 390
52080 Aachen

Telefon	02 41 - 9 58 10 - 25
Fax	02 41 - 9 58 10 - 10
E-Mail	vertrieb@m-m-sports.com
Website	www.dersportverlag.de

WEITERE TITEL DER REIHE

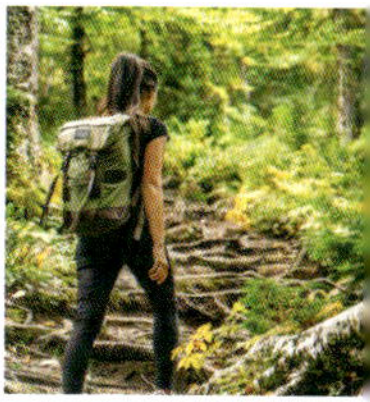

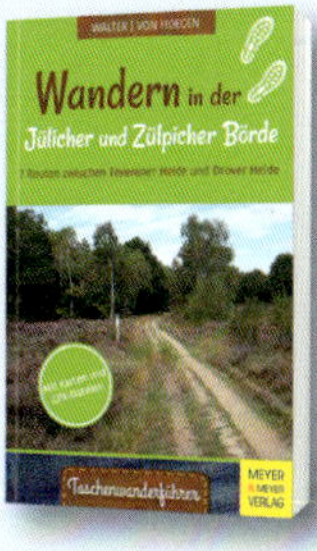

Wandern in der Jülicher und Zülpicher Börde

ISBN 978-3-8403-7743-3

€ [D] 14,00/[A] 14,40

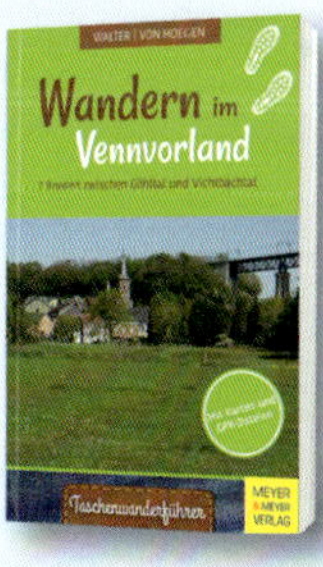

Wandern im Vennvorland

ISBN 978-3-8403-7742-6

€ [D] 14,00/[A] 14,40

MEYER & MEYER Verlag
Von-Coels-Str. 390
52080 Aachen

Telefon 02 41 - 9 58 10 - 25
Fax 02 41 - 9 58 10 - 10
E-Mail vertrieb@m-m-sports.com
Website www.dersportverlag.de

MEYER & MEYER VERLAG

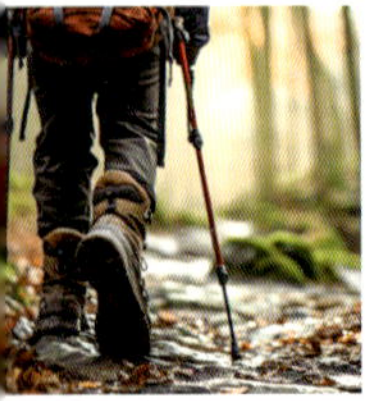

WEITERE TITEL DER REIHE

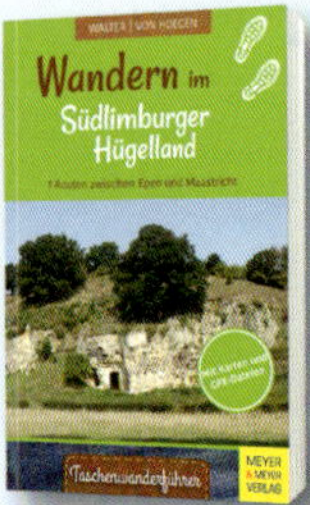

Wandern im Südlimburger Hügelland

ISBN 978-3-8403-7710-5

€ [D] 14,00/[A] 14,40

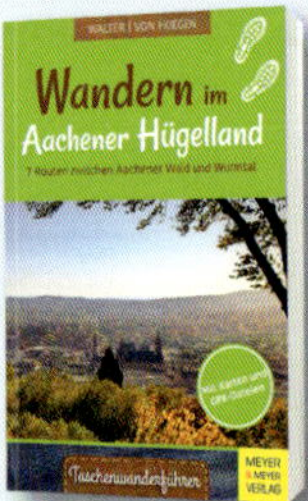

Wandern im Aachener Hügelland

ISBN 978-3-8403-7692-4

€ [D] 14,00/[A] 14,40

MEYER & MEYER VERLAG

MEYER & MEYER Verlag
Von-Coels-Str. 390
52080 Aachen

Telefon	02 41 - 9 58 10 - 25
Fax	02 41 - 9 58 10 - 10
E-Mail	vertrieb@m-m-sports.com
Website	www.dersportverlag.de